4つの言語で解ける
実践プログラミング問題集
― C, C++, Java, Python ―

渡部有隆　西舘陽平　鈴木大郎　奥山祐市　著

C

C++

Java

Python

近代科学社

はしがき

　本書では，プログラミングを学びたい人が「問題解決」を通して，プログラミング言語の基本文法と基礎的なアルゴリズムを学ぶことができます．従来の「文法を確認するための単純な問題」を解いていくスタイルとは異なり，「考えて解く」問題を通して，実践的なプログラミングを学びます．プログラミングには「知識」ではなく，「思考」がより重要であることを体験することができるでしょう．

　また，本書の特徴は，C, C++, Java, Python の4つのプログラミング言語で解答例を準備し解説を行っていることです．これらの言語は，用途や分野によって使い分けられるものですが，現在の主要なプログラミング言語となっており，いずれも学ぶ価値があるものです．問題解決と解答例を通して，特定の言語だけではなく4つの言語の基本的な文法を学ぶことができます．また，1つの言語をある程度理解したうえで活用すれば，問題の解答例から他の言語の特徴を容易に理解することができます．

　本書の問題はプログラミングの全国大会であるパソコン甲子園のプログラミング部門で出題されたものです．コンテストでは，初心者向けの基礎的な問題から，日本一を決定する難問まで，様々なレベルの問題が出題されます．これらの問題はコンテスト対策だけではなく，プログラミング演習の教材として有効活用することができます．プログラミング学習で重要なことは，それを楽しみ，好きになることです．「考えて解く」問題の解決を通して，小さな成功体験を繰り返すことで，プログラミングを楽しく学ぶことができるでしょう．

　プログラミングの演習では，反復して，異なる問題をたくさん解くことで理解を深め，テクニックを身に付けることができます．また，問題を解く際には，書いたコードが正しく動いているかを確認する過程がとても重要になります．これらの活動を支援するために，本書の問題に対する解答はすべてオンラインジャッジで採点を行うことができます．

　本書は以下の4部から構成されています．
第1部　プログラミングを学ぶための準備
第2部　プログラミングの基礎の学習
第3部　アルゴリズムの基礎の学習
第4部　思考力を鍛える

　第1部では，本書でプログラミングを学ぶための準備を行います．プログラミングの技術を身に付けるためには，どうのように学習を進めるべきか，本書で扱う問題文の構成や，プログラミングの形式について簡単に解説します．また，採点を行うオンラインジャッジシステムの使い方も簡単に解説します．

　第2部では，プログラミングの基礎を学びます．各章は「問題文」→「考え方」→「解答例コード」→「解説」の順で構成されています．問題を読解することができたら，まずは自分で

コードを書いてみることもできますが，解答例の「正しく動く」プログラムを参考に書いて動かすこともできます．

第3部では，プログラマとして必須の知識・テクニックであるアルゴリズムの基礎を身に付けます．アルゴリズムとは問題を解決する手順です．各章では，基本的なアルゴリズムの実装を要する問題を解いていきます．はじめに，アルゴリズムの設計には欠かせない計算量の概念について学びます．続いて，整列，探索，整数に関するアルゴリズムやプログラミングテクニックを，問題解決を通して養っていきます．

第4部では，発想力を要するやや手ごたえのある問題にチャレンジすることで，自らアルゴリズムを組み立て，考える力を体得します．

巻末には，演習問題の C，C++，Java，Python による解答例を掲載しました．

本書を活用頂くときの注意点

本書は，問題集とそれらを解くための解説が中心で，各プログラミング言語の文法を詳しく解説するものではありません．各言語について，基本的なアルゴリズムを記述するための最低限の文法は学ぶことができますが，各プログラミング言語の詳しい仕様やライブラリをより深く理解したい場合には，本書に加えて他の参考書で補うことをお勧めします．巻末にお勧めの文献をまとめましたので参考にしてください．

目　次

第 **1** 部

準 備

　プログラミングを学ぶためには，演習を行うための学習環境を整える必要があります．第1部では，本書でプログラミングを学ぶための準備を行います．学習の進め方や，本書の構成について確認します．また，採点を補助するオンラインジャッジシステムの使い方も紹介します．

第1章 本書でプログラミングを学習するための準備

1.1 プログラミング言語

本書では以下の4つのプログラミング言語を学ぶことができます.

- **C** (シー). C言語は, 多くのプログラミング言語の始祖であり, メモリ管理などを含むハードウェア寄りの記述も可能なことから, 多くの教育機関で最初に学ぶ言語として選ばれています. よりハードウェアやオペレーティングシステムを意識したコーディングになり, 動作が高速で, 性能が要求されるシステム開発に用いられます.

- **C++** (シープラスプラス). C++言語は, C言語の特長を継承しつつ, 様々な機能により拡張された汎用的なプログラミング言語です. データ構造やアルゴリズム, プログラマをサポートする様々な機能を提供するライブラリの拡張も盛んに行われており, 発展し続けています. ゲームを含む多くのアプリケーションがC++で実装されています. 本書の解答例はC++11以上のバージョンで書かれています.

- **Java** (ジャバ). Javaは, 単なるプログラミング言語ではなく, 広い意味ではプラットフォームであり, 組み込みシステム, サーバ, スマートフォンなど, 様々なデバイスで動かすことができます. 基本的な文法はC/C++をベースとしており, オブジェクト指向のパラダイムを取り入れているプログラミング言語です.

- **Python** (パイソン). Pythonは, 文法がシンプルで読み易く, 書き易いプログラミング言語です. 2021年現在最も人気が高いプログラミング言語のひとつで, 機械学習やディープラーニングに関する多くのフレームワークがPythonで開発されています. 現在, Pythonはバージョン2系とバージョン3系が使われていますが, 本書の解答例・解説ではバージョン3系のPython3を用います.

本書では, これらの言語の機能や特長を活かした書き方で, 各問題の解答例を準備しています.

プログラミング言語は, 人間が理解できる記号や文法に基づいています. プログラミング言語で書かれたコードは, 人間は理解することができますが, コンピュータは直接それを理解することができません. そのため, 書かれたコードを機械語に翻訳してから実行する必要があり

ます．この翻訳を行うタイミングによって，プログラミング言語を，コンパイル方式とインタプリタ方式に分類することができます．

　コンパイル方式では，実行する前にプログラム全体を翻訳し，生成された機械語のコードを実行します．この翻訳する作業をコンパイルと呼びます．コンパイルはコンパイラと呼ばれるソフトウェアによって行われます．コンパイルの手間はかかりますが，機械語のコードが実行されるため，動作が速いという利点があります．

　一方，インタプリタ方式では，プログラムに書かれた命令をひとつずつ機械語に翻訳しながら逐次実行します．コンパイルの手間はかかりませんが，逐次解釈・実行するため動作が遅くなる可能性があります．

　C, C++ はコンパイル方式のプログラミング言語です．コンパイルはそれぞれ gcc，g++ に代表されるコンパイラ（ソフトウェア）で行います．Java は基本的にはコンパイル方式のプログラミング言語に分類できますが，Java 仮想マシン (Java Virtual Machine: JVM) が解釈できる機械語に翻訳され，仮想マシン上で実行されることが特徴です．Python はインタプリタ方式のプログラミング言語です．

1.2　プログラミングの学習方法

　初めてのプログラミング言語を身につけたい場合，様々な学習方法が考えられます．その中でも初学者にとってお勧めできる活動は以下に示す「写経」，「反復演習」，「多読」です．本書では，問題解決を通してこれらの活動を行うことで，プログラミング技術を身につけていきます．

写経

　プログラミング技術は読書からの知識だけでは身につきません．実際にコードを打ち込むことで技術を身につけ理解を深めることができます．とは言っても，初学者にとって，ゼロからコードを書くことは困難です．そこで，プログラミングの学習方法のひとつとして，「写経」を取り入れます．ここでいう写経とは，正しく動くコードをそのまま写し，実行してみることです．ここで，写すとは，コピー・ペーストを行うのではなく，実際に自分の手でコードを打ち込むことです．また，写経では書いている構文の意味が分からなくとも，それに固執せずに，まずは動くコードを完成させることを優先します．

　ひととおりコードが完成すると達成感とともに自信がつき，試行錯誤の土台ができあがります．実行可能なコードがあれば，実際に実行して，動作を理解することができます．入力値を変えてみれば，多くの場合は異なる出力を得られます．完成したコードの一部を少しずつ変更し，再度実行してみることで，どこをどのように変更すれば，プログラムのふるまいがどう変化するのか，繰り返し試すことができます．また，コードに間違いがあった場合でも，コンパイラやインタプリタが間違いを教えてくれるので，それらを修正する過程で，どのような間違いがどのようなエラーを吐くのかを知ることができます．

　写経では，最初は理解が中途半端になりますが，反復演習によって，パズルのピースを埋めるように疑問点が解消されていき，プログラミングスキルが上達していくでしょう．ただし，写経が有効なのは，プログラミング言語の「文法」を習得する場合に限ります．本書の中盤以降，思考を要する問題では，自らアルゴリズムを考えプログラムの構造を設計する心がけが必要になります．

反復演習

　プログラマに必要な資質として，以下があげられます：

- 文書から要件を正確に理解する．

- 計算効率やメモリ使用量を的確に見積もり，コンピュータの資源を考慮したアルゴリズムを設計する．

- 設計通りのアルゴリズム，あるいは頭の中で描いた手順を，バグ（プログラム中の間違い）のないプログラムとして正しく，無駄なく実装する．

- 基礎的なアルゴリズムの動作原理と計算量を理解している．

　数問の例題を解いただけでは，これらの資質を身につけることはできません．実践による反復演習が欠かせません．多くの場合，プログラムには要求の誤読，アルゴリズムの設計ミス，言語仕様の誤解，環境依存の問題など，様々な原因で間違いが埋め込まれてしまいます．反復演習の意義は，試行錯誤と失敗を繰り返すことによって，知識や技術を養うことにあります．苦しい時間かもしれませんが，小さな成功体験がモチベーションを維持してくれます．

多読

　1つの問題を解決するプログラムは無数に存在します．コードの読み易さや実行における性能などを考え，より良いコードを書けるようになることを目指すべきです．そこでお勧めする学習方法が，コーディングによって問題を解決した後に，他の人（特に優れたプログラマ）が書いたコードを読み，自分の書いたコードと比較することです．読み易さや性能の面で優れたコードをたくさん参考にすることで，良い部分を取り入れ，自分のプログラミング技術を向上させることができます．

1.3　本書の使い方

　第1部では，この後の第2章で，オンラインジャッジについて簡単に説明します．

　第2部は，主にプログラミング言語の文法を覚えることを想定しているため，例題では問題文とその考え方を示した直後に解答例が記載されています．読解後にゼロからコードを書くこ

とが困難と感じた場合は，まずは問題文直後の説明を参考にしてください．さらにコーディングが難しいと感じたら迷わず写経をし，実行してください．解答例の後に，詳しい解説が記述されていますので理解を深めるために参考にしてください．例題を通して基本文法を身につけた後は，続く演習問題で反復演習を行うことができます．※演習問題の問題文は，題意が伝わる範囲で簡略化してありますので，詳しくはオンラインジャッジ（後述）の問題文を閲覧してください．

　第 3 部では，主に基礎的なアルゴリズムの知識を身につけることを目指します．問題もやや思考を要する内容ですので，まずは発想力を鍛えるために考えてみてください．難しいと感じたら，問題文直後の説明を参考にしてください．新しいアルゴリズムの知識を必要とするものもありますので，説明を見て難しいと感じたら，解説を参考にしてください．

　第 4 部では，発想によって自らアルゴリズムを組み立てることを目指します．問題文を理解した後は，まずは自ら解法と実装方法を考えてみましょう．

1.4　問題の構成

　本書では，問題名と一緒にオンラインジャッジに対応する問題 ID が書かれています．各問題は「課題について，与えられた入力に対して正しい出力を行うプログラムを作成せよ」という出題形式となっており，以下の項目から構成されています．

- 問題文：問題文の本文には，背景や物語を交えながら，プログラムが満たすべき仕様が明確に記述されています．

- 入力：問題の入力に関する説明が書かれています．プログラムはここで定義されている入力形式で入力データを読み込まなければなりません．

- 出力：問題の出力に関する説明が書かれています．プログラムはここで定義されている形式で出力を行わなければなりません．

- 入出力例：入力例は，ジャッジデータとして与えられる入力の例であり，入力の形式を具体的に確認するためのものです．出力例は入力例に対する正しい出力を示します．※出力例と一致したプログラムが正解になるとは限らないことに留意してください．

1.5　学習の進め方と環境の準備

　本書を用いた，プログラミング学習の流れは以下のようになります．

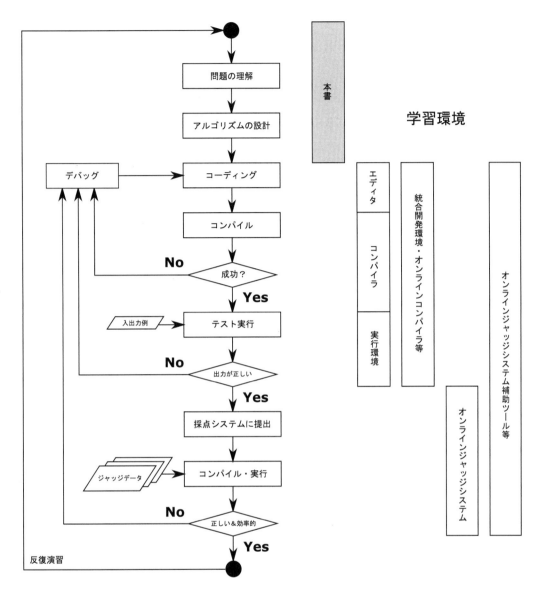

　図のように，プログラミング学習は様々な活動を通した反復演習に基づきます．本書で各問題を読解し，解法が固まったらコーディングを行います．プログラムが完成したら，（必要に応じて）コンパイルしテストデータとして入力例を使い実行します．この過程で問題がおこった場合はデバッグを行います．デバッグとはコードを修正する作業です．入力例でプログラムの動作を確認した後は，より厳格なデータで検証するために，オンラインジャッジに提出してみましょう．不正解の場合はデバッグを行います．正解したら次の問題にチャレンジし反復演習を行います．

　これらの活動を円滑に進めるために，様々なツールを含む環境設定が必要になります．学習環境は，おおむね以下のように分類することができます．

- **エディタ**．プログラムのコードを書くソフトウェアです．

- **コンパイラ.**　プログラムをコンパイルするソフトウェアです.

- **実行環境.**　プログラムを実行する環境です.

- **統合開発環境・オンラインコンパイラ.**　エディタ，コンパイラ，実行環境が統合されたツールです．パソコンにインストールするアプリケーションや，WEB ブラウザからオンラインで利用できるものもあります.

- **オンラインジャッジシステム.**　問題セットを提供し，提出コードに対する厳格な採点を行うサービスです．次章で解説します.

- **オンラインジャッジシステム補助ツール等.**　オンラインジャッジシステムと連携する開発環境やサービスです.

　プログラミングの学習環境は，プログラミング言語，コンパイラ，エディタなど，その他の関連ツールを含めて日々バージョンアップされていく技術です．オンラインジャッジや関連ツール等を活用した学習環境については，以下のサイトで更新していきますので，参考にしてください.

```
https://onlinejudge.u-aizu.ac.jp/documents/preparation
```

第2章　オンラインジャッジ

　本書では，プログラミング学習を支援するツールとして，オンラインジャッジを活用します．オンラインジャッジとは，多くの演習問題にチャレンジすることができ，利用者が解答を提出すると自動的に採点してくれるサービスです．各問題には，テストデータが準備されており，提出されたコードの正誤とその効率の判定を厳格にかつ即座に行ってくれます．さらに，オンラインジャッジを使ったプログラミングの魅力は，ゲーム感覚で楽しく学習が進められることです．読解，問題解決，コーディング，正誤判定からなる反復演習を通して，知識・技術を継続的に体得することができます．

　オンラインジャッジシステムは，プログラミング初心者の学生からエンジニアまで，プログラマとしての能力を養いたい方が自主学習ツールとして活用することができます．入門レベルの問題も多く含まれるため，プログラミング，アルゴリズムとデータ構造など，教育機関における授業のツールとしても広く活用されています．

　本書では，会津大学が開発・運用する Aizu Online Judge（以下 AOJ）を活用します．AOJ は現在以下の 2 つのバージョンが運用されており，どちらを利用してもかまいません（登録情報や学習履歴は共有されます）．

バージョン 1.0

http://judge.u-aizu.ac.jp/

バージョン 2.0 (β)

https://onlinejudge.u-aizu.ac.jp/

　AOJ はインタフェースや使い方が更新される可能性があるため，本書では，基本機能を簡単に紹介します．バージョン 2.0 については，以下の URL に，最新版に対応したチュートリアルが公開されていますので，参考にしてください．

https://onlinejudge.u-aizu.ac.jp/documents

2.1　ユーザ登録

　ユーザ登録を行う前に，「利用規約について」のページにて注意事項を確認しましょう．

登録に必要な主な情報は以下の通りです.

- アカウント ID：サインインに用いる ID です．サイト内で使われるユニークなユーザ ID となります.

- 名前：ユーザステータスやランキングの表示に用いられる氏名（ニックネーム）です．日本語の全角文字などは使用できませんのでご注意ください.

- 所属：学校や所属機関の名称です．こちらも全角文字などは使えませんので英字で設定します.

- プログラミング言語：提出するコードのデフォルトのプログラミング言語を指定します.

- 提出コードの公開：public の場合，提出されたソースコードが他のユーザに公開されます．private の場合は，自分だけが自分のコードにアクセスすることができます．コードを公開することで他のユーザの学習に貢献できるだけでなく，レビューされることで自分のコードの改善にも繋がりますので，public 設定をお勧めしています.

入力が終了したら送信します．正しい入力が行われ「ようこそ AOJ へ！」というメッセージが表示されれば登録完了となります.

2.2　問題検索と閲覧

AOJ には約 2500 問の問題が収録されており，これらは「コース」と「チャレンジ」に分類されています．コースでは，プログラミングやアルゴリズムの入門レベルの問題を体系的に学ぶことができます．チャレンジでは，各種プログラミングコンテストの過去問題が収録されています．問題の検索方法や問題文の閲覧方法の詳細については，チュートリアルを参考にしてください.

本書で扱う問題は，チャレンジに収録されている一部の問題セットになります．各例題や演習の問題文に，対応する AOJ の問題の ID が記載されています．AOJ から検索する方法もありますが，以下のページに本書で取り上げる問題の索引を作成しました．このページのリンクから各問題にアクセスしてください.

```
https://onlinejudge.u-aizu.ac.jp/books/prog_ps_4lang
```

2.3　解答コードの提出

プログラムが提出されると．オンラインジャッジは以下のいずれかのステータスを返します．

結果	詳細
CE: COMPILE ERROR コンパイルエラー	コンパイルに失敗しました． コンパイルエラーメッセージを確認してください．
RE: RUNTIME ERROR 実行時エラー	実行中にエラーが発生しました． 不正なメモリアクセス，ゼロによる割り算など多く の原因が考えられます．
TLE: TIME LIMIT EXCEEDED 時間制限	制限時間内にプログラムが終了しませんでした．
MLE: MEMORY LIMIT EXCEEDED メモリ制限	制限以上のメモリを使用しました．
WA: WRONG ANSWER 不正解	審判データと異なるデータを出力しました．
PE: PRESENTATION ERROR 出力形式エラー	出力形式に誤りがあります． 余計な空白や改行を行っていたり， 必要な空白や改行を出力していません．
AC: ACCEPTED 正解	提出されたプログラムは上記すべての審査において 拒否されなかったため，"受理"されました．

オンラインジャッジ利用のポイント

試行錯誤

オンラインジャッジでは，ジャッジ結果にかかわらず何度でも再提出を行うことができます．正解するまで，あるいは納得のいくコードや性能が得られるまで，何度でもチャレンジしましょう．

テストデータによるデバッグ

オンラインジャッジでは，複数のジャッジデータファイル（テストケース）を用いて正誤・性能判定が行われます．オンラインジャッジでは，各テストケースごとの判定結果の詳細を確認することができます．また，ジャッジデータとして利用されたテストケースの内容を確認することができます．デバッグの参考にもなりますので，必要に応じて活用しましょう．

解答コードの参照

オンラインジャッジでは，多くのユーザがソースコードを公開しています．他の人の解答コードを参考に，自分のプログラムを改善していきましょう．写経や多読にも役に立ちます．本書に記載されている解答例は，ひとつの例にすぎません．より良いコードを多読し，良いところを取り入れ，スキルを養っていきましょう．

問題にチャレンジ

本書に掲載されている問題は，AOJ に収録されている問題のほんの一部です．本書を修了したら，他の問題にも是非チャレンジしてみてください．手ごたえのある問題を解きたい方は「チャレンジ」，体系的に文法やアルゴリズムを学びたい方は「コース」のご利用をお勧めします．

第 2 部

プログラミング入門

　プログラミング言語には，明確な文法と意味が定義されており，それらのルールを最低限の知識として覚える必要があります．第2部では，プログラムの基本構造や基本演算を確認しながら，プログラミングの基礎を学びます．はじめて学ぶ言語ですから，まずは解答例と解説を頼りにしてください．

　解答コードを写経して，入出力やコードの修正を試しながら動かしてみましょう．第2部の内容を習得すれば，コンピュータが得意とする膨大な繰返し処理やデータの管理を応用した計算処理を行うプログラムを書けるようになります．さらに，様々な問題を自らのプログラミングで解決できるようになります．

第3章　基本要素

　コンピュータを動かすには，外部から入力を与え，計算式を実行させます．さらに計算結果を出力させることが必要です．この章では，プログラムの基本構造を確認しつつ，標準入力から値を入力し，簡単な計算を行った後，結果を標準出力に出力する方法を学びます．この章の内容を習得すれば，入力に基づいて結果を表示する簡単な計算機を作れるようになります．

3.1　ワード　(ID 0335)

コンピュータで扱われるデータの最小単位をビット (bit) と呼び，複数のビットをまとめて表した情報量をワード (word) と呼びます．現在，多くのコンピュータでは1ワードを32ビットとして処理しています．

1ワードを32ビットで表すコンピュータについて，ワード単位で与えられたデータ量 W をビット単位で出力するプログラムを作成せよ．

入力
入力は1行からなり，データ量 W $(0 \leq W \leq 100)$ が与えられる．

出力
ビット単位の値を1行に出力する．

入力例1	出力例1
4	128

入力例2	出力例2
3	96

　この問題は，整数を入力として取り，掛け算を行い，結果を出力することで解くことができます．入力を取る方法，入力を記録しておく方法，四則演算を行う方法，出力する方法を見ていきましょう．

C　　　　　　　　　　　　　　　　Program 3.1: word.c

```
1  #include<stdio.h>      /* ライブラリを含める */
2
3  int main(){            /* プログラムの起点を示すmain関数 */
4    int W, B;            /* 変数の宣言 */
5    scanf("%d", &W);     /* 変数に整数を入力 */
6    B = W * 32;          /* 計算結果を代入 */
7    printf("%d\n", B);   /* 変数の値を出力 */
8    return 0;            /* プログラムを正常に終了する */
9  }
```

```
C++                           Program 3.2: word.cpp
1  #include<iostream>      // ライブラリを含める
2  using namespace std;
3
4  int main(){             // プログラムの起点を示す main 関数
5    int W, B;             // 変数の宣言
6    cin >> W;             // 変数に整数を入力
7    B = W * 32;           // 計算結果を代入
8    cout << B << endl;    // 変数の値を出力
9    return 0;             // プログラムを正常に終了する
10 }
```

```
Java                          Program 3.3: word.java
1  import java.util.Scanner;                  // ライブラリを含める
2
3  public class Main {
4    void solve(){
5      Scanner s = new Scanner(System.in); // 入力用スキャナオブジェクトの生成
6      int W, B;                             // 変数の宣言
7      W = s.nextInt();                      // 変数に整数を入力
8      B = W * 32;                           // 計算結果を代入
9      System.out.println(B);                // 変数の値を出力
10   }
11
12   // Main オブジェクトを生成してプログラムをスタート
13   public static void main(String[] args) { new Main().solve(); }
14 }
```

```
Python                        Program 3.4: word.py
1  W = int(input())  # 変数に整数を入力
2  B = W * 32        # 計算結果を代入
3  print(B)          # 変数の値を出力
```

3.1.1　プログラムの構造

C，C++，Java では，キーワードを適切に区切れば，ソースコードの中の空白や改行の数は基本的には処理に影響しません．自分や他の人が読みやすいように，空白や改行を規則に従って入れるのが一般的です．

1 つのプログラムは，手続きがまとめられた**関数**（Java ではメソッドと呼びます）の集合として記述されます．関数の内部は { と } の間に記述された文の列で構成されています．{ と } で囲まれた部分をブロックと呼びます．文とは ;（セミコロン）で終了する 1 つの命令です．ブロックの中は，書かれた順番に文が上から下（同じ行の場合は，左から右）へ向かって順番に実行されます．この章では，書かれた順番に**逐次処理**を行う，シンプルなプログラムを扱います．処理の流れを制御する構造文については 4 章と 5 章，関数については 8 章で詳しく解説します．

関数やメソッドそれ自体は記述された順番に実行されるとは限らず，システムや他の関数に

呼び出されることによって実行されます．C，C++，Java では，最初にシステムから呼び出され実行される関数が **main** 関数と定められています．C，C++，Java の解答例ではそれぞれ 3 行目，4 行目，13 行目から 1 つの main 関数が定義されており，プログラムの起点となっています．

Java

Java のプログラムは，オブジェクトが持つデータと振る舞いを一つにまとめたクラスと呼ばれる単位で構成されます．Java はオブジェクト指向のプログラミング言語であり，本来であればオブジェクトの生成，クラスの設計手法や階層，オブジェクト指向特有の機能を詳しく学ぶ必要があります．一方本書では，簡単なアルゴリズムが実装できる程度の基本文法を紹介します．そこで，本書では，以下のような構成で解答例を作成することにします．

- Main という名前のクラスを 1 つ作成します．Main クラスの main メソッドがプログラムの起点となります．

- main メソッドでは，Main クラスのオブジェクトを生成し，その solve メソッドを呼びだし問題を解きます．つまり，問題解決の本体は solve メソッドの中身になります．

Java のプログラムはそのクラス名とファイル名が一致している必要があります．本来は Main.java というファイル名にする必要がありますが，本書の解説では，解答例のラベルとして，問題に関連した名前を用います．

Python

Python のプログラムは行単位で上から順番に実行されます．式の区切りは改行になります．1 行に複数の式を記述する場合は，式を ; (セミコロン) で区切ります．また，1 つの文を 1 行で記述できない場合は，バックスラッシュ \ を使って式を継続させることができます．Python は字下げ（インデント）によって処理のまとまりであるブロックを表すため，文の前の空白は厳密に解釈されます．本書では 1 単位の字下げを 4 つの空白文字で統一します．字下げがより重要になる構文は 4 章以降に現れます．

3.1.2 ライブラリの導入

汎用的なプログラムを再利用が可能な形で集めたものをライブラリと呼びます．多くのプログラミング言語では，標準ライブラリを自分のプログラムに組み込むことができます．

C **C++**

include 文によって，指定したライブラリをプログラムに含める（インクルードする）ことを指示します．ライブラリを含める操作は，プリプロセッサと呼ばれるコンパイルの前処理を行うプログラムによって行われます．C，C++では # から始まる行がプリプロセッサへの指示になり，一般的にプログラムの最初に列挙します．C の解答例では，入出力処理を行うための stdio.h が

インクルードされています．同じように，C++の解答例では，入出力処理を行うための iostream がインクルードされています．

C++

2 行目に記述されている `using namespace std;` は，ライブラリ等が提供する関数やクラスの名前空間（名前が有効な範囲）を制御するものです．本書では，コードの記述を簡略化するために，この 1 行を記述していますが，実際の開発ではコーディング規則に従うようにしてください．

Java

import 文によって，指定したライブラリをプログラムの中に組み込みます．解答例では，入力処理を行うための java.util.Scanner をインポートしています．

Python

特殊な処理を行う場合は，ライブラリを読み込む必要がありますが，入出力処理等の基本操作のみであれば，特に指定する必要はありません．

3.1.3　コメント

　プログラムには，コードの説明や注意点などを記述するための，処理に影響しないテキストを埋め込むことができます．このようなテキストをコメントと呼びます．

C　　C++　　Java

/* と */ に囲まれた部分はコメントとして扱われます．また，ある行で // 以降に書かれたテキストは，改行をするまでコメントとして扱われます．

Python

ある行で # 以降に書かれたテキストは改行までコメントとして扱われます．

3.1.4　変数

　入力されたデータや計算途中のデータは，コンピュータのメモリに保存されます．プログラムでその役割を担う仕組みが**変数**です．変数によってメモリの特定領域を確保し，そこに名前を付けることで，プログラム（プログラマー）がデータにアクセスできるようになります．変数名は，定められた規則に従う限り，プログラマーが自由に決めることができます．一般的に英小文字，数字，_ などの一部の記号が使われます．

　変数の命名は，プロジェクトで定めた規則などによって，具体的に分かり易くかつ統一した方法で行うことが一般的です．本書では，扱うコードが比較的短いため，便宜上問題文に現れ

る記号や名前に対応した簡潔な命名を行い，必要に応じてコメントを活用します．大きなソフトウェア開発ではそれぞれのプロジェクトの規範に従ってください．

変数は，データの種類（整数，実数，文字，文字列など）を表す型と呼ばれる概念を持ちます．解決する問題や扱うデータによって，型を意識して使い分ける必要があります．プログラムの中で，変数の型を変えることもあります．型を変換する操作をキャストと呼びます．

(C)(C++)(Java)

変数を使用する前にそれらを宣言する必要があります．変数の宣言では，型を指定した後に変数名を記述します．C，C++，Java の解答例では，int W, B; によって，それぞれ W, B という名前の 2 つの整数型の変数を宣言しています．int は integer（整数）の省略形で，整数型を表します．int で変数を宣言すると，1 つの整数を格納するメモリ領域が確保され，命名した名前でアクセスできるようになります．同時に複数の変数を宣言する場合は，変数名をカンマで区切ります．

C 言語については，変数の宣言はそれを利用する関数のブロックの最初に行う必要があります．ただし，コンパイラやバージョンによっては，C++のように必要な場所で宣言を行うこともできます．

(Python)

Python は「動的型付け」と呼ばれる型システムによって，変数の型を自動で判断します．解答例の W = int(input()) では，変数 W に標準入力から読み込んだ整数が代入され，結果として W は 1 つの整数を保持します．代入演算と標準入力については，この後に詳しく解説します．

3.1.5　代入演算

計算を指示するために，プログラミング言語には様々な演算子（オペレータ）が定義されています．代入演算 = は，右辺の計算結果を左辺の変数に代入（コピー）します．数学の式で使われるイコールの意味ではないことに注意してください．解答例の B = W * 32 は，右辺の計算結果の値が変数 B に代入（コピー）されます．これは $B \leftarrow W \times 32$ のようにイメージすることができます．

変数は「変わる数」と書かれるように，代入演算などによりその値を何度でも書き換えることができます．

3.1.6　四則演算と剰余演算

以下の表に示すように，四則演算と剰余演算では演算記号の左右にある 2 つの変数や計算式について演算を行い，計算結果を返します．ここで「返す」とは，計算結果を提供するという意味で使われます．除算については，言語によって意味が異なる場合があります．詳しくは 3.2.2 と 3.3.1 で学びます．

表 3.1: 四則演算と剰余演算

演算	演算記号	数学記号	例	意味
加算	+	＋	a + b	a と b の和
減算	-	－	a - b	a から b を引いた差
乗算	*	×	a * b	a と b の積
除算	/	÷	a / b	a を b で割った商
剰余算	%	mod	a % b	a を b で割った余り

　プログラム中の計算式は，主にオペランドとそれらを関連づける演算子から構成されています．演算の対象となる値，変数，計算式などをオペランドと呼びます．オペランドが演算子（+ や - などの記号）によって結合され，計算結果と置き換わります．

　解答例の B = W * 32 では，代入演算と四則演算を組み合わせて変数 W の値に 32 を掛けた計算結果が変数 B に代入されます．たとえば，変数 W の値が 4 の場合は，変数 B には 128 が格納されます．（ここでは，説明のために変数 B を導入しましたが，B の代わりに W * 32 を直接出力し簡潔に記述することもできます．）

3.1.7　標準入力

　入力処理は，コンピュータ（プログラム）の外部からデータを受け取ることです．受け取ったデータは，変数に記録されたり式の中で利用されます．本書では，**標準入力**（プログラムに対するキーボードからの入力と考えてください）からデータを読み込み，問題を解くプログラムを作成します．解答例は，標準入力から 1 つの整数を変数 W に書き込んでいます．

　入力処理は，各プログラミング言語に準備されたライブラリの関数やオブジェクトを利用します．ここで，今後の解説のために，関数に関する用語について確認をしておきます．関数は，プログラムの中から必要に応じて呼び出し利用します．このとき関数には，処理に応じてデータを渡すことができます．このデータを**引数**と呼びます．複数の引数を指定する場合は，それらをカンマで区切ります．

C

解答例では，5 行目で入力処理を行っています．scanf 関数は標準入力からデータを読み込むための関数です．関数を呼び出す時は（）の中に式や値をいくつか指定することによって，関数にデータを渡すことができます．scanf 関数では，1 つ目の引数に標準入力から入力されるデータの変換方法を指示する文字列，2 つ目以降の引数に入力を受け取る変数のアドレスを指定します．ここで文字列は"で囲まれた部分です．文字列中の %d は 10 進数に変換することを示し，このプログラムは，標準入力から 1 つの整数を 10 進数として変数 W に書き込みます．変数の前に & を付けることによって，W の「値」ではなく，W のアドレス（メモリ上の場所）を指定しています．

C++

解答例では，6行目で入力処理を行っています．cinは標準入力からデータを読み込むためのオブジェクトで，ストリーム（流れ）と呼ばれる仕組みでデータが流れてきます．演算子 >> によって標準入力から流れてくるデータを指定された変数に格納します．解答例は，標準入力から1つの整数を変数 W に書き込みます．cin は対象となる変数のデータ型を自動で判別します．

Java

Java には入出力を効率よく行うための，様々なクラスが標準で準備されています．本書では，主に Scanner クラスを用いて入力処理を行います．解答例の5行目で，標準入力 System.in に関連付けられたストリームを提供する Scanner のオブジェクトを生成し，それを変数 sc で参照します．このように，オブジェクト指向の言語では，クラスが他のクラスのオブジェクトを生成して利用します．解答例では，7行目の sc.nextInt() によってスキャナから1つの整数を読み込んでいます．

Python

input 関数は標準入力から文字列を1行分読み込む関数です．入力値を整数として扱いたい場合は，キャストを行う int 関数によって，このデータの型（文字列）を整数に変換してから，変数に代入します．

3.1.8　標準出力

出力処理は計算結果やメモリ（変数）の内容を外部に書き出す処理です．本書では，**標準出力**（プログラムを実行したコンソールと考えてください）にデータを出力するプログラムを作成します．解答例は，変数 B の値を標準出力に書き出します．

C

解答例では，7行目で出力処理を行っています．printf 関数は変数の値や計算結果を標準出力に出力する関数です．1つ目の引数に変換方法を含めた文字列を指定し，2つ目以降の引数に出力する式を指定します．解答例は，変換方法に %d を指定しているので，変数 B の値を10進数として出力し，最後に改行を出力します．'\n' は改行コードを表します．

C++

解答例では，8行目で出力処理を行っています．cout は変数の値や計算式を標準出力に出力するオブジェクトです．演算子 << を使って，指定した計算結果を順番に標準出力に出力します．解答例は，変数 B の値を出力してから改行を出力します．endl は改行を表すオブジェクトで，改行を行ってから，バッファをフラッシュします．一般的にストリームには，処理を高速化するためにデータをバッファにためておく仕組みがあり，フラッシュ操作によって溜められたデータが出力されます．つまり，毎回 endl を実行すると，処理が遅くなる可能性がありますので，

高速化が必要な場合は'\n' で改行を行った方がよいでしょう．ただし，cout におけるフラッシュのタイミングは実行環境に依存するため改行コードの'\n' のみで改行すると，意図した出力が得られない場合があります．明示的にフラッシュを行うことで対処できますが，本書では簡潔さを優先し，endl を用いて改行とフラッシュを行うことにします．

Java

解答例では，9 行目で出力処理を行っています．System.out.println() は引数で指定された文字列や値に改行を加えて，標準出力に出力するメソッドです．改行をしたいくない場合は System.out.print() を用います．

Python

print 関数は指定された文字列や値を，改行付きで標準出力に出力する関数です．print 関数では，最後に出力する文字列や区切り文字を指定することができます．改行をしたくない場合は最後に出力する文字列を表す end に空文字を指定し，print(式, end='') とします．

3.2　カエルはまっすぐ帰る　(ID 0317)

一匹のカエルが巣穴に帰ろうとしています．巣穴はカエルの D センチメートル前方にあって，カエルは巣穴に向かってまっすぐ進みます．カエルができる行動は，以下の 2 つだけです．

- 大ジャンプ（L センチメートル前方に進む）
- 小ジャンプ（1 センチメートル前方に進む）

カエルは巣穴を跳び越すことなく，ちょうど巣穴に着地することをねらっています．
カエルが巣穴に帰るために，最低何回跳ぶ必要があるかを求めるプログラムを作成せよ．

入力

入力は 1 行であり，巣穴までの距離 D (1 ≤ D ≤ 10000) と大ジャンプでカエルが進む距離 L (2 ≤ L ≤ 10000) が与えられる．

出力

カエルが最低何回跳ぶ必要があるかを，1 行に出力する．

入力例 1	出力例 1
10 5	2

入力例 2	出力例 2
7 4	4

　飛ぶ回数をなるべく少なくするためには，巣穴を超えないように，可能な限り大ジャンプを行う必要があります．大ジャンプの回数は巣穴までの距離を大ジャンプの距離で割ることで求めることができます．残りの距離は，巣穴までの距離を大ジャンプの距離で割った余りとなり，この分だけ小ジャンプすることになります．この計算には除算と剰余算を使います．

C

Program 3.5: flog.c

```c
1  #include<stdio.h>
2
3  int main(){
4    int D, L;
5    scanf("%d%d", &D, &L);
6    printf("%d\n", D / L + D % L);
7    return 0;
8  }
```

C++

Program 3.6: flog.cpp

```cpp
1  #include<iostream>
2  using namespace std;
3
4  int main(){
5    int D, L;
6    cin >> D >> L;
7    cout << D / L + D % L << endl;
8    return 0;
9  }
```

Java

Program 3.7: flog.java

```java
1   import java.util.Scanner;
2
3   public class Main {
4     void solve(){
5       Scanner sc = new Scanner(System.in);
6       int D = sc.nextInt(), L = sc.nextInt();
7       System.out.println(D / L + D % L);
8     }
9     public static void main(String[] args) { new Main().solve(); }
10  }
```

Python

Program 3.8: flog.py

```python
1  D, L = map(int, input().split())   # 空白区切りの2つの文字列をそれぞれ整数に変換
2  print(D // L + D % L)
```

3.2.1 複数の変数への入力

解答例では，標準入力から2つの整数を読み込み，それらを読み込んだ順番に変数 D と変数 L に格納します．

C

scanf 関数の1つ目の引数に，2つの変換指定子を含め，2つ目以降の引数に，入力値を格納する変数を順番に指定します．

C++

cin に対して，入力値を格納する順番に左から右へ向かって，変数を演算子>>で連結します．

23

Java

スキャナの nextInt メソッドを複数回呼び出すことで，ストリームから流れてくる複数の入力値を順番に取得することができます．

Python

input 関数は，標準入力から 1 行の文字列を入力します．したがって，複数の数値を 1 行で読み込み，変数に格納するためには，いくつかの手順をふむ必要があります．

　まず，文字列に対する split 関数によって，指定した文字で文字列を分割します．split 関数で文字を指定しない場合は，空白文字で区切られます．これで入力から文字列の列が得られます．次に，各文字列を整数に変換して対応する変数に代入します．

　Python では，代入文の左辺と右辺に，対応する複数の変数や式を指定する，**多重代入**を行うことができます．たとえば，以下のプログラムでは，空白区切りで区切られた 2 つの文字列を標準入力から読み込み，それぞれ変数 S1, S2 に代入します．

```
S1, S2 = input().split()
```

　ただし，このままだと，S1, S2 は文字列のデータになるので，それぞれを int 関数によって整数に変換する必要があります．たとえば，これらを 2 つの整数 D, L としてそれぞれ変換したい場合は以下のように書きます．

```
D = int(S1)
L = int(S2)
```

　解答例では，map 関数を用いて簡潔に記述しています．マップとは，オブジェクト（データ）の列に含まれる各要素に対して，統一された変換処理を施し，別のオブジェクトを生成する操作です．map 関数では，第 1 引数に関数，第 2 引数にリストなどのシーケンスを指定します．リストについては第 6 章で詳しく解説します．

3.2.2　除算

/ による整数同士の割り算は小数点以下が切り捨てられ，計算結果は整数になります．

Python

// による整数同士の割り算は小数点以下が切り捨てられ，計算結果は整数になります．

3.2.3　剰余算

　% は余り算を表す演算子で，a % b は a を b で割った余りを返します．

3.2.4 四則演算の優先度

解答例のコードでは D / L + D % L のように，異なる種類の四則演算が含まれる計算式が実行されます．四則演算については，数学と同様に，乗算・除算・剰余が加算・減算よりも優先的に計算が行われます．この計算式では，D / L の結果と D % L の結果の和が計算されます．プログラムでは，(D / L) + (D % L) のように明示的に括弧をつけることもできます（この場合，計算の順序は変わりません）．優先順位が同じ演算については，左から順番に実行されます．たとえば，優先順が同じ乗算・除算を含む計算式 x = 6 / 3 * 4 は，x = 2 * 4 → x = 8 のように計算されます．

3.3 目盛りのないストップウォッチ （ID 0416)

図のようなストップウォッチがあります．このストップウォッチには 0 を示す目印が一つあるだけで，目盛りがありません．起動した瞬間，針は目印を指し，そこから針は軸を中心に一定の割合で時計回りに回転します．目盛りがないので，起動からの経過時間を直接読み取ることはできません．その代わり，針が目印から時計回りに a 度回ったときの経過時間が t 秒であることがわかっています．ただし，a は 360 度未満とします．

角度 a と経過時間 t が与えられたとき，ストップウォッチ起動後に読み取った針の角度 r が表す経過時間を求めるプログラムを作成せよ．ただし，針が 1 周していないことはわかっているものとする．

入力

1 行に角度 a ($1 \leq a \leq 359$) と角度 a のときの経過時間 t ($1 \leq t \leq 1,000$)，読み取った角度 r ($0 \leq r \leq 359$) がすべて整数で与えられる．ただし，a と r の単位は度，t の単位は秒とする．

出力

読み取った針の角度が表す経過時間を秒で 1 行に実数で出力する．ただし，誤差がプラスマイナス 0.001 を超えてはならない．

入力例 1	出力例 1
180 120 90	60.0

入力例 2	出力例 2
90 100 120	133.333333

角度 1 度あたりの経過時間がわかれば，それと針の角度を掛け算して答えを求めることができます．ただし，1 度あたりの経過時間は整数になるとは限らないので実数を扱う必要があります．

Program 3.9: stop_watch.c

```c
#include<stdio.h>

int main(){
  int a, t, r;
  double elapse;    /* 実数型の経過時間 */
  scanf("%d %d %d", &a, &t, &r);
  elapse = (1.0 * t / a) * r;
  printf("%.8lf\n", elapse);
  return 0;
}
```

Program 3.10: stop_watch.cpp

```cpp
#include<iostream>
#include<cstdio>
using namespace std;

int main(){
  int a, t, r;
  cin >> a >> t >> r;
  double elapse = (1.0 * t / a) * r; // 実数型の経過時間
  printf("%.8lf\n", elapse);
  return 0;
}
```

Program 3.11: stop_watch.java

```java
import java.util.Scanner;

class Main {
  void solve(){
    Scanner sc = new Scanner(System.in);
    int a = sc.nextInt();
    int t = sc.nextInt();
    int r = sc.nextInt();
    double elapse = (1.0 * t / a) * r; // 実数型の経過時間
    System.out.println(elapse);
  }

  public static void main(String[] args) {new Main().solve(); }
}
```

Program 3.12: stop_watch.py

```python
a, t, r = map(int, input().split())
elapse = (t / a) * r # 実数による経過時間
print(elapse)
```

3.3.1　実数値で計算する

整数型どうしの演算結果は整数になります. たとえば, 変数 t と a がともに整数型でそれぞれ
の値が 5 と 2 の場合, t / a つまり 5/2 の演算結果は 2 となります (2.5 の小数点以下が切り
捨てられ整数となります).

異なる型の変数・定数の演算結果は，精度がより高い方に変換され，これを暗黙的キャストと呼びます．解答例では，変数 t と a がともに整数型であっても，1.0 * t が実数となり，1.0 * t / a の計算結果も実数となります．

Python

/ による整数同士の割り算の結果は浮動小数点数になります．つまり，除算の商を実数で返します．

3.3.2 実数値を記録する型

この問題では，実数値の答えを変数に格納せずに計算式の結果をそのまま出力することもできますが，解答例では，実数を変数に格納し，その値を出力しています．

実数の計算やメモリへの記憶には，実数型である **float** 型または **double** 型を使います．C，C++，Java では float と double のどちらも利用できますが，多くの場合，精度がより高い double 型を使った方が安心です．ただし，float 型変数は 4 byte の容量であるのに対し，double 型は 8 byte の容量が必要です．Python では，float 型しかありませんが，C，C++，Java の double 型と同じです．

C   C++   Java

実数値を記録する変数は，double をつけて宣言します．解答例では，経過時間を表す実数型の変数 elapse に，実数値となる計算式の結果を代入しています．

3.3.3 実数値を出力する

C   C++

printf 関数で double 型を実数として出力する場合は，変換指定子に%lf を指定します．float の場合は%f を指定します．C，C++の解答例では%.8lf とすることで，小数点以下 8 桁を出力するように指示しています．C++では，cstdlib をインクルードすることで，printf や scanf 関数を使うことができます．

Java

System.out.println メソッドは，変数や式の型を判別して，それが実数型であれば実数値を出力します．

Python

print 関数は，変数や式の型を判別して，それが実数型であれば実数値を出力します．

3.4　演習問題

摂氏華氏 (ID 0380)

　華氏で表された温度から 32 を引いて 59 を掛けると，摂氏に直すことができます．しかし，これだと暗算しづらいので，簡易版として 30 を引いて 2 で割るという式が使われることがあります．これを使うと，華氏の 68 度は $\frac{(68-30)}{2} = 19$ 度になります．華氏で表された温度 F を簡易版の変換式 $C = \frac{F-30}{2}$ で摂氏に直すプログラムを作成せよ．

入力例	出力例
68（F）	19（C）

角度の変換 (ID 0441)

　通常，角度は度という単位で表しますが，1 度より小さい角度まで表したいときには，分や秒という単位を使います．1 度を分で表すと 60 分，1 分を秒で表すと 60 秒になります．たとえば，10.52 度を秒で表すと 37,872 秒になり，度分秒で表すと 10 度 31 分 12 秒になります．

　角度が秒で与えられたとき，それらを度分秒に変換するプログラムを作成せよ．ただし，度は 0 以上の整数，分と秒は 0 から 59 までの整数とする．

入力例	出力例
37872 （秒で表した角度）	10　31　12

旅行先のパーティ (ID 0392)

　八重さんは，旅行先で何度か行われるパーティに出席することになりました．パーティでは 1 回につき 1 着，ドレスを身に付ける必要があります．旅行には何着かドレスを持っていきますが，パーティの回数よりもドレスの枚数が少ない場合，すべてのパーティに出席するには，同じドレスを何回か身に付ける必要があります．

　おしゃれな八重さんは，同じドレスを何回も着たくありません．一番多く使うドレスを着る回数をなるべく少なくしたいと考えています．
　ドレスの枚数とパーティの回数が与えられる．一番多く使うドレスを着る回数をなるべく少なくしたときに，そのドレスを何回着なければならないかを計算するプログラムを作成せよ．

入力例	出力例
3 5 （ドレスの枚数，パーティの回数）	2 （一番多く使うドレスを着る回数）

第4章 条件分岐

処理の流れの中で，ある条件が成り立つときと成り立たないときで，異なる処理をさせたいことがあります．そのようなときに使うのが条件分岐です．この章の内容を習得すれば，入力値や計算結果を元に判断を行い，処理や出力を変化させるプログラムを作成することができるようになります．AI のような高度な仕組みも，巧みな計算式と条件分岐から成り立っています．

4.1 お財布メタボ診断 (ID 0296)

4月に消費税が8％になってから，お財布が硬貨でパンパンになっていませんか．同じ金額を持ち歩くなら硬貨の枚数を少なくしたいですよね．硬貨の合計が1000円以上なら，硬貨をお札に両替して，お財布のメタボ状態を解消できます．

お財布の中の硬貨の枚数が種類ごとに与えられたとき，硬貨をお札に両替できるかどうかを判定するプログラムを作成してください．

入力

入力はそれぞれ，1円，5円，10円，50円，100円，500円硬貨の枚数を表す c_1, c_5, c_{10}, c_{50}, c_{100}, c_{500} $(0 \leq c_1, c_5, c_{10}, c_{50}, c_{100}, c_{500} \leq 50)$ が空白区切りで1行に与えられる．

出力

硬貨をお札に両替できるなら1を，そうでなければ0を1行に出力する．

入力例 1	出力例 1
3 1 4 0 4 1	0

入力例 2	出力例 2
2 1 4 3 2 3	1

各硬貨の枚数を読み込み，合計金額を計算します．合計金額が1000円以上かどうかで出力する内容を変えれば，この問題を解くことができます．

```
         C                        Program 4.1: fat_wallet.c
1    #include<stdio.h>
2
3    int main() {
4      int c1, c5, c10, c50, c100, c500, sum, result;
5      /* 硬貨の枚数を読み込んで合計金額を計算 */
6      scanf("%d %d %d %d %d %d", &c1, &c5, &c10, &c50, &c100, &c500);
7      sum = c1 + c5 * 5 + c10 * 10 + c50 * 50 + c100 * 100 + c500 * 500;
8      /* 合計金額が1000円以上かどうかで条件分岐 */
9      if ( sum >= 1000 ) {
10       result = 1;
11     } else {
12       result = 0;
13     }
14     printf("%d\n", result);
15     return 0;
16   }
```

```
         C++                      Program 4.2: fat_wallet.cpp
1    #include<iostream>
2    using namespace std;
3
4    int main() {
5      int c1, c5, c10, c50, c100, c500, sum, result;
6      // 硬貨の枚数を読み込んで合計金額を計算
7      cin >> c1 >> c5 >> c10 >> c50 >> c100 >> c500;
8      sum = c1 + c5 * 5 + c10 * 10 + c50 * 50 + c100 * 100 + c500 * 500;
9      // 合計金額が1000円以上かどうかで条件分岐
10     if ( sum >= 1000 ) {
11       result = 1;
12     } else {
13       result = 0;
14     }
15     cout << result << endl;
16     return 0;
17   }
```

```
         Java                     Program 4.3: fat_wallet.java
1    import java.util.Scanner;
2
3    class Main {
4      void solve() {
5        int c1, c5, c10, c50, c100, c500, sum, result;
6        // 硬貨の枚数を読み込んで合計金額を計算
7        Scanner sc = new Scanner(System.in);
8        c1 = sc.nextInt();
9        c5 = sc.nextInt();
10       c10 = sc.nextInt();
11       c50 = sc.nextInt();
12       c100 = sc.nextInt();
13       c500 = sc.nextInt();
14       sum = c1 + c5 * 5 + c10 * 10 + c50 * 50 + c100 * 100 + c500 * 500;
15       // 合計金額が1000円以上かどうかで条件分岐
16       if ( sum >= 1000 ) {
17         result = 1;
18       } else {
19         result = 0;
20       }
21       System.out.println(result);
22     }
23     public static void main(String[] args) { new Main().solve(); }
24   }
```

```python
1  # 硬貨の枚数を読み込んで合計金額を計算
2  c1, c5, c10, c50, c100, c500 = map(int, input().split())
3  sum = c1 + c5 * 5 + c10 * 10 + c50 * 50 + c100 * 100 + c500 * 500
4  # 合計金額が1000円以上かどうかで条件分岐
5  if sum >= 1000:
6      result = 1
7  else:
8      result = 0
9  print(result)
```

4.1.1　if / else 文

解答例では，合計金額は変数 sum に格納しています．合計金額が 1000 円以上ならお札に両替できるので変数 result に 1 を格納し，そうでなければ 0 を格納しています．

このように，条件が成り立つときと成り立たないときで異なる処理を実行したいときには，**条件分岐**を使います．条件分岐には **if 文**を使います．if 文にはいくつかの構造があります．「条件が成り立つなら処理 1 を実行し，成り立たないなら処理 2 を実行する」という処理をする **if / else 文**の書き方は以下のようになります．

C　**C++**　**Java**

```
if (条件式) {
    処理 1
} else {
    処理 2
}
```

C と C++ の解答例ではそれぞれ 9-13 行目と 10-14 行目，Java では 16-20 行目で条件分岐を使っています．条件式は条件を表す式です．条件式についてはもう少し後で説明します．処理 1 と処理 2 にはそれぞれ，いくつでも文を書くことができます．ブロックを表す { と } で囲まれた範囲に書かれた文が，処理 1 および処理 2 になります．なお，処理 1 や処理 2 が文 1 つだけのときは，{ と } は省略できます．さらに，処理 2 が不要，つまり条件が成り立たないときは何もしない場合は else 以下を省略できます．

処理 1 と処理 2 は if や else がある行よりも先頭が右にずれています．前章でもふれたように，行の先頭に空白を挿入して先頭の文字を右にずらすことを**インデント（字下げ）**と言います．ブロックは，初めと終わりがわかりやすいようにインデントを加えることでプログラムが読みやすくなります．インデントや改行がなくてもエラーにはなりませんが，プログラムの読みやすさのために改行やインデントをうまく使ってプログラムを書く習慣をつけるとよいでしょう．

Python

```
if 条件式:
    処理 1
else:
    処理 2
```

解答例では 5 行目から 8 行目で条件分岐を使っています．条件式と else の後に：（コロン）が必要です．処理 1 と処理 2 は改行なしで書くこともできますが，その場合はその 1 行に処理をすべて書かなければなりません．上の例のように，処理 1 と処理 2 を改行して書く場合には，必ず if 条件式:や else:文より一つ多くインデントします．処理 1 と処理 2 にはいくつでも文を書けますが，改行して処理を書いていく場合には同じ幅のインデントを加えて書きます．もし処理 2 が不要，つまり条件が成り立たないときは何もしない場合は else:以下を省略できます．

Python ではインデントを必ず書かなければならないので，自然とプログラムが読みやすくなります．改行やインデントが正しく書かれていない場合は，エラーが起きたり，プログラムが意図したとおりに動かなくなります．

4.1.2 条件式

条件式は，条件が成り立つかどうかを調べるための式です．成り立つことを真 (**true**)，成り立たないことを偽 (**false**) と言います．条件式を評価して得られた値が条件式の値になります．条件式は，定数，変数，四則演算を含む式や，それらを比較演算，等値演算，論理演算などと組み合わせたものから成ります．これらの演算の詳細については後で説明します．ここではまず，条件が成り立つと判定される，条件式の値について確認します．

C

条件式の型は int 型で，条件式の値は整数になります．条件式を評価した値が 0 のときは偽，0 以外の整数値のときは真と判断されます．

C++

C 言語での条件式の評価に加えて，**bool** 型による条件式の評価も使えます．bool 型とは真 (true) または偽 (false) のいずれかの値を持つ型です．条件式の型は bool 型になります．条件式の値が false のとき偽，true のときに真と判断されます．条件式が int 型で，その値が 0 のときは false とみなされ，0 でない整数値のときは true とみなされます．

Java

条件式の型は **boolean** 型になります．boolean 型とは真 (true) または偽 (false) のいずれかの値を持つ型です．条件式の型が boolean 型でないときはコンパイルエラーになります．条件式の値が false のときは偽，true のときに真と判断されます．

Python

条件式の値が定数 False や数 0 のときは偽，定数 True や 0 でない数のときは真と判断され
ます．

4.1.3 比較演算

変数や式の値の大小関係を調べるためには，**比較演算子**を使います．解答例では，変数 sum
に格納されている硬貨の金額の合計が 1000 円以上かどうかを調べています．>= は比較演算子
のひとつで，左辺の値が右辺の値以上かどうかを調べるために使います．以下の表に値の大小
比較に使用できる比較演算子を示します．

表 4.1: 比較演算

数学記号	演算記号	書き方	真になる条件
≧	>=	x >= y	x が y 以上
≦	<=	x <= y	x が y 以下
>	>	x > y	x が y より大きい
<	<	x < y	x が y より小さい

4.1.4 三項演算

解答例では，変数 result の値を決めるために条件分岐を使いました．一方，この問題のよ
うに条件式が簡単な場合は，**三項演算子**を使うことでより簡潔にプログラムを書くことができ
ます．三項演算子は，条件式が成り立つかどうかに応じて式の値を決めます．たとえば，変数
sum の値が 1000 以上の場合は値が 1 になり，そうでないときは 0 になる式は以下のように書き
ます．

sum >= 1000 ? 1 : 0 のように書きます．? の前に条件式を，: の前と後ろにそれぞれ，
条件式が成り立つときと成り立たないときに使われる式を書きます．解答例のプログラムで
三項演算子を使う場合は，C，C++，Java のそれぞれ 9-13 行目，10-14 行目，16-20 行目を
result = sum >= 1000 ? 1 : 0 に置き換えます．

Python

1 if sum >= 1000 else 0 のように書きます．if と else の間に条件式を，if の前に条件
式が成り立つときに使われる式を，else の後に条件式が成り立たないときに使われる式を書きま
す．解答例のプログラムで三項演算子を使う場合は，5–8 行目を result = 1 if sum >= 1000
else 0 に置き換えます．

4.2　買い物　(ID 0358)

あなたは，今日発売された新刊「プログラミング甲子園必勝法」を買うために，友達のA君と本屋に来ています．あなたはどうしてもその本を買いたいので，手持ちの金額で足りないときは，A君からお金を借りようと思っています．それでも足りなければ，今回はあきらめるしかありません．

あなたの手持ちの金額，A君の手持ちの金額，本の値段が与えられたとき，本を買うためにA君から借りなければならない最小の金額を出力するプログラムを作成せよ．

入力

1行に，あなたの手持ちの金額 m $(0 \leq m \leq 10000)$ とA君の手持ちの金額 f $(0 \leq f \leq 10000)$ と本の値段 b $(100 \leq b \leq 20000)$ が与えられる．

出力

本を買うためにA君から借りなければならない最小の金額を1行に出力する．ただし，A君の手持ちの金額をすべて借りても本を買えないときは，"NA" と1行に出力する．

入力例 1	出力例 1
1000 3000 3000	2000

入力例 2	出力例 2
5000 3000 4500	0

入力例 3	出力例 3
500 1000 2000	NA

　「二人の金額を合わせても買えない場合」，「あなたの手持ちの金額だけで買える場合」，「あなたの手持ちの金額だけでは買えないが，二人合わせれば買える場合」の3通りの条件に対する分岐が必要になります．

Program 4.5: shopping.c

```c
#include<stdio.h>

int main() {
  int m, f, b;
  scanf("%d %d %d", &m, &f, &b);
  /* 3通りの場合分け */
  if ( m + f < b )
    printf("NA\n");
  else if ( m >= b )
    printf("0\n");
  else
    printf("%d\n", b - m);
  return 0;
}
```

Program 4.6: shopping.cpp

```cpp
 1  #include<iostream>
 2  using namespace std;
 3
 4  int main() {
 5    int m, f, b;
 6    cin >> m >> f >> b;
 7    // 3通りの場合分け
 8    if ( m + f < b )
 9      cout << "NA" << endl;
10    else if ( m >= b )
11      cout << 0 << endl;
12    else
13      cout << b - m << endl;
14    return 0;
15  }
```

Program 4.7: shopping.java

```java
 1  import java.util.Scanner;
 2
 3  class Main {
 4    void solve() {
 5      Scanner sc = new Scanner(System.in);
 6      int m = sc.nextInt();
 7      int f = sc.nextInt();
 8      int b = sc.nextInt();
 9      // 3通りの場合分け
10      if ( m + f < b )
11        System.out.println("NA");
12      else if ( m >= b )
13        System.out.println(0);
14      else
15        System.out.println(b - m);
16    }
17
18    public static void main(String[] args){ new Main().solve(); }
19  }
```

Program 4.8: shopping.py

```python
1  m, f, b = map(int, input().split())
2  # 3通りの場合分け
3  if m + f < b :
4      print("NA")
5  elif m >= b :
6      print(0)
7  else:
8      print(b - m)
```

4.2.1 if / else if / else 文

この問題で判定が必要な3通りの条件式は，以下のように書くことができます．

- 「二人の手持ちの金額を合わせても買えない」を判定する条件式は，$m + f < b$.

- 「あなたの手持ちの金額だけで買える」を判定する条件式は，$m \geq b$.

- 「あなたの手持ちの金額では買えないが，二人合わせれば買える」を判定する条件式は，$m < b$ かつ $m + f \geq b$.

ただし，3 つ目の条件式は 1 つ目と 2 つ目の条件式が両方とも成り立たなかった場合であると
考えることができます．3 通り以上の条件分岐をしたいときには，**多重条件分岐**を使います．
多重条件分岐は以下のような構造になります．

> 条件式 1 を判定
> 　　条件式 1 が成り立つ場合の処理
> 条件式 2 を判定
> 　　条件式 2 が成り立つ場合の処理
> ・・・
> 条件式 n を判定
> 　　条件式 n が成り立つ場合の処理
> 上のどの条件式も成り立たない
> 　　どの条件式も成り立たない場合の処理

条件式 1 から条件式 n までを順に調べていき，最初に成り立った条件式の直後の処理を実行し
て条件分岐を終了します．たとえば，条件式 1 が成り立てば，「条件式 1 が成り立つ場合の処
理」を実行し，残りの条件式はチェックせずに条件分岐を終了します．条件式 1 も条件式 2 も
成り立たず，条件式 3 が成り立つなら，「条件式 3 が成り立つ場合の処理」を実行して条件分岐
を終了します．どの条件式も成り立たないときは「どの条件式も成り立たない場合の処理」を
実行します．また，どの条件式も成り立たなかった場合の処理が不要なら，「上のどの条件式も
成り立たない」以下の記述を省略できます．この構造に基づく多重条件分岐は **if / else if / else**
文を用いて以下のように書きます．

C　　C++　　Java

```
if (条件式 1) {
    処理 1
} else if (条件式 2) {
    処理 2
}
...
} else if (条件式 n) {
    処理 n
} else {
    処理 n+1
}
```

C の解答例では 7-12 行目，C++の解答例では 8-13 行目，Java の解答例では 10-15 行目で条件
分岐を使っています．

Python

```
if 条件式 1:
    処理 1
elif 条件式 2:
    処理 2
...
elif 条件式 n:
    処理 n
else:
    処理 n+1
```

解答例では，3-8 行目が条件分岐の処理にあたります．

4.3 長方形 (ID 0345)

アイヅ放送協会の教育番組 (ＡＨＫ教育) では，子ども向けの工作番組「あそんでつくろ」を放送しています．今日は棒で長方形を作る回ですが，用意した 4 本の棒を使って長方形ができるかを確かめたいと思います．ただし，棒は切ったり折ったりしてはいけません．

4 本の棒の長さが与えられるので，それらすべてを辺とする長方形が作れるかどうか判定するプログラムを作成せよ．

入力

入力は 1 行からなり，各棒の長さを表す 4 つの整数 e_i $(1 \le e_i \le 100)$ が与えられる．

出力

長方形を作成できる場合には「yes」を，作成できない場合には「no」を出力する．ただし，正方形は長方形の一種なので，正方形の場合でも「yes」と出力する．

入力例 1	出力例 1
1 1 3 4	no

入力例 2	出力例 2
1 1 2 2	yes

入力例 3	出力例 3
2 1 1 2	yes

4 本の棒で長方形が作れるときに棒の長さが満たすべき条件を考え，それを if 文の条件式に用います．ここでは，条件式を表すために「かつ」や「または」などの論理演算が必要になり

ます.

　まず e_1, e_2, e_3, e_4 の間にどのような関係が成り立つときに長方形が作れるか考えます. 長方形の向かい合う 2 辺の長さは等しいので, e_1, e_2, e_3, e_4 から値が等しいものを 2 組作れれば長方形が作れることがわかります. そのような組み合わせは以下の 3 通りです.

- e_1 と e_2 が等しく, かつ, e_3 と e_4 が等しい.

- e_1 と e_3 が等しく, かつ, e_2 と e_4 が等しい.

- e_1 と e_4 が等しく, かつ, e_2 と e_3 が等しい.

C

Program 4.9: rectangle.c

```c
#include<stdio.h>

int main(){
  int e1, e2, e3, e4;
  scanf("%d %d %d %d", &e1, &e2, &e3, &e4);
  if ( e1 == e2 && e3 == e4 || e1 == e3 && e2 == e4 || e1 == e4 && e2 == e3 )
    printf("yes\n");
  else
    printf("no\n");
  return 0;
}
```

C++

Program 4.10: rectangle.cpp

```cpp
#include<iostream>
using namespace std;

int main(){
  int e1, e2, e3, e4;
  cin >> e1 >> e2 >> e3 >> e4;
  if ( e1 == e2 && e3 == e4 || e1 == e3 && e2 == e4 || e1 == e4 && e2 == e3 )
    cout << "yes" << endl;
  else
    cout << "no" << endl;
  return 0;
}
```

Java

Program 4.11: rectangle.java

```java
import java.util.Scanner;

class Main{
  void solve(){
    Scanner sc = new Scanner(System.in);
    int e1 = sc.nextInt();
    int e2 = sc.nextInt();
    int e3 = sc.nextInt();
    int e4 = sc.nextInt();
    if ( e1 == e2 && e3 == e4 || e1 == e3 && e2 == e4 || e1 == e4 && e2 == e3 )
        System.out.println("yes");
    else
        System.out.println("no");
  }

  public static void main(String[] args){ new Main().solve(); }
}
```

```python
1  e1, e2, e3, e4 = map(int, input().split())
2  if e1 == e2 and e3 == e4 or e1 == e3 and e2 == e4 or e1 == e4 and e2 == e3:
3      print("yes")
4  else:
5      print("no")
```

Python　Program 4.12: rectangle.py

4.3.1 等値・不等値演算

この問題では，2つの変数の値が等しいかどうかを判定する必要があります．== は**等値演算子**と呼ばれ，左辺の値が右辺の値と等しいかどうかを調べるために使います．左辺の値が右辺の値と等しくないかどうかを判定するには**不等値演算子** != を使います．次の表は，等値・不等値演算子の書き方を示します．

表 4.2: 等値・不等値演算

数学記号	演算記号	書き方	真になるための条件
=	==	x == y	x と y が等しい
≠	!=	x != y	x と y が等しくない

4.3.2 論理演算

「A かつ B」，「A または B」，「A ではない」を表す演算は**論理演算**と呼ばれ，それぞれ**論理積**，**論理和**，**論理否定**と言います．

長方形が作れるときの条件は，3つの条件が「または」でつながった形をしています．それぞれの文は「かつ」を1つ含みます．そのため，演算の順番としては，先に各文の中の論理積を計算し，その後で文をまとめる論理和を計算します．演算の順序をカッコを使って明示すると，長方形が作れる条件を表す条件式は以下のようになります．

> (e1 == e2 かつ e3 == e4) または (e1 == e3 かつ e2 == e4) または (e1 == e4 かつ e2 == e3)

演算子の間の優先順位を利用すると，カッコをすべて取り除くことができます．論理演算子の間の優先順位は，否定が一番高く，論理積，論理和の順に低くなります．したがって，最終的に得られる条件式は

> e1 == e2 かつ e3 == e4 または e1 == e3 かつ e2 == e4 または e1 == e4 かつ e2 == e3

となります．

論理演算子の書き方を詳しく見ていきましょう.

C　　C++　　Java

次の表は, 論理演算の書き方を示します. なお, con1 と con2 は条件式を表します.

表 4.3: 論理演算

演算	数学記号	演算記号	書き方	成り立つための条件
論理積	∩	&&	con1 && con2	con1 と con2 がともに成り立つ
論理和	∪	||	con1 || con2	con1 と con2 の少なくとも一方が成り立つ
否定	¬	!	!con1	con1 が成り立たない

これらを使えば上の条件式は

```
e1 == e2 && e3 == e4 || e1 == e3 && e2 == e4 || e1 == e4 && e2 == e3
```

となります. C の解答例では 6 行目, C++の解答例では 7 行目, Java の解答例では 10 行目で, この条件式を使っています.

Python

次の表は, 論理演算の書き方を示します. なお, con1 と con2 は条件式を表します.

表 4.4: 論理演算

演算	数学記号	演算記号	書き方	成り立つための条件
論理積	∩	and	con1 and con2	con1 と con2 がともに成り立つ
論理和	∪	or	con1 or con2	con1 と con2 の少なくとも一方が成り立つ
否定	¬	not	not con1	con1 が成り立たない

これらを使えば上の条件式は

```
e1 == e2 and e3 == e4 or e1 == e3 and e2 == e4 or e1 == e4 and e2 == e3
```

となります. 解答例では 2 行目で, この条件式を使っています.

4.4　演習問題

乗車券 (ID 0257)

　新幹線に乗るためには,「乗車券」「特急券」の 2 枚の切符が必要です. 経路の一部で新幹線を利用しない場合があるため, これらは別々の切符となっていますが, 新幹線のみを利用する経路では, 1 枚で乗車券と特急券を兼ねる「乗車・特急券」が発行されることもあります.

自動改札機では，これらの切符を読み込んで，正しい切符が投入されたときだけゲートを開けなければなりません．「乗車券」と「特急券」それぞれ1枚，または，その両方，または，「乗車・特急券」が1枚投入されたかどうかを判定し，自動改札機の扉の開閉を判断するプログラムを作成して下さい．

入力	投入状態	投入に対する扉の動作
100	「乗車券」のみ投入	Close
010	「特急券」のみ投入	Close
110	「乗車券」と「特急券」投入	Open
001	「乗車・特急券」投入	Open
000	投入なし	Close

入力例 1

001（乗車券，特急券，乗車・特急券の投入状態）

出力例 1

Open

入力例 2

010

出力例 2

Close

日の出と日の入り (ID 0336)

太陽が現れることを「日の出」，隠れることを「日の入り」と呼びますが，その厳密な時刻は太陽が地平線に対してどのような位置にある時でしょうか．太陽を円，地平線を直線で表すことにします．このとき，太陽の「日の出」「日の入り」の時刻は，太陽を表す円の上端が地平線を表す直線に接する瞬間とされています．日の出の時刻を過ぎ，円の上端が直線より上にある時間帯が昼間，円が直線の下へ完全に隠れている時間帯が夜間となります．ある時刻の地平線から太陽の中心までの高さと，太陽の半径を入力とし，その時刻が「昼間」か，「日の出または日の入り」か，「夜間」かを出力するプログラムを作成せよ．

入力例 1

-3 3（地平線から太陽の中心までの高さ，半径）

出力例 1

0（日の入り）

入力例 2

3 3

出力例 2

1（昼間）

熱中症対策 (ID 0383)

この夏は記録的な猛暑に見舞われています．あなたは，熱中症を予防するために，最寄りのスーパーで必要な量の水をまとめ買いすることにしました．このスーパーでは，1リットルと500ミリリットルの2種類のボトルに入った水が，それぞれの価格で売られています．あなたは，必要な量ぴったり買う方法がない，または合計金額が安くなるなら，必要な量より多く買おうと思っています．

2種類のボトルの価格と必要な水の量を入力とし，必要な量以上の水を，できるだけ安くなるように買ったときの合計金額を求めるプログラムを作成せよ．

入力例

180 100 2400 （1 L と 500 mL のボトルの価格，必要な水の量）

出力例

460 （合計金額）

歳の差は (ID 0370)

　　はつみとタクは不思議な縁で出会いました．2人は出会いを記憶に残すために，2人の歳の差を計算しようとします．しかし，歳の差はそれを計算する日付によって変化します．2人は計算を進めていくうちに，永遠に月日が過ぎても2人の歳の差が最大何歳離れるかは決まっていることに気づきました．はつみとタクの誕生日が与えられたとき，2人の歳の差の最大値を報告するプログラムを作成せよ．歳は誕生日になった瞬間に1加算されるとする．また，誕生日がうるう年の2月29日だった場合，うるう年でない年には3月1日になった瞬間1加算されるとする．

入力例   出力例
1999 9 9　　（はつみの誕生日を示す年月日）　　 3　（歳の差の最大値）
2001 11 3　（タクの誕生日を示す年月日）

第5章　繰返し処理

単純な計算を繰り返すことに関して，コンピュータは人間の能力をはるかに超えます．最近開発されたスーパーコンピュータ富嶽では，１秒間に４０京回もの計算を行うことができます．身近にあるパソコンでも，大抵は１秒間に数十億から数百億回の計算ができます．この章では，コンピュータにそのような繰返し処理をさせる方法を学びます．繰返し処理は，あらゆるアルゴリズムの基本要素となり，ゲームや物理現象のシミュレーション，ロボットの制御など，多くのアプリケーションを支える基本的な機能です．

5.1　２の累乗　(ID 0406)

与えられた数を，それ以下の数の中で最大の２の累乗に変換してください．たとえば，2 や 3 ならば $2^1 = 2$ に変換してください．同様に $4, 5, 6, 7$ ならば $2^2 = 4$ に，$8, 9, 10, 11, \cdots , 15$ ならば $2^3 = 8$ に変換してください．

与えられた数を，その数以下の数の中で最大の２の累乗に変換するプログラムを作成せよ．

入力

１行に数 $N\ (2 \leq N \leq 10^6)$ が与えられる．

出力

変換した数を１行に出力する．

入力例 1
54

出力例 1
32

入力例 2
1024

出力例 2
1024

この問題は，２のべき乗となる変数 ans を用意し，ans を1から開始して，２倍する処理を繰り返すことで解くことができます．ただし，与えらえれた数を超えてはならないため，状況に応じて繰返し処理を制御するための構文が必要になります．

C

Program 5.1: power_of_two.c

```c
#include <stdio.h>

int main() {
  int N, ans = 1;
  scanf("%d", &N);

  while ( ans <= N ) {
    ans *= 2;
  }

  printf("%d\n", ans / 2);
  return 0;
}
```

C++

Program 5.2: power_of_two.cpp

```cpp
#include <iostream>
using namespace std;

int main() {
  int N, ans = 1;
  cin >> N;

  while ( ans <= N ) {
    ans *= 2;
  }

  cout << ans / 2 << endl;
  return 0;
}
```

Java

Program 5.3: power_of_two.java

```java
import java.util.Scanner;

class Main {
  void solve(){
    Scanner sc = new Scanner(System.in);
    int N = sc.nextInt(), ans = 1;

    while ( ans <= N ) {
      ans *= 2;
    }

    System.out.println(ans / 2);
  }

  public static void main(String[] args) { new Main().solve(); }
}
```

Python

Program 5.4: power_of_two.py

```python
N = int(input())
ans = 1
while ans <= N:
    ans *= 2
print(ans // 2)
```

5.1.1 while 文

while 文は，指定された条件式が満たされる限り，処理を繰り返す構造文です．while 文は以下のように書きます．

```
while ( 条件式 ) {
    繰り返したい処理
}
```

Cの解答例では7-9行目，C++の解答例では8-10行目，Javaの解答例では8-10行目が，while文による繰返し処理にあたります．if文のブロックと同様に，繰り返したい処理の範囲の始まりを {，終わりを } で指定します．while文の条件式の値が満たされている間，繰り返したい処理の部分が実行されます．

Python

```
while 条件式 :
    繰り返したい処理
```

解答例では 3-4 行目が while 文による繰返し処理にあたります．Python では，`while` を含む行の直後から，等幅でインデントが入っている行が，対応する繰返し処理を行う範囲になります．while 文の条件式の値が満たされている間，繰り返したい処理の部分が実行されます．

5.1.2 複合代入演算

ある変数 a に対して何らかの演算をした結果を，そのまま a に代入したい場合があります．そのようなときに使えるのが，**複合代入演算子**です．次の表は，複合代入演算の書き方を示します．

表 5.1: 複合代入演算

演算	演算記号	使い方	代入演算による書き方
加算代入	+=	a += b	a = a + b
減算代入	-=	a -= b	a = a - b
乗算代入	*=	a *= b	a = a * b
除算代入	/=	a /= b	a = a / b
剰余算代入	%=	a %= b	a = a % b

C，C++，Java，Python の解答例ではそれぞれ 8，9，9，4 行目で，`ans *= 2` のように乗算代入を行っています．この処理によって変数 ans の値が 2 倍になります．

5.2　残り物には福がある　(ID 0297)

K 個の石から，P 人が順番に 1 つずつ石を取るゲームがあります．P 人目が石を取った時点
で，まだ石が残っていれば，また 1 人目から順番に 1 つずつ石を取っていきます．このゲー
ムでは，最後の石を取った人が勝ちとなります．K と P が与えられたとき，何人目が勝つか
判定するプログラムを作成してください．

入力

1 行目にはゲームを行う回数 N $(1 \leq N \leq 100)$ が与えられる．続く N 行に，i 回目のゲームに
おける石の個数 K_i $(2 \leq K_i \leq 1000)$ と，ゲームに参加する人数 P_i $(2 \leq P_i \leq 1000)$ が与えられ
る．

出力

それぞれのゲームについて，何人目が勝つかを 1 行に出力する．

入力例	出力例
3	1
10 3	2
2 10	2
4 2	

ゲームを N 回行って各ゲームでの勝者を求めるための繰返し処理が必要になります．各ゲー
ムの勝者は，簡単な数式で求めることができます．

C
Program 5.5: last_one.c

```c
#include<stdio.h>

int main(){
  int i, N, K, P;
  scanf("%d", &N);
  for ( i = 0; i < N; i++ ){      /* N 回繰り返す */
    scanf("%d %d", &K, &P);
    printf("%d\n", (K - 1) % P + 1);
  }
  return 0;
}
```

C++
Program 5.6: last_one.cpp

```cpp
#include<iostream>
using namespace std;

int main(){
  int N, K, P;
  cin >> N;
  for ( int i = 0; i < N; i++ ){   // N 回繰り返す
    cin >> K >> P;
    cout << (K - 1) % P + 1 << endl;
  }
  return 0;
}
```

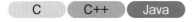
Program 5.7: last_one.java

```java
import java.util.Scanner;

class Main{
  void solve(){
    Scanner sc = new Scanner(System.in);
    int N = sc.nextInt();
    for ( int i = 0; i < N; i++ ){ // N 回繰り返す
      int K = sc.nextInt();
      int P = sc.nextInt();
      System.out.println((K - 1) % P + 1);
    }
  }
  public static void main(String[] args){ new Main().solve(); }
}
```

Program 5.8: last_one.py

```python
N = int(input())
for i in range(0, N, 1): # N 回繰り返す
    K, P = map(int, input().split())
    print((K - 1) % P + 1)
```

5.2.1 for 文

繰返し処理には while 文以外に **for 文**が使えます．ここでは for 文を使って解いてみましょう．この問題では，*N* は入力で与えられるので，変数に記録し，繰返し処理の終了条件に使います．

C　C++　Java

```
for ( 変数の初期化; 条件式; 反復処理 ) {
    繰り返したい処理
}
```

C，C++，Java の解答例ではそれぞれ 6-9，7-10，7-11 行目が繰返し処理にあたります．while 文と同様に，繰返したい処理の範囲の始まりを {，終わりを } で指定します．解答例では「変数の初期化」で変数 i を 0 で初期化しています．ここで，変数 i のような回数を数えるための変数を，カウンタまたはカウンタ変数と呼びます．「反復処理」は 1 回の繰返し処理が終了するごとに実行される処理です．解答例では i++ によって i に 1 を加算しています．インクリメント演算 ++ については，この後に解説します．「条件式」として i < N の間 (つまり i が 0, 1, ..., N - 1) と指定しているので，合計 *N* 回処理が行われます．

Python

解答例では，range 関数を用いて繰返し処理を実装しています．以下のように，range 関数は，与えられた引数に基づいて数列を生成し，for 文で使われる場合は in 演算によってその要素が順番に変数に代入されます．

```
for 変数名 in range( 変数の最初の値，変数の最後の値，変数の増分 ):
    繰り返したい処理
```

解答例では，2-4 行目が繰返し処理に当たります．while 文と同様に，**for** を含む行の直後から，等幅でインデントが入っている行が，対応する繰返し処理を行う範囲になります．解答例では，「変数名」として i を指定し，「変数の最初の値」は 0，「変数の増分」は 1 なので，1 回繰り返すごとに i に 1 が加算され，「変数の最後の値」未満のときまで，繰り返したい処理が行われます．解答例では，i が 0 から N − 1 になるまで合計 N 回処理が行われます．

range 関数では，変数の増分や変数の最初の値を省略して書くこともできます．次のように，変数の増分を省略した場合は，増分に 1 を指定したときと同じ動作をします．

```
for 変数名 in range( 変数の最初の値，変数の最後の値 ):
    繰り返したい処理
```

次のように，変数の最初の値と増分を省略した場合は，最初の値は 0 で増分は 1 を指定したときと同じです．

```
for 変数名 in range( 変数の最後の値 ):
    繰り返したい処理
```

たとえば，解答例の for 文を以下のように書いても，解答例と同じ動作をします．

```
for i in range( 0, N ):
```

```
for i in range( N ):
```

5.2.2　インクリメント/デクリメント演算

C，C++，Java では，複合代入演算子も使えますが，カウンタの値を 1 だけ増やしたい場合には**インクリメント演算子**がよく使われます．また，値を 1 だけ減らしたい場合は**デクリメント演算子**を使います．次の表は，インクリメント・デクリメント演算の書き方を示します．

表 5.2: インクリメント・デクリメント演算

演算	演算記号	使い方	代入演算による書き方
インクリメント	++	++i または i++	i = i+1
デクリメント	--	--i または i--	i = i-1

C，C++，Java の解答例で，それぞれ 6，7，7 行目の for 文の中で，i++ のようにインクリメント演算を行っています．

単に変数を加算/減算したい場合は，インクリメント/デクリメントを変数の前に置いても後ろに置いても結果は同じです．以下のように，インクリメントと他の演算子が同時に使われる

場合は，前置と後置で値の変更と参照の順番が変わることに注意してください．

表 5.3: インクリメント・デクリメント演算の前置・後置

演算	書き方	複数の文による書き方
インクリメント (前置)	y = ++x;	x = x + 1; y = x;
インクリメント (後置)	y = x++;	y = x; x = x + 1;
デクリメント (前置)	y = --x;	x = x - 1; y = x;
デクリメント (後置)	y = x--;	y = x; x = x - 1;

シミュレーションを使った別解

この問題は，石の個数 K が最大 1000 で，ゲームを行う回数 N が最大で 100 と比較的少ないので，以下のようにゲームの手順をプログラムで直接実行するシミュレーションと呼ばれる方法で解くこともできます．

C   Program 5.9: last_one2.c

```c
#include<stdio.h>

int main() {
  int i, j, N, K, P;
  scanf("%d", &N);
  for ( i = 0; i < N; i++ ) {
    scanf("%d %d", &K, &P);
    j = 1;
    while ( --K > 0 ) {
      ++j;
      if ( j == P + 1 ) j = 1;
    }
    printf("%d\n", j);
  }
  return 0;
}
```

C++   Program 5.10: last_one2.cpp

```cpp
#include<iostream>
using namespace std;

int main(){
  int N, K, P;
  cin >> N;
  for ( int i = 0; i < N; i++ ){
    cin >> K >> P;
    int j = 1;
    while ( --K > 0 ) {
      ++j;
      if ( j == P + 1 ) j = 1;
    }
    cout << j << endl;
  }
  return 0;
}
```

Java　　　　　　　　　　　　　Program 5.11: last_one2.java

```java
1  import java.util.Scanner;
2
3  class Main{
4    void solve() {
5      Scanner sc = new Scanner(System.in);
6      int N = sc.nextInt();
7      for ( int i = 0; i < N; i++ ){
8        int K = sc.nextInt();
9        int P = sc.nextInt();
10       int j = 1;
11       while ( --K > 0 ) {
12         ++j;
13         if ( j == P + 1 ) j = 1;
14       }
15       System.out.println(j);
16     }
17   }
18   public static void main(String[] args){ new Main().solve(); }
19 }
```

Python　　　　　　　　　　　　Program 5.12: last_one2.py

```python
1  N = int(input())
2  for i in range(0, N, 1):
3      K, P = map(int, input().split())
4      j = 1
5      while K > 1 :
6          j += 1
7          if j == P + 1 : j = 1
8          K -= 1
9      print(j)
```

　各ゲームの勝者を求めるには，いま石を取る人が何人目なのか記録しておくカウンタ変数 j を用意します．最初は一人目なので，ゲームの始まりのたびに j = 1 で初期化します．j 人目の人が石を一つ取った後，石が残っていればシミュレーションを続けます．石を一つ取ったら次の人の手番になるので j に 1 を足し，次の人が P + 1 人目なら最初の人に戻るので j = 1 に戻します．

　最初の解答例ではこのようなシミュレーションを行わず，勝者が何人目になるのかを (K − 1) % P + 1 という単純な式で求めています．K % P でもほとんど同じように求めることができますが，この式を使った場合，K % P が 0 になるときは例外として P を出力する必要があります．

5.3 おそろいの景品 (ID 0279)

ジョウ君とヤエさんは仲の良いカップルです．ジョウ君はカプセル玩具自販機 (ガチャポン) の景品を集めており，二人で出かけたときも，ガチャポンを見つけると何度かやってみるほどの熱の入りようです．ヤエさんは楽しそうなジョウ君をそばで見ているだけでしたが，ジョウ君の今度の誕生日プレゼントにガチャポンの景品をひとつあげることにしました．ヤエさんは，できればジョウ君とおそろいの景品が欲しいと思っています．

ヤエさんがやってみようと思うガチャポンは，1 回のチャレンジで景品がひとつ出ます．品切れのものも含め景品が何種類あるのかと，それぞれの景品がいくつ残っているのかはわかります．しかし，1 回のチャレンジでどの景品が出るかはわかりません．そこで，景品が出る順番にかかわらず，ヤエさんが同じ景品を必ず 2 つ得るために最低限必要なチャレンジの回数を出力するプログラムを作成してください．

入力

入力は複数のデータセットからなる．入力の終わりはゼロ 1 つの行で示される．

各データセットは 2 行であり，1 行目に景品が何種類あるかを表す整数 N $(1 \le N \le 10000)$ が与えられる．続く 1 行に各景品がいくつ残っているのかを表す整数 k_i $(0 \le k_i \le 10000)$ が与えられる．データセットの数は 100 を超えない．

出力

データセットごとに，同じ景品を必ず 2 つ得るために最低限必要なチャレンジの回数を出力する．ただし，不可能な場合は NA と出力する．

入力例	出力例
2	3
3 2	NA
3	2
0 1 1	
1	
1000	
0	

1 つ目のデータセットでは，運良く 1 種類目か 2 種類目の景品が連続で出て 2 回で済む可能性はあるが，同じ種類の景品を必ず 2 つ得るためには 3 回チャレンジする必要がある．
2 つ目のデータセットでは，2 つ以上残っている景品がもともと無いので不可能である．
3 つ目のデータセットでは，景品は 1 種類だけなので 2 回のチャレンジでその景品が必ず 2 つ得られる．

残りが 2 個以上ある景品の種類が，1 種類以上存在していれば，ヤエさんが同じ種類の景品を 2 つ得るための条件を満たします．残りが 1 個以上ある景品を，すべて 1 つずつ手に入れてしまったときが，問題が想定している一番多いチャレンジ回数となる状況です．このとき，もう一度チャレンジすると，どれかの種類の景品を必ず 2 つ得ることができます．

この問題ではいくつかのデータセットが与えられ，データセットごとに答えを求める必要があります．ここまでの問題では，カウンタを使って与えられた回数の繰返し処理を行っていました．一方，この問題では，複数のデータセットを処理しその終わりが景品の種類数によって示されるため，あらかじめ繰り返す回数を知ることができません．

C   Program 5.13: pair_prizes.c

```c
 1  #include<stdio.h>
 2
 3  int main() {
 4    int i, N, k, less1Cnt, zeroCnt;
 5
 6    while ( 1 ) { /*  無限ループ */
 7      scanf("%d", &N);
 8      if ( N == 0 ) break; /* データセットの終わり  */
 9      less1Cnt = zeroCnt = 0;
10      for ( i = 0; i < N; ++i ) {
11        scanf("%d", &k);
12        if ( k <= 1 ) ++less1Cnt; /* 個数が 1 以下の景品の種類数 */
13        if ( k == 0 ) ++zeroCnt;  /* 個数が 0 の景品の種類数 */
14      }
15      if ( N == less1Cnt ) printf("NA\n");
16      else printf("%d\n", N - zeroCnt + 1);
17    }
18
19    return 0;
20  }
```

C++   Program 5.14: pair_prizes.cpp

```cpp
 1  #include<iostream>
 2  using namespace std;
 3
 4  int main() {
 5    while ( 1 ) { // 無限ループ
 6      int N; cin >> N;
 7      if ( N == 0 ) break; // データセットの終わり
 8      int less1Cnt = 0;
 9      int zeroCnt = 0;
10      for ( int i = 0; i < N; ++i ) {
11        int k; cin >> k;
12        if ( k <= 1 ) ++less1Cnt; // 個数が 1 以下の景品の種類数
13        if ( k == 0 ) ++zeroCnt;   // 個数が 0 の景品の種類数
14      }
15      if ( N == less1Cnt ) cout << "NA" << endl;
16      else cout << N - zeroCnt + 1 << endl;
17    }
18
19    return 0;
20  }
```

Java   Program 5.15: pair_prizes.java

```java
 1  import java.util.Scanner;
 2
 3  class Main {
 4    void solve() {
 5      Scanner sc = new Scanner( System.in );
 6      while ( true ) { // 無限ループ
 7        int N = sc.nextInt();
 8        if ( N == 0 ) break; // データセットの終わり
 9        int less1Cnt = 0;
10        int zeroCnt = 0;
11        for ( int i = 0; i < N; ++i ) {
12          int k = sc.nextInt();
13          if ( k <= 1 ) ++less1Cnt; // 個数が 1 以下の景品の種類数
14          if ( k == 0 ) ++zeroCnt;   // 個数が 0 の景品の種類数
15        }
16        if ( N == less1Cnt ) System.out.println("NA");
```

```
17          else System.out.println(N - zeroCnt + 1);
18      }
19    }
20
21    public static void main(String[] args) { new Main().solve(); }
22 }
```

Python   Program 5.16: pair_prizes.py

```python
1  while ( True ): # 無限ループ
2      N = int(input())
3      if N == 0 : break # データセットの終わり
4      ki = list(map(int, input().split()))
5      less1Cnt = 0
6      zeroCnt = 0
7      for k in ki:
8          if k <= 1 : less1Cnt += 1 # 個数が 1 以下の景品の種類数
9          if k == 0 : zeroCnt += 1   # 個数が 0 の景品の種類数
10     if N == less1Cnt : print("NA")
11     else : print(N - zeroCnt + 1)
```

5.3.1 break 文

解答例は，ループを回してデータセットごとの答えを求めていき，N が 0 のときにプログラムを終了しています．条件式を工夫してループを終了させることもできますが，ここでは，無限ループと，ループから途中で抜ける方法を使用して，データセットを処理します．

無限ループとは，while 文または for 文の条件式を常に真として処理を回し続けるプログラミングテクニックです．ただし，そのままだと永遠にプログラムが終了しないため，途中で指定の条件を満たしたときにループから抜けます．**break** 文は，break 文が含まれる一番内側のループをその時点で終了させて，ループから抜け出す命令文です．

解答例では，各ループの開始直後に入力される景品の種類数 N が 0 の場合に，break で繰返し処理を中断しています．

C   C++

解答例では，while 文の条件式として 1 を指定し，無限ループにしています．

Java

解答例では，while 文の条件式として true を指定し，無限ループにしています．Java では，条件式の値が boolean 型である必要があるため，true と明記します．

Python

解答例では，while 文の条件式として True を指定し，無限ループにしています．

5.3.2　continue 文

　繰返し処理を制御する特別な構文をもう一つ確認します．break 文は，繰返し処理をその位置で終了させる命令文ですが，**continue** 文は，continue 文の位置から，それが含まれる一番内側のループの条件式の評価に戻り，満たされれば処理を続行するための命令文です．このとき for 文における反復処理は実行されます．

　たとえば，以下のプログラムは continue 文を応用して，1 から 10 までの奇数を出力するプログラムです．

　　C　　　C++

```c
for ( i = 1; i <= 10; i++ ){
  if ( i % 2 == 0 ) continue;   /* 偶数を飛ばす */
  printf("%d\n", i);
}
```

　Java

```java
for ( i = 1; i <= 10; i++ ){
  if ( i % 2 == 0 ) continue; // 偶数を飛ばす
  System.out.println(i);
}
```

Python

```python
for i in range(1, 10):
    if i % 2 == 0: continue  # 偶数を飛ばす
    print(i)
```

　continue 文は，ループ処理の途中で例外的な状況を判断して残りの処理をスキップしたい場合など，プログラムを読み易くする上でも広く応用できる構文になります．

5.4 旗を作ろう (ID 0368)

アイヅ放送協会の教育番組 (ＡＨＫ教育) では，子ども向けの工作番組「あそんでつくろ」を放送しています．今日のテーマは「自分の旗を作ろう」です．旗は長方形で，真ん中に自分のイニシャルを 1 文字書きます．

旗の大きさと旗の真ん中に書く文字が与えられたとき，下図の例のような旗を描くプログラムを作成せよ．

```
+-------+
|.......|
|...A...|
|.......|
+-------+
```

幅 9，高さ 5，真ん中の文字が A の旗の図

入力

1 行に旗の幅 W と高さ H ($3 \leq W, H \leq 21$)，旗の真ん中に書く文字 c が与えられる．ただし，W と H はともに奇数であり，c は英大文字 1 文字とする．

出力

指定された大きさを持ち，指定された文字が真ん中に書かれた旗を出力する．旗の四隅には「+」，横の辺には「-」，縦の辺には「|」，旗の内部（真ん中の文字以外）には「.」を使う．

入力例	出力例

11 7 Z	`+---------+`
	`|.........|`
	`|.........|`
	`|....Z....|`
	`|.........|`
	`|.........|`
	`+---------+`

繰り返し処理中の条件分岐で出力する文字を変えれば，旗を文字で描くことができます．「旗の幅の分をループで回したら改行を 1 回出力する」という処理を旗の高さ分繰り返す処理，つまり横方向のループを繰り返す縦方向のループを作れば自然に書くことができます．

```
        C                    Program 5.17: flag.c
```

```c
#include<stdio.h>

int main(){
  int H, W, i, j;
  char c;
  scanf("%d %d %c", &W, &H, &c);
  for ( i = 0; i < H; i++ ){
    for ( j = 0; j < W; j++ ){
      if ( i == 0 && j == 0 || i == 0 && j == W - 1 ||
        i == H - 1 && j == 0 || i == H - 1 && j == W - 1 ) printf("+");
      else if ( i == 0 || i == H - 1 ) printf("-");
      else if ( j == 0 || j == W - 1 ) printf("|");
      else if ( i == H / 2 && j == W / 2 ) printf("%c", c);
      else printf(".");
```

```
15        }
16      printf("\n");
17    }
18    return 0;
19  }
```

C++   Program 5.18: flag.cpp

```
 1  #include<iostream>
 2  using namespace std;
 3
 4  int main(){
 5    int H, W;
 6    char c;
 7    cin >> W >> H >> c;
 8    for ( int i = 0; i < H; i++ ){
 9      for ( int j = 0; j < W; j++ ){
10        if ( i == 0 && j == 0 || i == 0 && j == W - 1 ||
11             i == H - 1 && j == 0 || i == H - 1 && j == W - 1 ) cout << '+';
12        else if ( i == 0 || i == H - 1 ) cout << '-';
13        else if ( j == 0 || j == W - 1 )  cout << '|';
14        else if ( i == H / 2 && j == W / 2 ) cout << c;
15        else cout << '.';
16      }
17      cout << endl;
18    }
19    return 0;
20  }
```

Java   Program 5.19: flag.java

```
 1  import java.util.Scanner;
 2
 3  class Main{
 4    void solve(){
 5      Scanner sc = new Scanner(System.in);
 6      int W = sc.nextInt();
 7      int H = sc.nextInt();
 8      String c = sc.next();
 9      for ( int i = 0; i < H; i++ ){
10        for ( int j = 0; j < W; j++ ){
11          if ( i == 0 && j == 0 || i == 0 && j == W - 1 ||
12               i == H - 1 && j == 0 || i == H - 1 && j == W - 1 )
13            System.out.print("+");
14          else if ( i == 0 || i == H - 1 ) System.out.print("-");
15          else if ( j == 0 || j == W-1 )  System.out.print("|");
16          else if ( i == H / 2 && j == W / 2 ) System.out.print(c);
17          else System.out.print(".");
18        }
19        System.out.println();
20      }
21    }
22
23    public static void main(String[] args){ new Main().solve(); }
24  }
```

Python   Program 5.20: flag.py

```
 1  W, H, c = input().split()
 2  W = int(W)
 3  H = int(H)
 4  for i in range(H):
 5      for j in range(W):
 6          if i == 0 and j == 0 or i == 0 and j == W - 1 or \
```

```
 7              i == H - 1 and j == 0 or i == H - 1 and j == W - 1:
 8              print("+", end="")
 9          elif i == 0 or i == H - 1:
10              print("-", end="")
11          elif j == 0 or j == W - 1:
12              print("|", end="")
13          elif i == H // 2 and j == W // 2:
14              print(c, end="")
15          else:
16              print(".", end="")
17      print()
```

5.4.1 多重ループ

　繰返し処理は入れ子にすることで. 横方向のループを繰り返す縦方向のループをつくることができます. あるループ処理の中に, もうひとつループ処理を入れた構造は, 2重ループと呼びます. 一般的に, いくつかの繰返し処理を入れ子にした構造を**多重ループ**と呼びます.

　解答例では, 外側のループ処理は縦方向, 内側のループ処理は横方向に進むような2重ループを使って旗を構成する文字を一文字ずつ描いていきます. 「繰り返したい処理」の部分には, カウンタ変数 i, j の値によって旗のどの位置についての出力なのかを判定し, 角の部分ならば '+' のように文字を出力しています. 外側のループに使うカウンタ変数と, 内側のループに使うカウンタ変数は, 別の変数を使うことに注意してください. ループを入れ子にしたときに, カウンタ変数に同じ変数名を使ってループが終わらないという失敗はありがちなので注意しましょう.

　　C　　　C++　　Java

```
for ( 変数の初期化; 条件; 反復処理 ) {
    for ( 変数の初期化; 条件; 反復処理 ) {
        繰り返したい処理
    }
}
```

　解答例では, C, C++, Java のそれぞれ7行目, 8行目, 9行目が縦方向のループの開始行で, カウンタ変数に i を使い0からH - 1まで処理を行います. 直後の行が横方向に進むループの開始行で, カウンタ変数 j を使い0からW - 1まで処理を行います. 旗の1行分の出力が終わるたびに改行を出力し, i がH未満のうちは次の行の処理に移ります.

　　Python

```
for カウンタ変数名 in range( 最初の値, 最後の値, 増分 ):
    for カウンタ変数名 in range( 最初の値, の最後の値, 増分 ):
        繰り返したい処理
```

解答例では 4 行目が縦方向のループの開始行で，カウンタ変数 i の値が 0 から H − 1 まで処理を行います．直後の行から横方向に進むループが始まり，カウンタ変数 j が 0 から W − 1 まで処理を行います．旗の 1 行分の出力が終わるたびに改行を出力し，i が H 未満の間は次の行の処理に移ります．

5.5　演習問題

ケーキパーティー　(ID 0382)

　私の誕生日にケーキパーティーをすることにしました．パーティには私と友人が参加します．何人かの友人は，ケーキを数切れずつ買ってきました．しかし，ケーキの数の合計が，参加者の数でぴったり割りきれるかはわかりません．

ケーキを皆でできるだけ平等に分けたいので，次のようにルールを決めました．ケーキはまず皆が同じ数になるように分けます．その結果余りが出た場合は，パーティの主役である私が優先的に一切れもらうことにします．私は何切れのケーキをもらえるでしょうか？

友人の数とケーキの情報が与えられたとき，私がもらえるケーキの数を求めるプログラムを作成せよ．ただし，友人の数には私自身が入っていないことに注意せよ．

入力例 1　　　　　　　　　　　　　　　　　　　　　　　　出力例 1

5 4　　　（友人の数，ケーキを持ってきた友人の数）　　4（私がもらえるケーキの数）

5 5 6 5（各友人が持ってきたケーキの数）

入力例 2　　　　　　　　　　　　　　　　　　　　　　　　出力例 2

7 5　　　　　　　　　　　　　　　　　　　　　　　　　　5

8 8 8 8 8

入力例 3　　　　　　　　　　　　　　　　　　　　　　　　出力例 3

100 3　　　　　　　　　　　　　　　　　　　　　　　　　1

3 3 3

マンションの設計　(ID 0393)

　親方はバンゲヒルズマンションを設計しています．マンションは同じ高さの階を積み上げて建造するので，各階の高さの合計があらかじめ決められたマンションの高さと同じになるよう，設計のときに 1 階あたりの高さを調整します．1 階あたりの高さは，ある範囲の整数で自由に決めることができます．

　マンションの出来栄えは 1 階あたりの高さによって変わります．親方は考えられる 1 階あたりの高さを計算し，何通りの高さが選べるかを計算することにしました．

　マンションの高さと，1 階あたりの高さの範囲が与えられたとき，1 階あたりの高さが何通りあるかを計算するプログラムを作成せよ．

入力例 1　　　　　　　　　　　　　　　　　　　　　　　　　　　　　　出力例 1

100 2 4（マンションの高さ H，1 階あたりの高さの範囲の下限 A と上限 B）　　2

入力例 2   出力例 2
101 3 5   0

床 (ID 0409)

ヒデヨ博士の家の床には正方形のタイルが敷きつめられています．芸術に造詣が深いヒデヨ博士は，赤，黄，青の塗料を使ってタイルに色を塗ることにしました．はじめに部屋の適当なタイルをひとつ選び，以下の方法で色を塗っていきます．

- タイルを塗る色を，赤（図の番号1），黄（図の番号2），青（図の番号3）の順に変えていき，青の次はまた赤から始める．

- すでに色を塗った領域の隣に正方形を追加し，そこに色を塗る．それらを合わせた領域が長方形になるようにする．正方形を追加する方向は，東，北，西，南の順に変えていき，南の次はまた東から始める（図では，上方向が北，右方向が東である）．

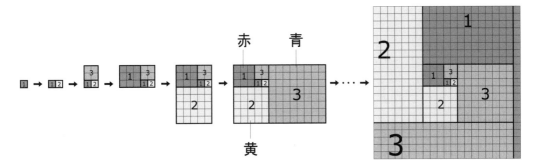

最初に赤く塗ったタイルから東西方向に x 個，南北方向に y 個移動したところにあるタイルは，何色に塗られているでしょうか．ただし，東の方向を x の正の方向，北の方向を y の正の方向とします．

x と y を入力し，タイルの色を出力するプログラムを作成せよ．

入力例 1   出力例 1
0 0 （色を求めたいタイルの x,y）   1（色）

入力例 2   出力例 2
-4 5   2

入力例 3   出力例 3
8 -14   3

第6章 配列

　配列とは，一度に複数の要素から成る変数を作り，各要素を添字で区別してアクセスする機構です．多数の変数が必要な場面では，ループを使って一括して扱うことができるようになります．顧客の情報や，計測で得られた情報のデータベースのように，大量のデータを処理する必要がある場合に必須の機能です．

6.1　カラフル円盤通し　(ID 0431)

カラフル円盤通しは，垂直に棒が刺さった土台と，中心に穴の開いたいくつかの紙の円盤を使って遊ぶゲームです．円盤の半径はすべて異なり，同じ色の円盤はありません．土台に刺さっている棒を円盤の穴に通し，すべての円盤を重ねたとき，真上から見ることができる色の数が，このゲームでの得点になります．すなわち，真上から見えない円盤は得点に関係しません．

円盤の半径が下から順番に与えられたとき，すべての円盤を重ね終えたときの得点を計算するプログラムを作成せよ．たとえば，図のような積み方の場合，得点は 3 になる．

入力

　1 行目に円盤の数 N $(1 \leq N \leq 1{,}000)$ が与えられる．2 行目に各円盤の半径 r_i $(1 \leq r_i \leq N)$ が整数で与えられる．ただし，円盤の半径はすべて異なる（$i \neq j$ ならば $r_i \neq r_j$ である）.

出力

得点を 1 行に出力する．

入力例 1	出力例 1
7	3
3 6 7 4 5 1 2	

入力例 2	出力例 2
6	6
6 5 4 3 2 1	

　円板の半径が下から順番に与えられるため，上から見た状態を分析するためには，プログラムが扱えるようにこの数列をいったんメモリに記録する必要がありそうです．記録した数の列の要素を逆順に調べることで，上から見える円板の個数を数えてみましょう．このとき，これまでで一番大きい円板の半径を記録しておけば，今調べている円板の可視性を判断することが

できます.

Program 6.1: colorful_disk.c

```c
#include<stdio.h>

int main(){
  int i;
  int N, r[1000];   /* 1000個の円盤の半径を記録できる配列 */
  int maxr = 0, cnt = 0;
  scanf("%d", &N);
  for ( i = 0; i < N; i++ ) scanf("%d", &r[i]);
  for ( i = N - 1; i >= 0; i-- ){
    if ( r[i] > maxr ) {
      cnt++;
      maxr = r[i];
    }
  }
  printf("%d\n", cnt);
  return 0;
}
```

Program 6.2: colorful_disk.cpp

```cpp
#include<iostream>
using namespace std;

int main(){
  int N, r[1000]; // 1000 個の円盤の半径を記録できる配列
  cin >> N;
  for ( int i = 0; i < N; i++ ) cin >> r[i];
  int maxr = 0, cnt = 0;
  for ( int i = N - 1; i >= 0; i-- ){
    if ( r[i] > maxr ) {
      cnt++;
      maxr = r[i];
    }
  }
  cout << cnt << endl;
  return 0;
}
```

Program 6.3: colorful_disk.java

```java
import java.util.Scanner;

class Main{
  void solve(){
    Scanner sc = new Scanner(System.in);
    int N = sc.nextInt();
    int[] r = new int[N]; // N 個の円盤の半径を記録できる配列
    for ( int i = 0; i < N; i++ ) r[i] = sc.nextInt();
    int maxr = 0, cnt = 0;
    for ( int i = N - 1; i >= 0; i-- ){
      if ( r[i] > maxr ) {
        cnt++;
        maxr = r[i];
      }
    }
    System.out.println(cnt);
  }

  public static void main(String[] args){ new Main().solve(); }
}
```

Python   Program 6.4: colorful_disk.py

```python
1  N = int(input())
2  r = list(map(int, input().split())) # 空白区切りの円盤の半径を記録するリスト
3  maxr = 0
4  cnt = 0
5  for i in range(N - 1, -1, -1):
6      if r[i] > maxr:
7          cnt += 1
8          maxr = r[i]
9  print(cnt)
```

6.1.1 配列の宣言

配列は連続する複数の要素から成る変数で，各要素を添え字 （インデックス）でアクセスするデータ構造です．添え字でアクセスすることで，配列の各要素は 1 つの変数として扱うことができます．添え字は 0 から始まる連続する整数です．たとえば，配列の要素の数が 1000 の場合は，使える添え字は 0 から 999 までの連番になります．

C   **C++**

配列変数の宣言時に，要素の数を最初に定数で指定します．C，C++ の解答例では，それぞれ 5 行目で要素の数が 1000 の配列 r を作っています．変数と同様に，関数の中で宣言した配列の要素の初期値は不定なので注意が必要です．

Java

配列を生成するときに，要素の数を定数，変数，式で指定することができます．解答例では，7 行目で要素の数が N の配列 r を作っています．int 型の配列の場合，その要素はすべて 0 に初期化されます．

Python

Python の配列はリストとも呼ばれます．解答例では 2 行目で，入力として与えられた空白区切りの文字列のリストを整数のリストに変換し，リスト r を作っています．

6.1.2 配列の操作

配列の各要素は，添え字を含めた括弧 [] を配列名の右側に付けることで変数と同様に扱うことができます．

C   **C++**   **Java**   **Python**

解答例では，r[i] によって C，C++，Java では配列 r，Python ではリスト r の i 番目の要素を指定しています．この書き方は，左辺の配列変数の要素に代入する場合も，右辺の計算式内で参照する場合も同じです．

6.2　極秘調査　(ID 0318)

秘密の組織アイヅアナリティクス (AiZu AnalyticS) は，極秘の調査を開始した．ターゲットになっている人物は N 人いて，1 から N の識別番号が付けられている．AZAS 情報戦略調査員であるあなたは，ターゲットの中から，以下の条件を少なくとも一つ満たす人物の数を割り出すことにした.

- 組織 A に属さず，かつ，商品 C を所持している者.
- 組織 B に属し，かつ，商品 C を所持している者.

組織 A に属している者，組織 B に属している者，商品 C を所持している者の識別番号が入力として与えられたとき，条件を満たす人物の数を割り出すプログラムを作成せよ．ただし，どちらの条件も満たす人物を重複して数えないように注意せよ.

（補足：上記の条件について）1 から N までの自然数の集合から，いくつかの要素を選んだ集合を A，B，C とする．条件を満たす人物の数は，$(\neg A \cap C) \cup (B \cap C)$ を満たす要素の個数である.

入力

入力は 4 行であり，1 行目に調査対象の人数 N $(1 \leq N \leq 100)$ が与えられる．2 行目に，組織 A に属している者の数 X $(0 \leq X \leq N)$ と，それに続いて組織 A に属している者の識別番号 a_i $(1 \leq a_i \leq N)$ が与えられる．3 行目に，組織 B に属している者の数 Y $(0 \leq Y \leq N)$ と，それに続いて組織 B に属している者の識別番号 b_i $(1 \leq b_i \leq N)$ が与えられる．4 行目に，商品 C を所持している者の数 Z $(0 \leq Z \leq N)$ と，それに続いて商品 C を所持している者の識別番号 c_i $(1 \leq c_i \leq N)$ が与えられる.

出力

条件を満たす人物の数を 1 行に出力する.

入力例 1	出力例 1
5	1
3 1 2 3	
2 4 5	
2 3 4	

入力例 2	出力例 2
100	2
3 1 100 4	
0	
2 2 3	

　組織 A に属している人の番号からなる集合を集合 A，組織 B に属している人の番号からなる集合を集合 B，アイテム C を持っている人の番号からなる集合を集合 C とします．各集合が保持する値は 1 から 100 までの整数で，その要素数は最大で 100 個です．これらの各集合の内容をメモリで管理し，指定された条件を満たす番号を数えあげる方法を考えましょう.

Program 6.5: secret_investigation.c

```c
#include<stdio.h>

int main(){
  int N, A[101], B[101], C[101];
  int i, X, Y, Z, a, b, c, ans = 0;

  scanf("%d", &N);
  for ( i = 1; i <= N; i++ ) A[i] = B[i] = C[i] = 0;

  scanf("%d", &X);
  for ( i = 0; i < X; i++ ) { scanf("%d", &a); A[a] = 1; }
  scanf("%d", &Y);
  for ( i = 0; i < Y; i++ ) { scanf("%d", &b); B[b] = 1; }
  scanf("%d", &Z);
  for ( i = 0; i < Z; i++ ) { scanf("%d", &c); C[c] = 1; }

  for ( i = 1; i <= N; i++ ){
    if (!A[i] && C[i] || B[i] && C[i]) ans++;
  }

  printf("%d\n", ans);
  return 0;
}
```

Program 6.6: secret_investigation.cpp

```cpp
#include<iostream>
using namespace std;

int main(){
  int N, A[101], B[101], C[101];

  cin >> N;
  for ( int i = 1; i <= N; i++ ) A[i] = B[i] = C[i] = false;

  int X, Y, Z, a, b, c;
  cin >> X;
  for ( int i = 0; i < X; i++ ) { cin >> a; A[a] = true; }
  cin >> Y;
  for ( int i = 0; i < Y; i++ ) { cin >> b; B[b] = true; }
  cin >> Z;
  for ( int i = 0; i < Z; i++ ) { cin >> c; C[c] = true; }

  int ans = 0;
  for ( int i = 1; i <= N; i++ ){
    if (!A[i] && C[i] || B[i] && C[i]) ans++;
  }

  cout << ans << endl;
  return 0;
}
```

Program 6.7: secret_investigation.java

```java
import java.util.Scanner;

class Main{
  void solve(){
    Scanner sc = new Scanner(System.in);
    int N = sc.nextInt();
    boolean[] A = new boolean[N+1];
    boolean[] B = new boolean[N+1];
    boolean[] C = new boolean[N+1];
    for ( int i = 1; i <= N; i++ ) A[i] = B[i] = C[i] = false;
```

```
12      int X, Y, Z;
13      X = sc.nextInt();
14      for ( int i = 0; i < X; i++ ) A[sc.nextInt()] = true;
15      Y = sc.nextInt();
16      for ( int i = 0; i < Y; i++ ) B[sc.nextInt()] = true;
17      Z = sc.nextInt();
18      for ( int i = 0; i < Z; i++ ) C[sc.nextInt()] = true;
19
20      int ans = 0;
21      for ( int i = 1; i <= N; i++ ){
22        if (!A[i] && C[i] || B[i] && C[i]) ans++;
23      }
24
25      System.out.println(ans);
26    }
27
28    public static void main(String[] a){ new Main().solve(); }
29 }
```

Python	Program 6.8: secret_investigation.py

```
1  N = int(input())
2  A = [0]*(N + 1)
3  B = [0]*(N + 1)
4  C = [0]*(N + 1)
5
6  lineA = list(map(int, input().split()))
7  lineB = list(map(int, input().split()))
8  lineC = list(map(int, input().split()))
9
10 for i in range(1, lineA[0] + 1): A[lineA[i]] = 1
11 for i in range(1, lineB[0] + 1): B[lineB[i]] = 1
12 for i in range(1, lineC[0] + 1): C[lineC[i]] = 1
13
14 ans = 0
15 for i in range(1, N + 1) :
16     if ( ((not A[i]) and C[i]) or (B[i] and C[i]) ):
17         ans += 1
18 print(ans)
```

6.2.1　配列の応用

　配列の概念はシンプルですが，その応用は様々です．ここでは，配列をデータのリストとして使う方法とバケットとして使う方法を考えます．

リスト

一般的に配列は，関連するデータの列を保存し管理します．添え字を指定すれば対応する任意の要素にアクセス可能です．ループを使えば，リストの先頭から順番に要素にアクセスすることもできます．応用としては，数値の列に対する並び替えや検索を行うために，配列の要素をデータのリストとして扱います．これらの操作を行うアルゴリズムは，それぞれ 10 章と 11 章で学びます．

バケット

配列の応用として，出現する要素に対してその有無や数を記録する，チェックリストのような使い方があります．この使い方をバケットと呼びます．バケットでは，各要素として添え字に

対応するデータの有無や状態を持たせます．扱う要素の数が比較的少なければ集合を表すことができます．

この問題の解答例では，配列をバケットとして応用し，各集合を表しています．配列 A，B，C でそれぞれ集合 A，B，C を表しています．配列の要素は集合の要素の有無を表す 1 か 0（あるいは true か false）になります．このようにバケットで情報を持つことで，i 番目の要素 A[i]，B[i]，C[i] について，A[i] が 0 かつ C[i] が 1，または，B[i] が 1 かつ C[i] が 1 であるような i がいくつあるかを数えることができます．つまり $(\neg A[i] \cap C[i]) \cup (B[i] \cap C[i])$ を満たす場合に，答えに 1 を足していきます．

解答例では，配列が 1 から N までの識別番号の人が集合 A，B，C に属するかを管理するため，要素数が N + 1 の配列を生成しています（C，C++の場合は，入力の最大値として N = 100 と考えます）．この場合，配列の 0 番目の要素は便宜上利用しないことになります．入力値の番号からあらかじめ 1 を引いて，番号を 0 番から開始することで配列の要素を N（または 100）にすることもできます．いずれにせよ，配列を使う場合は，プログラムの中でインデックスを 0 から始めるか，（0 番目を使わず）1 から始めるかを問題や実装方法によって方針を固める必要があります．

6.3 海苔 （ID 0418）

ヒバラ海の浜辺の集落では海苔の生産が盛んです．海苔はすべて長方形に成型されます．海苔を天日干しするときは，2 枚の海苔を同じ敷物の上に乗せて，1 枚目の上辺と 2 枚目の上辺が平行になるように置きます．アルバイトのゲンムさんは平行に置くことはできるのですが，まだ慣れていないため重なった部分ができてしまうことがあります．重なった部分は売り物にならないので，重なっていない部分の海苔の面積を求めておく必要があります．

同じ敷物の上に置いた 2 枚の海苔それぞれの左下端の位置と幅と高さが与えられたとき，重なっていない部分の海苔の面積を出力するプログラムを作成せよ．

入力

1 行目に 1 枚目の海苔の左下端の座標 x_1, y_1 $(0 \le x_1, y_1 \le 1000)$ と幅と高さ w_1, h_1 $(1 \le w_1, h_1 \le 1000)$ が与えられる．2 行目に 2 枚目の海苔の左下端の座標 x_2, y_2 $(0 \le x_2, y_2 \le 1000)$ と幅と高さ w_2, h_2 $(1 \le w_2, h_2 \le 1000)$ が与えられる．入力はすべて整数で与えられる．

出力

重なっていない部分の海苔の面積を整数で 1 行に出力する．

入力例 1	出力例 1
0 0 4 5	26
2 2 3 6	

入力例 2	出力例 2
1 2 2 1	6
2 0 2 2	

入力例 3	出力例 3
0 0 1 1	0
0 0 1 1	

　この問題には想定される解き方が 2 つあります. 1 つ目の方法は, 共通部分の面積を計算して 2 枚の海苔の面積の和から引く方法です. 2 つ目の方法は, 海苔が置かれる範囲全体をグリッドとみなして一度だけ海苔に覆われているセルの数を数える方法です.

　まずは 1 つ目の方法から説明します. 1 枚目の海苔の面積は $w_1 h_1$ で, 2 枚目の海苔の面積は $w_2 h_2$ なので, 共通部分の面積を b とすると, 答えは $w_1 h_1 + w_2 h_2 - 2b$ となります (共通部分は 1 枚目と 2 枚目の海苔によって二重に覆われているので b には 2 がかかります). この方法では, 共通部分の面積を計算しなければなりません. 以下のように 2 枚の海苔が重なっている場合を考えます.

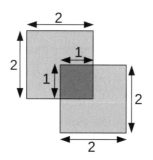

　このとき, 共通部分の右端, 左端, 上端, 下端はどのように見つけられるでしょうか. 共通部分は両方の海苔によって覆われているので, 共通部分が存在するならその右端は, 2 枚の海苔の左端の座標のうち小さい方になります. 同様に共通部分の左端は, 2 枚の海苔の左端の座標のうち大きい方になります.

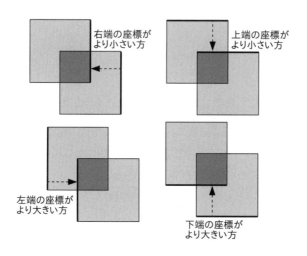

　このようにして共通部分の右端, 左端, 上端, 下端を見つけることができます.

　次に, 2 つ目の方法を説明します. まず海苔が置かれる空間全体を格子状に区切り, その区画（セル）を配列の要素に対応させます. この配列に対して, 海苔が存在する範囲のセルに 1 を加算します. たとえば, (x, y, w, h) がそれぞれ (1, 1, 4, 2) と (3, 2, 3, 3) である 2 枚の海苔を置くと, それぞれが存在するセルに 1 が加算され, 配列の要素は以下のようになります.

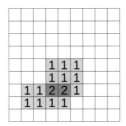

海苔の重なっていない部分の面積を求めるには, 値が 1 であるセルの個数を数えれば良いことがわかります. このグリッドを表すために, ２次元配列を応用することができます.

C   Program 6.9: laver.c

```c
#include<stdio.h>
#define MAX_X 2000
#define MAX_Y 2000

int grid[MAX_X][MAX_Y]; /* 海苔が置かれる区画. グローバル変数のため初期値は0. */

int main() {
  int i, j, k, c = 0;
  int x, y, w, h;
  for ( k = 0; k < 2; k++ ) {
    scanf("%d %d %d %d", &x, &y, &w, &h);
    for ( i = x; i < x + w; ++i )
      for ( j = y; j < y + h; ++j ) ++grid[i][j];
  }

  for ( i = 0; i < MAX_X; ++i )
    for ( j = 0; j < MAX_Y; ++j )
      if ( grid[i][j] == 1 ) ++c;
  printf("%d\n", c);
  return 0;
}
```

C++   Program 6.10: laver.cpp

```cpp
#include<iostream>
using namespace std;
const int MAX_X = 2000;
const int MAX_Y = 2000;

int grid[MAX_X][MAX_Y]; // 海苔が置かれる区画. グローバル変数のため初期値は0.

int main() {
  int x, y, w, h;
  for ( int k = 0; k<2; ++k ) {
    cin >> x >> y >> w >> h;
    for ( int i = x; i < x + w; ++i )
      for ( int j = y; j < y + h; ++j ) ++grid[i][j];
  }

  int c = 0;
  for ( int i = 0; i < MAX_X; ++i )
    for ( int j = 0; j < MAX_Y; ++j )
      if ( grid[i][j] == 1 ) ++c;
  cout << c << endl;
  return 0;
}
```

Program 6.11: laver.java

Java

```java
1  import java.util.Scanner;
2
3  class Main {
4    static final int MAX_X = 2000;
5    static final int MAX_Y = 2000;
6    int[][] grid = new int[MAX_X][MAX_Y];  // 海苔が置かれる区画.
7
8    void solve(){
9      Scanner sc = new Scanner(System.in);
10     for ( int k = 0; k < 2; ++k ) {
11       int x = sc.nextInt();
12       int y = sc.nextInt();
13       int w = sc.nextInt();
14       int h = sc.nextInt();
15       for ( int i = x; i < x + w; ++i )
16         for ( int j = y; j < y + h; ++j ) ++grid[i][j];
17     }
18
19     int c = 0;
20     for ( int i = 0; i < MAX_X; ++i )
21       for ( int j = 0; j < MAX_Y; ++j )
22         if ( grid[i][j] == 1 ) ++c;
23     System.out.println( c );
24   }
25
26   public static void main(String[] args) { new Main().solve(); }
27 }
```

Program 6.12: laver.py

Python

```python
1  MAX_X = 2000
2  MAX_Y = 2000
3  # 海苔が置かれる区画. 0で初期化しておく.
4  grid = [ [0 for i in range(MAX_X)] for j in range(MAX_Y) ]
5  for i in range (2) :
6      x,y,w,h = map(int,input().split())
7      for i in range(x, x + w) :
8          for j in range(y, y + h) :
9              grid[i][j] += 1
10 c = 0
11 for i in range(0, MAX_X) :
12     for j in range(0, MAX_Y) :
13         if grid[i][j] == 1 : c += 1
14 print(c)
```

6.3.1　定数

　定数とは，変数とは異なり，一度定義すると変更ができない数です．プログラムの中では，配列の大きさやループの回数として利用される場合があります．これらの場合は，プログラム内に数値をそのまま書くこともできますが，定数として書いておくことで，修正が容易になり間違いも防ぎやすくなります．また，変更してはならないデータを誤って変更するのを避けるためにも，定数はプログラミングを補助する重要な機能になります．

　ここでは，プログラムで定数を扱う方法を見ていきます．

C

解答例では，2-3 行目においてマクロと呼ばれる機能で，定数を表しています．マクロはプログラム中で定義する置き換え規則で，以下のように書きます．

#define 置き換え前の内容　置き換え後の内容

この置き換え処理はコンパイルの前に実行され，プログラム中に「置き換え前の内容」が現れた場合，「置き換え後の内容」に単純に置き換えられます．たとえば，解答例ではプログラム中に現れる MAX_X は，すべて 2000 に置き換えられてからコンパイルされることになります．「置き換え前の内容」も「置き換え後の内容」も変数や定数に限らず，処理や関数なども含めることができますが，あまり複雑な内容にすると混乱のもとになります．

　マクロは整数にも文字列にも置き換えられ，型を表すことができないため，配列サイズを決めるような用途では，整数型の定数を利用した方が良い場合もあります．

C++

定数は変数の型を **const** で修飾することで定義することができます．const で修飾された変数の宣言後に（初期化を除いて）代入演算を行うことはできません．

Java

変数の宣言時に **final** で修飾することで定数を定義します．final を指定することで上書きができないようになります．Java では，クラス単位でプログラムの部品を作り，クラスから生成される各オブジェクトごとに新しいメモリ領域が割り当てられます．そのため，定数を宣言する場合は static final で修飾するのが一般的です．static を付けると，すべてのオブジェクトでメモリが共有されます．

Python

Python では，言語の標準機能で定数を定義することはできません．定数としての機能はありませんが，変数名を英大文字と_で構成することで，定数を表す慣例があります．

6.3.2　2 次元配列の宣言

　要素の並びが 1 方向の配列を **1 次元配列**と呼びます．添字を 2 つに増やすことで，要素の並びを 2 方向に拡張し **2 次元配列**を作ることができます．このように方向（次元）が 2 つ以上の配列を**多次元配列**と呼びます．解答例では，要素数が MAX_X × MAX_Y 個の 2 次元配列を作ってグリッドを表しています．

C　　C++

C では 5 行目，C++では 6 行目で 2 次元配列を宣言しています．配列のサイズが固定なので，C では横方向と縦方向の大きさをマクロ (#define) で，C++では整数の定数 (const int) で決め

ています.

Java

6 行目で 2 次元配列を宣言しています. 配列のサイズが固定なので，横方向と縦方向の大きさを整数の定数 (static final int) で決めています.

Python

4 行目で，要素をすべて 0 に初期化した 2 次元配列を生成しています. Python では定数はサポートされていませんが，定数代わりの変数を英大文字と_で構成しています.

6.3.3　多次元配列の操作

1 次元配列では，添え字を含んだ括弧 [] を配列名の右側に 1 つ付けることで要素にアクセスしました. 一方，2 次元配列では，添え字を含んだ括弧 [] を配列名の右側に 2 つ繋げることで要素にアクセスします. n 次元配列の 1 つの要素は，n 個の添え字によって特定されます. たとえば，2 次元配列の場合は，i 行 j 列目のセルが 1 つの要素である「表」をイメージすることができます.

ここでは，2 次元配列の要素を 2 つの添え字 i と j で特定するとき，添え字の番号を (i, j) で表すことにします. 配列 grid の (i, j) 番目の要素を参照するには grid[i][j] と書きます. C，C++，Java の解答例ではそれぞれ 13，13，16 行目で，++grid[i][j] のように，Python の解答例では 9 行目で grid[i][j] += 1 のように，grid の (i, j) 番目の要素に対して 1 を加算しています. また，C，C++，Java，Python の解答例ではそれぞれ 18，19，22，13 行目で，grid[i][j] == 1 のように配列 grid の (i, j) 番目の要素の値を参照しています.

6.4 ブロックの三角形 (ID 0267)

図aのように積まれたブロックに対し,以下の並べ替え操作を繰り返す.

(1) 一番下のブロックすべて（図a中の白のブロック）を右端に新しく積み上げる（残りのブロックは自動的に1段下に落ち,図bのようになる）.

(2) ブロックの間に隙間ができたら,左に詰めて隙間をなくす（図bから図cのようになる）.

1以上の整数kに対して,$k \times (k+1)/2$で表される数(例:$1, 3, 6, 10, \cdots$)を三角数という.ブロックの総数が三角数の場合,上記の並べ替えを繰り返すと,左端の高さが1で右に向かって1つずつ高くなっていくような三角形になると予想されている（図dは総数が15個の場合）.

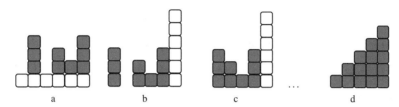

ブロックの最初の並びが与えられたとき,あらかじめ決められた回数以下の操作で,上で説明したようなブロックの三角形ができるとき,三角形が得られるまでの最小の操作回数を出力するプログラムを作成してください.

入力

入力は複数のデータセットからなる.入力の終わりはゼロ1つの行で示される.各データセットは2行であり,ブロックの最初の並びを表す。N $(1 \leq N \leq 100)$ は,一番下の段にあるブロックの数を示す.b_i $(1 \leq b_i \leq 10000)$ は左からi番目の位置に積まれているブロックの数を示す.ただし,ブロックの総数は3以上である.

データセットの数は20を超えない。

出力

データセットごとに,三角形ができるまでに行った並べ替え操作の回数を1行に出力する.ただし,三角形が作れない場合や,操作回数が10000回を超える場合は-1を出力する.

入力例

```
6
1 4 1 3 2 4
5
1 2 3 4 5
10
1 1 1 1 1 1 1 1 1 1
9
1 1 1 1 1 1 1 1 1
12
1 4 1 3 2 4 3 3 2 1 2 2
1
5050
3
10000 10000 100
0
```

出力例

```
24
0
10
-1
48
5049
-1
```

　列ごとに，積み上がっているブロックの数を表す 1 次元配列があれば，シミュレーションを行うことができます．シミュレーションを行う場合は，最下段のブロックを取り除いたときにブロックがなくなる列があるので，それを探して間を詰める処理が少々面倒です．操作を 1 回終えたとき，ブロックの数が 0 になる列は，ブロックの数が 1 つだけの列です．そこで，配列を 2 つ用意して，1 つ目の配列には現在各列にあるブロックの数を持たせて，ループで各列にブロックが何個あるか見ていきます．ブロックの数が 1 つしかない列についてはスキップし，ブロックの数が 1 より多い列があったら，ブロックの数-1 を 2 つ目の配列にコピーします．ループが終わったら 2 つ目の配列の内容を 1 つ目の配列にコピーし，配列の末尾に 1 つ目の配列に存在した列の数を値とした要素を追加します．このようにして 1 回の操作を実装します．

C　　　　　　　　　　　　　Program 6.13: triangle_blocks.c

```c
#include<stdio.h>
#define MAX_CNT 10000

int b[MAX_CNT], tmp[MAX_CNT];

int main() {
  int i, N, m, cnt, isTriangle;

  while ( scanf("%d", &N) == 1 && N != 0 ) {
    for ( i = 0; i < N; ++i ) scanf("%d", &b[i]);
    cnt = 0;
    while ( cnt <= MAX_CNT ) {
      /* 三角形になっているかを判定する */
      isTriangle = 1;
      if ( b[0] != 1 ) isTriangle = 0;
      for ( i = 1; i < N; ++i ) {
        if ( b[i] != b[i - 1] + 1 ) {
          isTriangle = 0;
          break;
        }
      }
      if ( isTriangle ) break;
      /* ブロックの数が 1 より多い列で新しい列を作る */
      m = 0; /* ブロックの数が 1 より多い列の数 */
      for ( i = 0; i < N; ++i )
        if ( b[i] > 1 )  tmp[m++] = b[i] - 1;
      for ( i = 0; i < m; ++i ) b[i] = tmp[i];
      b[m] = N;    /*  列の数を値とした要素を末尾に追加  */
      N = m + 1; /* 列の数を更新する */

      ++cnt;
    }

    if ( cnt > MAX_CNT ) printf("-1\n");
    else printf("%d\n", cnt);
  }

  return 0;
}
```

C++　　　　　　　　　　　Program 6.14: triangle_blocks.cpp

```cpp
#include<iostream>
#include<vector>
using namespace std;

const int MAX_CNT = 10000;
```

```
 7  int main() {
 8    int N;
 9    while ( cin >> N && N != 0 ) {
10      vector<int> b;
11      for ( int i = 0; i < N; ++i ) {
12        int v; cin >> v;
13        b.push_back(v);
14      }
15
16      int cnt = 0;
17      while ( cnt <= MAX_CNT ) {
18        // 三角形になっているか判定する
19        bool isTriangle = true;
20        if ( b[0] != 1 ) isTriangle = false;
21        for ( int i = 1; i < b.size(); ++i ) {
22          if ( b[i] != b[i - 1] + 1 ) {
23            isTriangle = false;
24            break;
25          }
26        }
27        if ( isTriangle ) break;
28        // ブロックの数が 1 より多い列で新しい列を作る
29        vector<int> tmp;
30        for ( int num : b )
31          if ( num > 1 ) tmp.push_back(num - 1);
32        tmp.push_back(b.size());
33        b = tmp;
34
35        ++cnt;
36      }
37
38      if ( cnt > MAX_CNT ) cout << -1 << endl;
39      else cout << cnt << endl;
40    }
41
42    return 0;
43  }
```

Java   Program 6.15: triangle_blocks.java

```
 1  import java.util.Scanner;
 2  import java.util.ArrayList;
 3
 4  class Main {
 5    static final int MAX_CNT = 10000;
 6
 7    void solve(){
 8      Scanner sc = new Scanner(System.in);
 9
10      while ( true ) {
11        int N = sc.nextInt();
12        if ( N == 0 ) break;
13        ArrayList<Integer> b = new ArrayList<Integer>();
14        for ( int i = 0; i < N; ++i ) {
15          int v = sc.nextInt();
16          b.add(v);
17        }
18
19        int cnt = 0;
20        while ( cnt <= MAX_CNT ) {
21          // 三角形になっているか判定する
22          boolean isTriangle = true;
23          if ( b.get(0) != 1 ) isTriangle = false;
24          for ( int i = 1; i < b.size(); ++i ) {
25            if ( b.get(i) != b.get(i - 1) + 1 ) {
26              isTriangle = false;
27              break;
28            }
```

```
29        }
30        if ( isTriangle ) break;
31        // ブロックの数が1より多い列で新しい列を作る
32        ArrayList<Integer> tmp = new ArrayList<Integer>();
33        for ( int num : b ) {
34          if ( num > 1 ) tmp.add(num - 1);
35        }
36        tmp.add(b.size());
37        b = tmp;
38
39        ++cnt;
40      }
41
42      if ( cnt > MAX_CNT ) System.out.println(-1);
43      else System.out.println(cnt);
44    }
45  }
46
47  public static void main(String[] args) { new Main().solve(); }
48 }
```

Python   Program 6.16: triangle_blocks.py

```python
1  MAX_CNT = 10000
2  while True:
3      N = int(input())
4      if N == 0 : break
5      b = list(map(int, input().split()))
6      cnt = 0
7      while cnt <= MAX_CNT :
8          # 三角形になっているかを判定する
9          isTriangle = True
10         if b[0] != 1 : isTriangle = False
11         for i in range( 1, len(b) ) :
12             if b[i] != b[i - 1] + 1 :
13                 isTriangle = False
14                 break
15         if isTriangle : break
16
17         # ブロックの数が 1 より多い列で新しい列を作る
18         tmp = []
19         for num in b :
20             if num > 1 : tmp.append(num - 1)
21         tmp.append(len(b))
22         b = tmp
23
24         cnt += 1
25     if cnt <= MAX_CNT : print(cnt)
26     else : print(-1)
```

6.4.1 可変長配列

　多くのプログラミング言語は，プログラムの実行中に配列を動的に拡張しながらデータの追加や削除が行えるデータ構造を提供しています．これらは，言語によって**可変長配列**やリストと呼ばれています．データの列に対して直観的な操作が行えることが利点のひとつで，場合によってはプログラムが利用するメモリの量を節約することができます．

　C 言語では，配列の動的なサイズ変更を実現する，簡便な方法がありません．C++，Java，Python では可変長配列を提供しているため，解答例では，これらの配列を使って問題を解いています．

C++

C++では **STL** (Standard Template Library) と呼ばれる標準ライブラリを使うことができます．ここでは，実行中に要素を追加・削除することが可能な配列である **vector** を使います．vector を使うには，vector をインクルードします．解答例では，それぞれ 10 行目と 29 行目で，2 つの vector 変数 b と tmp を宣言しています．

vector の末尾に要素を追加するためには push_back 関数を使います．たとえば，解答例の 13 行目では b.push_back(v) によって，b の末尾に v の値を追加しています．vector の要素数は，必要に応じて自動的に拡張されていきます．現在の vector の長さ（要素数）は，size() で得ることができます．解答例では 21 行目の for ループの条件式の中で使っています．

vector は，配列と同様に [] で各要素に（ランダムに）アクセスすることができます．たとえば，解答例の 20 行目の b[0] != 1 のように，vector の要素に添え字でアクセスすることができます．

Java

大きさを自由に変えることができる配列である **ArrayList** を使うことができます．ただし，ArrayList は通常の配列とは異なり，[] で値を読み書きすることはできません．ArrayList を使うためには，java.util.ArrayList をインポートします．解答例では，それぞれ 13 行目と 32 行目で，2 つの ArrayList 変数 b と tmp を宣言しています．生成時は，すべての要素が 0 で初期化されます．

配列の末尾に要素を追加するためには add メソッドを使います．たとえば，解答例の 16 行目では b.add(v) によって，b の末尾に v の値を追加しています．配列の要素数は必要に応じて自動的に拡張されていきます．現在の配列の長さ（要素数）は，size() で得ることができます．解答例では 24 行目の for ループの条件式の中で使っています．

配列の i 番目の要素を得るには get メソッドを使います．たとえば，25 行目の b.get(i) では，b の i 番目の要素を取得しています．同様に，配列の i 番目の要素を書き換えるには set メソッドを使います．解答例では使っていませんが，通常の配列における代入操作にあたります．

Python

Python では，配列はリストとも呼ばれており，要素数を指定した場合でも指定しない場合でも要素の追加と削除が可能です．解答例では，5 行目で 1 行の入力で取った数列を整数のリストに変換してリスト b に代入しています．また，18 行目では，長さ 0 のリストを作っています．

リストの末尾に新しい要素を追加するには append 関数を使います．たとえば，解答例の 21 行目では tmp.append(len(b)) によって，リスト tmp の末尾に新しい値 len(b) を追加しています．リストの要素数は，必要に応じて自動的に拡張されていきます．ここで，len 関数は引数で与えられたリストの長さ（要素数）を返します．解答例では，11 行目でも使っています．

6.4.2　拡張 for 文

C++，Java，Python では，可変長配列（リスト）の要素を順番に参照して処理する，便利な
ループの書き方があります.

C++　**Java**

C++では 30 行目，Java では 33 行目で for (int num : b)のような形式で**拡張 for 文**が実
行されています. 拡張 for 文では，変数の宣言と可変長配列（リスト）を:で区切り for 文に指
定します. この例では，ループを繰り返すたびに，変数 num にリスト b 内の要素が順番に代入
され，その値をループの処理内で使うことができます.

Python

19 行目で for num in b という形式で，リスト b の要素を順番に取り出し num に代入したう
えで，各ループの処理を行っています.

6.5　演習問題

チケットの売り上げ (ID 0277)

今日は，アイヅ・エンターテインメント社イチオシのアイドルグループ「アカベコ＆コボウシ」の
チケット発売日です. チケットには以下の 4 種類があります.

S 席 6000 円
A 席 4000 円
B 席 3000 円
C 席 2000 円

販売責任者のあなたは，ドキドキしながら発売開始を待っています. いよいよ発売開始. 売れ行き
絶好調です！

発売開始からしばらく経ったところで，それまでの注文をまとめた表を受け取りました. 表の各行
には，それまでに売れたチケットの種類と枚数が書いてあります. ただし，チケットの種類が S，A，
B，C の順に現れるとは限りません. この表の行ごとの売上金額を求めるプログラムを作成してくだ
さい.

入力

入力は 4 行からなる. i 行目には，チケットの種類を表す整数 t_i と枚数を表す整数 n_i が与えられる.
チケットの種類を表す整数 1, 2, 3, 4 は，それぞれ S 席，A 席，B 席，C 席を表す. t_1, t_2, t_3, t_4 の値と
して 1 から 4 までの数は必ず 1 度だけ現れるが，1, 2, 3, 4 の順で与えられるとは限らない.

出力

行ごとに売上金額を出力する.

入力例 1	出力例 1
3 10	30000
1 4	24000
4 1	2000
2 5	20000

入力例 2	出力例 2
1 1	6000
2 0	0
3 1	3000
4 1	2000

ニッシン館マラソン部 (ID 0307)

アイヅ市立ニッシン館は, 文武両道を掲げる歴史ある学校です. ニッシン館マラソン部は熱血指導で有名であり, 決められた練習時間の間, 周回コースをひたすら走るという鬼の特訓を行います. このとき, 脱水症状で倒れる部員がいないように, 部員の実力に合わせて飲み物を提供する給水所を設けています.

各部員が 1 単位時間あたりに走れる距離 (ペース) は部員ごとに決まっており, 全員が 1 単位時間ごとに必ず給水できるように給水所を設けたうえで特訓を行います. 部員は 1 単位時間で着いた給水所で必ず中身の入った容器を取り, そのまま走り続けます. さらに, 次の 1 単位時間で着いた給水所で空の容器を置き, 中身の入った容器を取って走り続けるということを繰り返します. また, 空の容器は, 置いてから 1 単位時間の時点で飲料が補充され, その瞬間から誰にでも提供できるようになります.

部員は全員同じ地点から, 容器を持たずに出発します. 決められた練習時間まで走ると練習を終えます (このときも給水が必要です). 複数の部員が同時に同じ給水所に到着する場合もあるので, 一か所の給水所で同時に複数の容器が必要になることもあります.

鬼の特訓を安全に行うために, 最低いくつの給水容器が必要になるか求めるプログラムを作成してください.

入力例 1	出力例 1
1 10 20 (部員の数, コースの長さ, 練習時間)	11
1　　　　(部員 i のペース)	

入力例 2	出力例 2
2 5 12	8
1	
2	

第7章　文字列

文字列はプログラミングで頻繁に使われる基本的なデータ型のひとつです．文字列は，数値にはない特徴を持ち，様々な操作が行われます．この章の内容を習得すれば，文字列を変数で管理し，それらに対して基本的な操作を行うプログラミングができるようになります．

7.1　9月 X 日　(ID 0359)

2017 年 9 月 9 日は土曜日です．2017 年の 9 月 X 日は何曜日でしょうか？　2017 年 9 月の日にちが与えられたとき，その日が何曜日か報告するプログラムを作成せよ．

入力

1 行に，2017 年 9 月の日にち X ($1 \le X \le 30$) が与えられる．

出力

与えられた日の曜日を 1 行に出力する．ただし，月曜日は "mon"，火曜日は "tue"，水曜日は "wed"，木曜日は "thu"，金曜日は "fri"，土曜日は "sat"，日曜日は "sun" と出力せよ．

入力例 1	出力例 1
1	fri

入力例 2	出力例 2
9	sat

---

1 週間は 7 日あるので，7 日おきに同じ曜日になります．そのため，ある月の X 日と Y 日が同じ曜日なら，それらを 7 で割った余りは同じ数になります．入力で与えられた日にち X の曜日は，X を 7 で割った余りから分かります．

9 月 9 日が土曜日と分かっているので，9 月の土曜日である日を 7 で割った余りは 2 になります．同じ様に考えると，2017 年 9 月のそれぞれの曜日について，その曜日である日を 7 で割った余りは以下のようになります．

曜日	日	月	火	水	木	金	土
日を 7 で割った余り	3	4	5	6	0	1	2

余りの値に応じて曜日を表す文字列を出力することになります．曜日は 7 つあるので，曜日の出力を条件分岐で行うことができます．一方，上の表に対応する文字列の配列を使えば，プログラムはより簡潔になります．

Program 7.1: day_of_week.c

```
C
1  #include<stdio.h>
2
3  int main(){
4    char D[][4] = {"thu", "fri", "sat", "sun", "mon", "tue", "wed"}; /* 曜日の表 */
5    int X;
6    scanf("%d", &X);
7    printf("%s\n", D[X % 7]); /* 7で割った余りから曜日を求めてその文字列を出力 */
8    return 0;
9  }
```

Program 7.2: day_of_week.cpp

```
C++
1  #include<iostream>
2  using namespace std;
3
4  int main(){
5    string D[] = {"thu", "fri", "sat", "sun", "mon", "tue", "wed"}; // 曜日の表
6    int X; cin >> X;
7    cout << D[X % 7] << endl; // 7で割った余りから曜日を求めてその文字列を出力
8    return 0;
9  }
```

Program 7.3: day_of_week.java

```
Java
1   import java.util.Scanner;
2
3   class Main{
4     void solve(){
5       String[] D = {"thu", "fri", "sat", "sun", "mon", "tue", "wed"}; // 曜日の表
6       Scanner sc = new Scanner(System.in);
7       int X = sc.nextInt();
8       System.out.println(D[X % 7]); //7で割った余りから曜日を求めてその文字列を出力
9     }
10
11    public static void main(String[] args){ new Main().solve(); }
12  }
```

Program 7.4: day_of_week.py

```
Python
1  D = ["thu", "fri", "sat", "sun", "mon", "tue", "wed"] # 曜日の表
2  X = int(input())
3  print(D[X % 7]) # 7で割った余りから曜日を求めてその文字列を出力
```

7.1.1 文字列と文字の表現

C C++ Java

文字列は文字の列です．プログラムの中で文字列は" "（二重引用符）で囲んで表します．た
とえば，文字列 thu や fri を文字列データとして表すには，"thu", "fri"のようにします．一
方，文字1つは' 'で囲んで'a' のように表します．改行文字のような特殊文字は'\n' のよう
にバックスラッシュを使って表します．機種によってはバックスラッシュが円記号'¥' で表示
されます．

Python

文字列のデータは，二重引用符または引用符で囲んで表します．たとえば，'thu'，"fri"のように表します．

Pythonには文字1つを表すデータ型はないので，1文字の文字列として文字を表します．したがって，文字aを表したいときは，文字列と同様に'a'や"a"と書きます．

7.1.2 文字列の変数

C

1つの文字列を値に持つ変数は char str[4] のように配列として宣言します．**char** 型は文字1つを表す型です．つまり，C言語では文字列を文字型の配列で表します．注意しなければならないのは，長さ n の char 型の配列には，最大で長さ $n-1$ までの文字列しか格納できないという点です．文字列のデータの最後には，その末尾を示すための**ヌル文字**と呼ばれる特別な文字'\0' が付け加えられます．

文字列変数を初期化するときは，char str[4] = "mon"; のように宣言します．文字列の最後にはヌル文字が付け加えられるので，上の宣言は char str[4] = {'m', 'o', 'n', '\0'}; と同じです．したがって，配列の要素数は文字列の長さより1つ多くしなければなりません．また，宣言後は char 型の配列には str = "mon"; のように文字列を代入することはできません．

C++

文字列の型は **string** クラスになります．文字列を値に持つ変数は string str; のように宣言します．文字列変数の初期化は，string str = "mon";，文字列変数への代入は str = "mon"; のように書きます．どちらも文字列の長さに制限はありません．

Java

文字列の型は **String** クラス（大文字で始まります）になります．文字列を値に持つ変数は String str; のように宣言します．文字列変数の初期化は String str = "mon";，文字列変数への代入は str = "mon"; のように書きます．どちらも文字列の長さに制限はありません．

Python

文字列を値に持つ変数は str = 'mon' や str = "mon"のように初期化します．文字列の代入も同じ書き方です．

7.1.3 文字列の配列

解答例では，曜日を表す数から対応する文字列を取得できる表を，配列 D で表しています．

C

各要素が文字列（1次元配列）となるので，D は 2 次元配列になります．また，文字列はどれも 3 文字なので，配列は D[][4] のように，2 つ目の次元はヌル文字を加えた長さだけ確保しなければなりません．一方，1 つ目の次元は [ ] となっていますが，1 つ目の次元は初期化のときに指定された要素の数だけ容量が確保されます．

C++ Java

D は，各要素が文字列である 1 次元配列になります．[ ] は配列の宣言を表し，初期化のときに指定された要素の数だけ容量が確保されます．

Python

D は，各要素が文字列であるリストになります．初期化のときに指定された要素の数だけ容量が確保されます．

7.1.4 文字列の出力

この問題では，曜日を表す文字列を，対応する添え字から配列の要素として出力します．

C

char 型の配列で表された文字列を出力するときは，printf の 1 つ目の引数に変換方法として %s を指定します．解答例では，7 行目の printf("%s\n",D[X % 7]); で X を 7 で割った余りを添え字とする配列 D の要素である文字列を出力し，最後に改行を出力しています．

C++ Java Python

文字列を値に持つ変数の出力方法は，整数や実数を値に持つ変数の出力と変わりません．

7.2 アカ・ベコと 40 人の盗賊 (ID 0266)

40 人の盗賊から逃れようとしているアカ・ベコは A 市の途中で道に迷ってしまった. アカ・ベコは新しいアジトがある B 市に行きたいのだが地図を盗賊に盗まれてしまった. 盗賊の一人であるコボー氏はアカ・ベコに同情し, 気の毒に思っていた. そこで, 密かに「あなたがB 市に行くお手伝いをしたいが, 仲間にばれない様にしなければならないので, 直接道順を教えることができない. しかし, あなたの質問には答えられる.」と伝言を送った. コボー氏は「○○という道順はどうか.」という質問をアカ・ベコから受け取ると, それが A 市から B市までちょうどたどり付ける道順なら Yes, そうでなければ No という答えを伝える. 道順のチェックは以下の地図にしたがって行う.

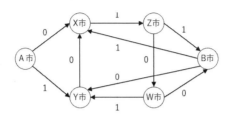

各都市は一方通行の道でつながっており, それぞれの道には 0 か 1 の数字が付いている. アカ・ベコは数字の並びで道順を指定する. たとえば, 0100 は A 市から X, Z, W 市を経由して B 市にちょうどたどり着く道順である. 地図にない道順を選ぶと砂漠に迷い込んでしまい, B 市にはたどり着けない. アカ・ベコは自分がいる都市の名前を知ることはできないため, 道順をたどり終えたときにちょうど B 市に到達する必要がある.

コボー氏はアカ・ベコからの質問に答えるために, あなたを密かに雇いプログラムの作成を依頼した. アカ・ベコからの質問を入力すると, それが A 市から B 市にちょうどたどり付ける道順なら Yes, そうでなければ No と出力するプログラムを作成してほしい.

入力

入力は複数のデータセットからなる. 入力の終わりは#（シャープ）1 つの行で表される. 各データセットは, 1 行に道順を示す数字 0,1 の並び p が与えられる. p は 100 文字を超えない文字列である. データセットの数は 100 を超えない.

出力

データセットごとに, ”Yes”または”No”を 1 行に出力する.

入力例	出力例
0100	Yes
0101	No
10100	Yes
01000	No
0101011	Yes
0011	No
011111	Yes
#	

4 つ目のデータセットでは, B 市を通り過ぎて Y 市に到達する道順なので”No”と出力する.
5 つ目のデータセットでは, 同じ都市を何度か通っているが, B 市にちょうどたどり着く道順なので”Yes”と出力する.
6 つ目のデータセットでは, X 市から砂漠に迷い込んでしまい B 市にはたどり着けないので”No”と出力する.
最後のデータセットでは, B 市をいったん通り過ぎてから, X 市と Z 市を経由して B 市にたどり着く道順なので”Yes”と出力する.

　各データセットについて考えます．文字列の先頭から順番に文字を取り出していき，アカ・ベコの移動をシミュレーションします．取り出した文字が'0' か'1' かに応じて，行き先の都市を決めていき，文字列を最後までたどった後，都市 B にいれば Yes，そうでなければ No を出力します．行き先を決めるために条件分岐を使うのが最もストレートな実装になるでしょう．

　一方，地図を 1 つのデータ（構造）として保持しておけば，プログラムはより簡潔になります．これはグラフと呼ばれるデータ構造ですが，ここではひとつの市から出ている道が多くとも 2 つなので，より単純な構造になります．まず A, X, Y, Z, W, B をそれぞれ 0, 1, 2, 3, 4, 5 の番号で表します．地図はそれぞれ最大 2 つの道をもつ 6 つの市を含むので，6×2 の 2 次元配列 G で表すことができます．たとえば，G[0][0] は A 市から道 0 を使ってたどり着く市の番号，G[0][1] は A 市から道 1 を使ってたどり着く市の番号・・・，という形式で行き先を記録します．また，道がない場合は，どの都市にも該当しない番号（たとえば-1）を入れておきます．

Program 7.5: akabeko_40bandits.c

```c
#include<stdio.h>

int G[][2] = {{1, 2}, {-1, 3}, {1, -1}, {4, 5}, {5, 2}, {2, 1}}; /* 地図 */

int main(){
  char p[101];
  int cur, i;
  while ( 1 ) {
    scanf("%s", p);
    if ( p[0] == '#' ) break;
    cur = 0; /* A市を出発 */
    for ( i = 0; p[i] != '\0'; i++ ){
      if ( cur == -1 ) break;
      cur = G[cur][p[i] - '0'];
    }
    printf(cur == 5 ? "Yes\n" : "No\n"); /* B市か判定 */
  }
  return 0;
}
```

Program 7.6: akabeko_40bandits.cpp

```cpp
#include<iostream>
using namespace std;

int G[][2] = {{1, 2}, {-1, 3}, {1, -1}, {4, 5}, {5, 2}, {2, 1}}; // 地図

int main(){
  string p;
  while ( 1 ) {
    cin >> p;
    if ( p[0] == '#' ) break;
    int cur = 0; // A市を出発
    for ( char c : p ){
      if ( cur == -1 ) break;
      cur = G[cur][c - '0'];
    }
    cout << (cur == 5 ? "Yes" : "No") << endl; // B市か判定
  }
  return 0;
}
```

Java
Program 7.7: akabeko_40bandits.java

```java
import java.util.Scanner;

class Main{
  int G[][] = {{1, 2}, {-1, 3}, {1, -1}, {4, 5}, {5, 2}, {2, 1}};  // 地図

  void solve(){
    Scanner sc = new Scanner(System.in);
    String p;
    while ( true ) {
      p = sc.next();
      if ( p.charAt(0) == '#' ) break;
      int cur = 0; // A市を出発
      for ( int i = 0; i < p.length(); i++ ) {
        if ( cur == -1 ) break;
        cur = G[cur][p.charAt(i) - '0'];
      }
      System.out.println(cur == 5 ? "Yes" : "No"); // B市か判定
    }
  }

  public static void main(String[] args){ new Main().solve(); }
}
```

Python
Program 7.8: akabeko_40bandits.py

```python
G = [[1, 2], [-1, 3], [1, -1], [4, 5], [5, 2], [2, 1]] # 地図

while True:
    p = input()
    if p[0] == '#': break
    cur = 0 # A市を出発
    for c in p:
        if cur == -1: break
        cur = G[cur][int(c)]
    print("Yes" if cur == 5 else "No") # B市か判定
```

7.2.1 文字列の入力

C

scanf 関数の 1 つ目の引数に変換指定子として %s を使います。読み込んだ文字列は char 型の配列に格納されます。解答例の 9 行目では，配列 p に入力文字列を格納するために scanf("%s", p); を実行しています。配列変数の前には & は不要です。配列は読み込んだ文字列を格納できるだけの長さがなければいけません。この問題では入力が 100 文字以下なので，p はヌル文字を含めて長さ 101 になるように宣言されています。

C++

cin を使って入力を読み込み，string 型の変数に格納します。解答例の 9 行目では cin >> p; によって string 型の変数 p に入力文字列を格納しています。

Java

sc を Scanner オブジェクトとすると，sc.next() で文字列を読み込みます。解答例では，10 行

目で，String 型の変数 p に読み込んだ文字列を代入しています．

Python

input 関数は文字列を行単位で読み込むので，p = input() で変数 p に読み込んだ文字列を代入できます．

7.2.2　文字列の文字の参照

　文字列は文字の列なので，文字列を構成する文字を取り出すことができます．文字列から文字を取り出す方法を以下に示します．

C

文字列は char 型の配列なので，文字列 p の i 番目の文字は p[i] で取り出せます．配列の添え字は 0 から始まるので，0 から番号をつけていることに注意してください．

　文字列 p の先頭から順番に文字を取り出すには，for 文を使って p の添え字を表す変数（解答例では i）を 0 から 1 つずつ増やしていけば，p[i] で文字を取り出せます．このとき，文字列データの末尾はヌル文字'\0' なので，for 文の繰り返しの条件を p[i] != '\0' とします．こうすれば，ヌル文字を見つけたときに繰り返しを終了させることができます．

C++

string 型の変数は，配列のように扱うことができ，文字列 p の i 番目の文字は p[i] で取り出せます．さらに，string 型の文字列の先頭から順に文字を取り出したいときは，拡張 for 文を使うことができます．拡張 for 文を使って string 型の文字列 p の先頭から順に文字を取り出し，char 型の変数 c に格納するには，for 文の ( ) の中に char c : p と書きます．

Java

String 型の文字列から文字を参照するには，charAt メソッドを使います．文字列 p の i 番目の文字を取り出すには，p.charAt(i) と書きます．添え字は 0 から始まるので，0 から番号をつけていることに注意してください．文字列 p の先頭から順番に文字を取り出すには，for 文を使って p の添え字を表す変数（解答例では i）を 0 から 1 つずつ増やしていけば，p.charAt(i) で文字を取り出せます．文字列の長さは length() で取得でき，これを繰返し処理の条件式に使います．文字列 p の先頭の文字は p.charAt(0)，末尾の文字は p.charAt(p.length()-1) となるので，for 文の繰り返しの条件を i < p.length() とすれば，先頭から末尾までの文字を順番に処理することができます．

Python

文字列 p の先頭から順番に文字を取り出して変数 c に格納するには，for の後に c in p:と書きます．

7.2.3 数字から数値への変換

C C++ Java

コンピュータの内部では文字も数値で表されており，**ASCII** コードと呼ばれるコードによって，半角英数字に数値が割り当てられています．ASCII コードでは，半角英数字が 1 バイト（8 ビット）の整数で表されます．たとえば，文字の'0' は ASCII コードで数値 48 が割り当てられており，文字'1' は数値 49，'2' は 50，...，'9' は 57 というように連番になっています．

この仕組みを利用すれば，int 型の値 0 に文字'0' を足して char 型にキャストすれば文字'0'に，int 型の値 1 に文字'0' を足して char 型にキャストすれば文字'1' に・・・，のように数値を数字（文字）に変換することができます．逆に，数字から文字'0' を引くことによって，対応する一桁の数値を得ることができます．解答例では，入力文字列の i 番目の文字から'0' を引くことによって，0 または 1 の数値を得ています．

7.3　列車　(ID 0130)

26 両以下の編成の列車があります．それぞれの車両には，英小文字の a から z までの識別記号が付いています．同じ記号が付いている車両はありません．ただし，車両を連結する順番は自由とします．列車の中を車掌が巡回します．車掌は，列車の中を行ったり来たりして巡回するので，同じ車両を何度も通ることがあります．ただし，すべての車両を最低一回は巡回するものとします．また，巡回をはじめる車両や巡回を終える車両が列車の一番端の車両とは限りません．

ある車掌が乗ったすべての列車の巡回記録があります．そこから分かる各列車の編成を先頭車両から出力するプログラムを作成してください．巡回記録は 1 行が 1 つの列車に対応します．各行は，英小文字を 1 文字ずつ <- または -> で区切った文字列でできています．<- は前方の車両への移動，-> は後方の車両への移動を表します．たとえば，a->b<-a<-c は車両 a から後方の車両である b に移り，b から前方の a に移り，a から前方の c へ移ったことを表します．この場合の列車の編成は先頭車両から cab となります．

入力

1 行目に巡回記録の個数 n ($n \leq 50$)，続く n 行に巡回記録 i を表す文字列 s_i（1024 文字までの半角文字列）が与えられます．

出力

巡回記録 i について，先頭車両からの列車の編成を表す文字列を i 行目に出力してください．

入力例

```
4
a->e->c->b->d
b<-c<-a<-d<-e
b->a->c<-a->c->d<-c<-a<-b->a->c->d->e<-d
a->e<-a<-d->a->e<-a<-d<-c->d->a<-d<-c<-b->c->d<-c
```

出力例

```
aecbd
edacb
bacde
bcdae
```

巡回記録から車両の連結の順番を得るには，実際に巡回記録にしたがって車両を前後に動きながら，車掌が新たな車両を訪問したときにそれを車両の列に加えていく方法が考えられます．ここでは，訪問した車両（文字）が車両の列（これを文字列 form とします）に存在しない場合に，この文字を form に加えていきます．このとき，加える方向は，巡回記録の矢印から分かります．

文字列と文字が簡単に連結でき，ある文字列の中に，指定した文字（あるいは文字列）が存在するかどうかを調べる方法があれば，実装が楽になりそうです．

Program 7.9: train.c

```c
#include<stdio.h>
#include<string.h>

int main(){
  int n, t, i; scanf("%d", &n);
  char s[1025];              /* 巡回記録 最大1024文字 */
  char form[27], tmp[27];  /* 列車の編成 最大26両 */
  for ( t = 0; t < n; t++ ) {
    scanf("%s", s);
    form[0] = s[0]; form[1] = '\0'; /* 始点の車両 */
    for ( i = 3; i < strlen(s); i += 3 ){
      if ( strchr(form, (int)s[i]) != NULL ) continue;
      if ( s[i - 1] == '>' ) snprintf(tmp, 27, "%s%c", form, s[i]);
      else snprintf(tmp, 27, "%c%s", s[i], form);
      strcpy(form, tmp);
    }
    printf("%s\n", form);
  }
  return 0;
}
```

Program 7.10: train.cpp

```cpp
#include<iostream>
#include<string>
using namespace std;

int main(){
  int n; cin >> n;
  for ( int t = 0; t < n; t++ ) {
    string s; cin >> s; // 巡回記録
    string form;        // 列車の編成
    form += s[0];
    for ( int i = 3; i < s.size(); i += 3 ){
      if ( form.find(s[i]) != string::npos ) continue;
      if ( s[i - 1] == '>' ) form += s[i];
      else form = s[i] + form;
    }
    cout << form << endl;
  }
  return 0;
}
```

Program 7.11: train.java

```java
import java.util.Scanner;

class Main{
  void solve(){
    Scanner sc = new Scanner(System.in);
    int n = sc.nextInt();
    for ( int t = 0; t < n; t++ ) {
      String s = sc.next(); // 巡回記録
      String form = "";      // 列車の編成
      form += s.charAt(0);
      for ( int i = 3; i < s.length(); i += 3 ){
        if ( form.indexOf(s.charAt(i)) != -1 ) continue;
        if ( s.charAt(i - 1) == '>' ) form += s.charAt(i);
        else form = s.charAt(i) + form;
      }
      System.out.println(form);
    }
  }
}
```

```
20    public static void main(String[] args){ new Main().solve(); }
21  }
```

Python
Program 7.12: train.py

```python
1   n = int(input())
2   for t in range(n):
3       s = input() # 巡回記録
4       form = s[0] # 列車の編成
5       for i in range(3, len(s), 3):
6           if s[i] in form: continue
7           if s[i - 1] == '>':
8               form += s[i]
9           else:
10              form = s[i] + form
11      print(form)
```

7.3.1　文字列と文字の連結

C++, Java, Python では, + 演算子を用いて, 文字列どうし, または文字列と文字を連結して新しい文字列を生成することができます. C 言語では, フォーマット用の関数を応用し, 文字列や文字の連結を行うことができます.

C

解答例では, snprintf 関数を用いて文字列と文字の連結を行っています. snprintf 関数は, フォーマットに用いられる関数ですが, 文字列, 文字, 数値など様々な型のデータを連結することができます. snprintf 関数の 1 つ目の引数に書き込み先の文字列（配列）, 2 つ目の引数に書き込み可能な長さ, 3 つ目の引数に printf 関数と同様のフォーマット文字列, 4 つ目以降の引き数に連結したいデータを順番に指定します. 解答例では, snprintf(tmp, 27, "%s%c", form, s[i]) によって, 文字列 form と文字 s[i] をこの順番で連結し, tmp に記録しています. strcpy 関数は文字列をコピーする関数で, 解答例では tmp の内容を form にコピーしています.

C++　Python

C++ と Python の解答例では, 空の文字列 form に巡回記録の最初の文字 s[0] を追加して新しい文字列を生成しています. また, form += s[i] で末尾に, form = s[i] + form で先頭に文字 s[i] を追加しています.

Java

Java の解答例では, 空の文字列 form に巡回記録の最初の文字 s.charAt(0) を追加して新しい文字列を生成しています. また, form += s.charAt(i) で末尾に, form = s.charAt(i) + form で先頭に文字 s.charAt(i) を追加しています.

7.3.2　文字列の文字の検索

`C++`

string クラスのオブジェクトに対する find 関数で，指定された文字や文字列の位置を取得することができます．find 関数は，指定された文字・文字列が最初に現れる位置を返します．指定されたものが存在しなければ，string::npos という値を返します．たとえば，解答例の 12 行目では，`form.find(s[i])` によって，文字列 form から文字 s[i] を探しています．

`Java`

String クラスのオブジェクトに対する indexOf メソッドで，指定された文字や文字列の位置を取得することができます．indexOf メソッドは，指定された文字・文字列が最初に現れる位置を返します．指定されたものが存在しなければ，-1 を返します．たとえば，解答例の 12 行目では，`form.indexOf(s.charAt(i))` によって，文字列 form から文字 s.charAt(i) を探しています．

`Python`

Python の in 演算子によって，指定されたリストに特定の要素が含まれるかどうかを確認できます．解答例の 6 行目では `s[i] in form` によって，文字列 form の中に文字 s[i] が存在するかどうかを調べています．

7.3.3　文字列の部分文字列の抽出

　一般的に，プログラミング言語には文字列を操作するための様々な関数や機能が提供されています．ここでは，この章では取り上げられなかった便利な機能のうち，部分文字列を抜き出す関数・機能を紹介します．指定された範囲の連続する部分文字列を抜き出したいときに利用します．本書では，演習問題や続く章の問題解決に役立ちます．

`C++`

string クラスの substr 関数は，文字列の部分文字列を抜き出します．`str.substr(a, n)` は，文字列 str の a 文字目から連続する n 文字で構成される文字列を返します．たとえば，str = "Aizu Wakamatsu"の場合 `str.substr(2, 7)` は zu Waka を返します．

`Java`

String クラスの substring メソッドは，文字列の部分文字列を抜き出します．`str.substring(l,r)` は，文字列 str の l 文字目から r 文字目まで（r 文字目を含まない）で構成される文字列を返します．たとえば，str = "Aizu Wakamatsu"の場合 `str.substring(2, 9)` は zu Waka を返します．

Python

スライス操作を用いて，直観的に部分文字列を抜き出すことができます．スライス操作はリストや文字列に対して，指定された範囲の部分列を返します．スライス操作は，変数に対して [開始位置のインデックス:終了位置のインデックス] の形式で抜き出す範囲を指定します．ここで，終了位置の要素は含まないことに注意してください．たとえば，`str = "Aizu Wakamatsu"`の場合 `str[2:9]` は `zu Waka` を返します．

7.4　演習問題

へびの脱皮　(ID 0419)

　セアブリ高原で発見された新種のへびは，頭から尾にかけて 1 列に並んだマル（o）とバツ（x）からなる模様が特徴です．下図に例を示しますが，へびの模様は個体により様々です．

xxoooxxxoox

　このへびは脱皮のときに，2 つのマルが並んだ部分の間すべてが伸びることで成長します．新たに加わった箇所にはマル，バツ，マルが並んだ模様が付きます．

たとえば，長さ 3 のへび ooo が 1 回脱皮すると，左から 1 番目と 2 番目，2 番目と 3 番目のマルの間にマル，バツ，マルが並んだ模様が加わるので，脱皮後のへびは ooxoooxoo となります（下線部が新たに加わった箇所です）．もう一回脱皮すると ooxoooxooxoooxooxoooxoo となり，へびの長さは 21 になります．

このへびの生態を研究しているあなたは，このへびが脱皮を繰り返したら，とてつもない長さになってしまうかもしれないと危惧しています．

へびの模様と脱皮の回数が与えられたとき，この回数だけ脱皮した後のへびの長さを求めるプログラムを作成せよ．

入力例 1
3 2（へびの長さ，脱皮の回数）
ooo（へびの模様）

出力例 1
21（脱皮後の蛇の長さ）

入力例 2
3 4
xoo

出力例 2
48

入力例 3
13 30
xooxoooxxxoox

出力例 3
12884901889

ヘビ (ID 0139)

　ある世界には，文字だけでできた不思議なヘビが住んでいます．このヘビには現在 A 種と B 種の 2 種類が確認されていますが，それ以外の種類がいる可能性もあります．

　A 種は，"`>'`" の後に "`=`" が 1 個以上並んだ後，"`#`" が来て，さらに前と同じ個数の "`=`" が来た後，"`~`"（半角チルダ）で終わります．

　B 種は，"`>^`" の後に "`Q=`" が 1 個以上並んだ後，"`~~`" で終わります．

A 種の例：　`>'====#====~`　　　　`>'==#==~`

B 種の例：　`>^Q=Q=Q=Q=~~`　　　`>^Q=Q=~~`

　ヘビを文字列データとして受け取り，それがどんな種類であるかを判別して，A 種の場合は「`A`」，B 種の場合は「`B`」，それ以外の種類の場合は「`NA`」を出力するプログラムを作成してください．

入力例		出力例
3	(判別するへびの数)	A
`>'======#======~`	(1 匹目のへび)	B
`>^Q=Q=Q=Q=Q=Q=Q=~~`	(2 匹目のへび)	NA
`>'===#====~`	(3 匹目のへび)	

ポイント

この章で紹介した，各プログラミング言語の文字列の機能を駆使して解いてみましょう．一方，この章では紹介できなかった高度なライブラリを応用して，より簡潔に実装することもできます（これらの実装方法については，巻末の解答例を参考にしてください）．

第8章　関数

　プログラミング言語における**関数**とは，処理のまとまりに名前をつけて，それを必要に応じて呼び出せるようにしておく機能です．これまでに，入出力処理や文字列処理などで関数を使ったように，汎用的な機能は標準ライブラリの関数として準備されており，自分のプログラムから呼び出すことができます．ソフトウェア開発では，関連する処理を関数として実装するのが一般的です．小さい規模のプログラムでも，同じ処理を様々な場所で行いたい場合には，関数を定義し利用します．

　また，関数の定義の中で，定義中の関数，つまり自分自身を再び呼び出す再帰関数は，高度なアルゴリズムを実装するための重要なプログラミングテクニックになります．この章の内容を習得すれば，関数を定義・利用することでより読み易いプログラムが書けるようになり，さらに再帰関数のテクニックを応用した高度なプログラムが書けるようになります．

8.1 入場料金 (ID 0278)

アイヅ温泉には，浴場とプールがあり，浴場を利用するには入浴券を，プールを利用するにはプール券をそれぞれ買う必要があります．これらの券の値段は，日によって変わるかもしれません．また，アイヅ温泉には以下のようなルールがあります．

- 券は購入当日 1 回の利用に限り有効．
- 「入浴券 5 枚以上かつプール券 2 枚以上」でまとめて買うと，すべての券が 2 割引になる．

温泉好きの貞吉さんとその友人たちは，アイヅ温泉に毎日のように通っています．彼らは皆気まぐれで，日によって使う枚数は異なります．アイヅ温泉には割引ルールがあるため，グループで協力して上手に買えば，合計料金を安く済ますことができるかもしれません．

入浴券とプール券の料金，使用する入浴券の枚数とプール券の枚数が入力として与えられたとき，最も安い合計料金を出力するプログラムを作成してください．ただし，使用する枚数より多く券を買うことで合計料金が安くなるなら，買った券すべてを使わなくともよいものとします．

入力

1 行目の N $(1 \leq N \leq 365)$ は料金を計算したい日数である．続く N 行に，i 日目の入浴券の料金 x_i $(100 \leq x_i \leq 1000)$，プール券の料金 y_i $(100 \leq y_i \leq 1000)$，使用する入浴券の枚数 b_i $(0 \leq b_i \leq 6)$，使用するプール券の枚数 p_i $(0 \leq p_i \leq 6)$ が与えられる．入浴券とプール券共に料金は 50 円刻みである．

出力

それぞれの日について最も安い合計料金を 1 行に出力する．

入力例 1

```
2
100 100 1 1
1000 500 5 2
```

出力例 1

```
200
4800
```

入力例 2

```
5
500 500 1 1
500 500 5 2
1000 100 0 6
1000 100 6 0
100 1000 0 0
```

出力例 2

```
1000
2800
600
4960
0
```

入浴券の料金を x, プール券の料金を y, 入浴券の枚数を b, プール券の枚数を p として, 各日についての最も安い合計料金を求める方法を考えてみましょう.

券を買う方法は, 以下のように割引を適用しない場合と割引を適用する場合の2つになり, このうちの小さい方が答えになります.

- 割引なし：$x \times b + y \times p$

- 割引あり；$\{x \times \max(b, 5) + y \times \max(p, 2)\} \times \frac{4}{5}$

ここで, $\max(A, B)$ は A と B のうち大きい値を返す関数とします. 割引を適用するためには, 少なくとも5枚の入浴券と 少なくとも2枚のプール券が必要なので, それぞれ $\max(b, 5)$, $\max(p, 2)$ の枚数を購入します. この手順には, 2つの値のうち小さい方を選択する処理と大きい方を選択する処理が複数回現れるため, これらを関数として準備して呼び出すのが良さそうです.

C 　　　　　　　　　　Program 8.1: admission_fee.c

```c
#include <stdio.h>

int min( int a, int b ){ return a < b ? a : b; }
int max( int a, int b ){ return a > b ? a : b; }

int main() {
  int N, x, y, b, p, i;
  scanf("%d", &N);
  for ( int i = 0; i < N; i++ ) {
    scanf("%d %d %d %d", &x, &y, &b, &p);
    printf("%d\n", min(x * b + y * p, (x * max(b, 5) + y * max(p, 2)) * 4 / 5));
  }
  return 0;
}
```

C++ 　　　　　　　　Program 8.2: admission_fee.cpp

```cpp
#include<iostream>
#include<algorithm>
using namespace std;

int main() {
  int N, x, y, b, p;
  cin >> N;
  for ( int i = 0; i < N; i++ ) {
    cin >> x >> y >> b >> p;
    cout << min(x * b + y * p, (x * max(b, 5) + y * max(p, 2)) * 4 / 5) << endl;
  }
  return 0;
}
```

Java 　　　　　　　　Program 8.3: admission_fee.java

```java
import java.util.Scanner;

class Main{
  void solve(){
    Scanner sc = new Scanner(System.in);
    int N, x, y, b, p;
    N = sc.nextInt();
```

```
 8        for ( int i = 0; i < N; i++ ) {
 9          x = sc.nextInt();
10          y = sc.nextInt();
11          b = sc.nextInt();
12          p = sc.nextInt();
13          System.out.println(Math.min(x * b + y * p,
14                        (x * Math.max(b, 5) + y * Math.max(p, 2)) * 4 / 5));
15        }
16      }
17
18      public static void main(String[] args){ new Main().solve(); }
19  }
```

Python
Program 8.4: admission_fee.py

```
1  N = int(input())
2  for i in range(N):
3      x, y, b, p = map(int, input().split())
4      print(min(x * b + y * p, (x * max(b, 5) + y * max(p, 2)) * 4 // 5))
```

8.1.1　関数の呼び出し

　プログラムの中で関数を利用する場合は，関数名の後に，引数を含めた ( ) で指定します．引数とは関数に渡す値で，変数や計算式を指定します．引数が複数ある場合は，引数をカンマで区切って並べます．

　たとえば，関数 min(a, b) が変数 a と変数 b のうち小さい方の値を返す関数とすると，minValue = min(a, b) のように呼び出して，返ってきた値を利用します．解答例では，最小値を求める min 関数，最大値を求める max 関数を計算式に含めることによって，（分岐処理などを使う方法よりも）より簡潔に記述しています．

　指定された 2 つの値のうち，小さい方・大きい方を返す min 関数・max 関数は，以下のように標準で使えます．

C++

algorithm をインクルードすることで，min 関数，max 関数が使えます．

Java

標準で Math クラスに定義されている，min 関数，max 関数が使えます．

Python

標準で min 関数，max 関数が使えます．

8.1.2 関数の定義

`C`　`C++`　`Java`

ここでは，関数の定義について，C の解答例を例に解説します．C++，Java についても同様の方法で定義できます．関数の定義は「戻り値の型」の後に 1 つ以上の空白を入れて関数名を指定し，（ ）の中にパラメタのリストを指定します．**戻り値**とはその関数が処理の結果として呼び出し元に返す値です．その型を関数の定義の最初に指定します．**パラメタ**とは，関数が受け取るもので，主に受け取った値を保持する変数になります．その後に{ }で指定されたブロックの中に関数の処理を記述します．

戻り値がない関数もあります．この場合は，戻り値の型の指定は void というキーワードになります．また，パラメタがない関数もあります．この場合は（ ）の中が空になります．関数は，パラメタを利用して目的の計算をし，処理結果を返します．処理結果を返して関数を終了するには，返す値を指定した **return 文**を実行します．戻り値がない場合でも，処理結果を指定しない return 文を実行して，関数をその時点で終了させ，処理を呼び出し元に戻すことができます．

C の解答例では，2 つの値の最小値または最大値を求めるための，それぞれ min，max という名前の関数を定義しています．return 文に三項演算子を用いて，a と b の値のうち，小さい方（大きい方）をそれぞれ返しています．C++，Java でも同様の書き方でこれらの関数を定義できます．Java の場合は，Main クラスの中に関数（メソッド）を定義します．

`Python`

def というキーワードで関数を定義します．def の後に空白を入れて関数名を指定し，（ ）の中に呼び出し元から受け取るパラメタのリストを指定します．続く行から等幅のインデントを入れて関数の処理内容を記述します．Python の解答例では，標準で使える min，max 関数を用いていますが，これらの関数を自分で定義すると以下のようになります．

```python
def min(a, b):
    if a < b:
        return a
    else:
        return b


def max(a, b):
    if a > b:
        return a
    else:
        return b
```

8.2 有益氏のオーディオルーム (ID 0305)

数学者である有益氏の趣味は音楽鑑賞で，家に念願のオーディオルームを作りました．完成したオーディオルームで，友人を招いてお披露目会を開きたいと考えています．全員にできるだけ良い音で聴いてもらいたいので，部屋の中の何か所かで音を計測し，友人たちの位置での音の質を計算するつもりです．

計測点は，下の図の円弧と線分の交点である 1 番から 35 番までの点から選択します．1 つの線分上にある点は，オーディオシステムからの距離が 100 cm から 500 cm まで 100 cm ずつ離れて並んでいます．1 つの円弧状にある点は，もっとも右のもの（1 番から 5 番までの点）から反時計回りに，0° から 180° の範囲で 30° 度刻みに並んでいます．

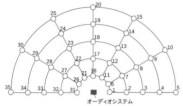

このような円弧と線分に囲まれた領域内のどこかに友人が居ることになるので，友人の居る位置によって必要な計測点を選択します．友人の位置は，円弧に沿って反時計回りに測った角度とオーディオシステムからの距離で与えられます．必要な計測点は以下のように 1 点か，2 点か，4 点が選ばれます．

友人がちょうど計測点の位置にいれば，その 1 点を選びます．
この図の例の場合，選ばれるのは 23 番の点です．

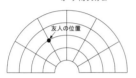

友人が円弧（または線分）の上にちょうど乗っていれば，その円弧（または線分）上にある，友人に最も近い 2 点を選びます．この図の例の場合，選ばれるのは 18 番と 23 番の点です．

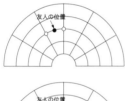

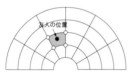

友人が円弧と線分によって囲まれた区画の内側（円弧や線分の上ではない）にいれば，区画を作っている 4 点を選びます．この図の例の場合，選ばれるのは 17, 18, 22, 23 番の点です．

有益氏を助けるために，必要な計測点の番号を求めるプログラムを作成してください．

入力

1 行目に友人の数 $N(1 \leq N \leq 50)$ が与えられる．続く N 行に，友人の位置が与えられる．友人の位置 $r_i(100 \leq r_i \leq 500)$ はオーディオシステムからの距離を表す整数，$t_i(0 \leq t_i \leq 180)$ は円弧に沿って反時計回りに測った角度を表す整数である．

出力

各友人の位置について，計測点の番号を昇順で 1 行に出力する．

入力例

```
4
300 120
300 105
250 105
250 90
```

出力例

```
23
18 23
17 18 22 23
17 18
```

円弧の番号 r' は，その円弧がオーディオシステムからの距離が短い順に 1, 2, ..., 5 とします．線分の番号 t' は，円弧上の最も右下の線分から 0, 1, ..., 6 とします．円弧の番号と線分の番号から，計測点を求める関数を定義しておけば，プログラムを簡潔に記述できそうです．

まず，与えられた距離 r と角度 t を，それぞれ円弧の番号 r' （オーディオシステムから距離方向に何本目か）と線分の番号 t' （最も右下の線分から円周方向に何本目か）に変換します．これらはそれぞれ，整数の割り算が小数点以下を切り捨てることを利用して $r' = r/100$ と $t' = t/30$ で求まります．

図から分かるように，r' と t' が分かれば，計測点の番号は $r' + 5 \times t'$ で求まります．

観測点を求める関数を $f(r', t')$ とすると，以下の場合分けによって観測点を出力します．

- 1 点の場合： $f(r', t')$ を出力

- 2 点で円周方向の線にのっている場合： $f(r', t')$ と $f(r' + 1, t')$ を出力

- 2 点で距離方向の線にのっている場合： $f(r', t')$ と $f(r', t' + 1)$ を出力

- 4 点の場合： $f(r', t')$ と $f(r', t' + 1)$ と $f(r' + 1, t')$ と $f(r' + 1, t' + 1)$ を出力

C Program 8.5: yueki_audio.c

```c
#include<stdio.h>
/* 円弧と線分の番号から観測点の番号へ変換する */
int calcID(int r, int t) { return r + 5 * t; }

int main() {
  int i, n, r, t, onR, onT;
  scanf("%d", &n);
  for ( i = 0; i < n; i++ ) {
    scanf("%d %d", &r, &t);
    onR = r % 100 == 0;        /* 円弧にちょうど乗っているかどうか */
    onT = t % 30 == 0;         /* 直線にちょうど乗っているかどうか */
    r /= 100;
    t /= 30;
    if ( onR && onT ) printf("%d\n", calcID(r, t));
    else if ( onR ) printf("%d %d\n", calcID(r, t), calcID(r, t + 1));
    else if ( onT ) printf("%d %d\n", calcID(r, t), calcID(r + 1, t));
    else {
      printf("%d %d %d %d\n", calcID(r, t),
             calcID(r + 1, t), calcID(r, t + 1), calcID(r + 1, t + 1));
    }
  }

  return 0;
}
```

C++ Program 8.6: yueki_audio.cpp

```cpp
#include<iostream>
using namespace std;
// 円弧と線分の番号から観測点の番号へ変換する
int calcID(int r, int t) { return r + 5 * t; }

int main() {
  int n, r, t;
  cin >> n;
  for ( int i = 0; i < n; i++ ) {
```

```
10      cin >> r >> t;
11      bool onR = r % 100 == 0;
12      bool onT = t % 30 == 0;
13      r /= 100;        // 円弧にちょうど乗っているかどうか
14      t /= 30;         // 直線にちょうど乗っているかどうか
15      if ( onR && onT ) cout << calcID(r, t) << endl;
16      else if ( onR ) cout << calcID(r, t) << " " << calcID(r, t + 1) << endl;
17      else if ( onT ) cout << calcID(r, t) << " " << calcID(r + 1, t) << endl;
18      else cout << calcID(r, t) << " " << calcID(r + 1, t) << " "
19                << calcID(r, t + 1) << " " << calcID(r + 1, t + 1) << endl;
20    }
21
22    return 0;
23  }
```

Java
Program 8.7: yueki_audio.java

```java
1  import java.util.Scanner;
2
3  class Main {
4    // 円弧と線分の番号から観測点の番号へ変換する
5    int calcID(int r, int t) { return r + 5 * t; }
6
7    void solve(){
8      Scanner sc = new Scanner(System.in);
9      int n = sc.nextInt();
10     for ( int i = 0; i < n; i++ ) {
11       int r = sc.nextInt();
12       int t = sc.nextInt();
13       boolean onR = r % 100 == 0;         // 円弧にちょうど乗っているかどうか
14       boolean onT = t % 30 == 0;          // 直線にちょうど乗っているかどうか
15       r /= 100;
16       t /= 30;
17       if ( onR && onT ) System.out.println(calcID(r, t));
18       else if ( onR ) System.out.println(calcID(r, t) + " " + calcID(r, t + 1));
19       else if ( onT ) System.out.println(calcID(r, t) + " " + calcID(r + 1, t));
20       else System.out.println(calcID(r, t) + " " + calcID(r + 1, t) + " "
21                              + calcID(r, t + 1) + " " + calcID(r + 1, t + 1));
22     }
23   }
24
25   public static void main( String[] a ) {new Main().solve(); }
26 }
```

Python
Program 8.8: yueki_audio.py

```python
1  # 円弧と線分の番号から観測点の番号へ変換する
2  def calcID(r, t) :
3      return r + 5 * t
4
5  n = int(input())
6  for i in range(n):
7      r,t = map(int, input().split())
8      onR = r % 100 == 0   # 円弧にちょうど乗っているかどうか
9      onT = t % 30 == 0    # 直線にちょうど乗っているかどうか
10     r = r // 100
11     t = t // 30
12     if onR and onT : print(calcID(r, t))
13     elif onR : print('{0} {1}'.format(calcID(r, t), calcID(r, t + 1)))
14     elif onT : print('{0} {1}'.format(calcID(r, t), calcID(r + 1, t)))
15     else : print('{0} {1} {2} {3}'.format(calcID(r, t), calcID(r + 1, t), \
16                               calcID(r, t + 1), calcID(r + 1, t + 1)))
```

8.2.1 関数定義の意義

関数は，汎用的な処理をまとめた再利用可能なプログラムの集まりです．プログラムの中で何度も使用する処理は，関数として定義しておくことで，コードが短くなり読み易くなるでしょう．

ここでは，この問題の模範解答のように，内容が単純な処理を関数にする意義を考えてみましょう．たった1行の r + 5 * t を関数 calcID として関数化する必要はあるでしょうか．たとえば，calcID の内容をデバッグや仕様変更で修正したい場合を考えてみましょう．仮に関数ではなく毎回数式を書いていたとすれば，それらの部分すべてを修正する必要があります．関数にしておけば，修正は一か所で十分で，さらに処理の拡張（たとえばパラメタの例外的な処理など）も容易に行えます．このように，関数はコードを短くし読み易くするだけでなく，コードのメンテナンス（修正など）をしやすくします．

8.3　テニス　(ID 0285)

ジョウ君とヤエさんは昼休みにテニスをします．ただし，昼休みは時間が限られているので，短い時間で終わるように，得点について以下の 3 つのルールで行います．

- 相手が 3 点以下のときに先に 5 点とれば勝ち．
- 4 対 4 の同点になったときは，その直後に連続して 2 点とった方が勝ち．
- 4 対 4 の後に双方が 1 点ずつとったときは引き分け．

以下の図は，ジョウ君とヤエさんの試合で起こり得るすべての状況を表しています．丸の中の左の数がジョウ君の得点，右がヤエさんの得点です．Aと書いた矢印はジョウ君が 1 点とったことを，Bと書いた矢印はヤエさんが 1 点とったことを表します．

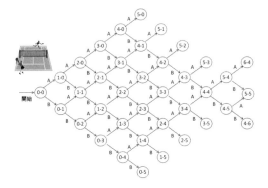

ジョウ君とヤエさんの得点が与えられたとき，試合開始からその得点状況になるまでに，上の図で通り得るすべての経路を列挙するプログラムを作成してください．

入力

1 行にジョウ君の得点 j $(0 \leq j \leq 6)$ とヤエさんの得点 y $(0 \leq y \leq 6)$ が与えられる．ただし，j と y がともに 0 であることはない．また，j が 6 のときは y は 4，y が 6 のときは j は 4 である．

出力

上の図で，試合開始（0-0 と書かれた丸）から与えられた得点が書かれた丸までのすべての経路を出力する．経路は図の矢印に添えられた英字 (A, B) の列で表し，辞書式順序（英和辞書で単語が並んでいる順番）になるように並べる．1 つの経路を 1 行に出力する．経路の前後には空白を出力しない．

入力例 1	出力例 1
2 2	AABB
	ABAB
	ABBA
	BAAB
	BABA
	BBAA

入力例 2	出力例 2
5 1	AAAABA
	AAABAA
	AABAAA
	ABAAAA
	BAAAAA

　ジョウ君が得点を取ることと，ヤエさんが得点を取ることで，ゲームの得点が変化します．ゲームの得点がその時点で何対何かを2つの整数の組で表し，これをゲームの状態としましょう．

　ゲームの状態は $(0,0)$ から始まります．あるときのジョウ君の得点を a，ヤエさんの得点を b とするとゲームの状態は (a,b) と表すことができます．ジョウ君が得点を得ると状態は $(a,b) \to (a+1,b)$ となり，ヤエさんが得点を得ると状態は $(a,b) \to (a,b+1)$ となります．このような遷移を，ゲームの開始状態 $(0,0)$ から，求めるゲームの状態 (j,y) になるまで繰り返します．

　ジョウ君が勝つ場合とヤエさんが勝つ場合の両方について経路をたどる必要があるため，単純な繰返し処理の組み合わせで，すべての経路を網羅することはできません．この問題は再帰関数を応用して解決することができます．

C　　　　　　　　　　　　Program 8.9: tennis.c

```c
#include<stdio.h>

int j, y;
char path[64];

void parse(int a, int b){
  if ( a == j && b == y ){
    path[a + b] = '\0';
    printf("%s\n", path); return;
  } else if ( a == 5 && b <= 3 || b == 5 && a <= 3 ){
    return;
  }
  if ( a > j || b > y ) return;
  path[a + b] = 'A';
  parse(a + 1, b);
  path[a + b] = 'B';
  parse(a, b + 1);
}

int main(){
  scanf("%d %d", &j, &y);
  parse(0, 0);
  return 0;
}
```

C++　　　　　　　　　　Program 8.10: tennis.cpp

```cpp
#include<iostream>
using namespace std;

int j, y;

void parse(int a, int b, string path){
  if ( a == j && b == y ){
    cout << path << endl; return;
  } else if ( a == 5 && b <= 3 || b == 5 && a <= 3 ){
    return;
  }
  if ( a > j || b > y ) return;
  parse(a + 1, b, path + "A");
  parse(a, b + 1, path + "B");
}

int main(){
  cin >> j >> y;
  parse(0, 0, "");
  return 0;
```

```
22  }
```

Java
Program 8.11: tennis.java

```java
 1  import java.util.Scanner;
 2
 3  public class Main{
 4    Scanner sc = new Scanner(System.in);
 5    int j, y;
 6
 7    void solve(){
 8      j = sc.nextInt();
 9      y = sc.nextInt();
10      parse(0, 0, "");
11    }
12
13    void parse(int a, int b, String path){
14      if ( a == j && b == y ){
15        System.out.println(path);
16        return;
17      } else if ( a == 5 && b <= 3 || b == 5 && a <= 3 ){
18        return;
19      }
20      if ( a > j || b > y ) return;
21      parse(a + 1, b, path + "A");
22      parse(a, b + 1, path + "B");
23    }
24
25    public static void main(String[] args){ new Main().solve(); }
26  }
```

Python
Program 8.12: tennis.py

```python
 1  j, y = map(int, input().split())
 2
 3  def parse(a, b, path):
 4      if a == j and b == y:
 5          print(path)
 6          return
 7      elif a == 5 and b <= 3 or b == 5 and a <= 3:
 8          return
 9      if a > j or b > y:
10          return
11      parse(a + 1, b, path + "A")
12      parse(a, b + 1, path + "B")
13
14  parse(0, 0, "")
```

8.3.1　再帰

　関数の定義の中で，その関数自身を呼び出すことを**再帰**と呼び，再帰を行う関数を**再帰関数**と言います．解答例には再帰関数 parse が定義されています．parse は現在のゲームの状態を表すジョウ君の得点 a，ヤエさんの得点 b，それまでの記録を保持する文字列 path を受け取ります（C 言語の場合は，path は大域変数になっています．大域変数については後述します）．

　再帰関数は終了条件によって必ず停止させる必要があります．関数 parse は，a と b がそれぞれ指定された得点の j，y に等しい場合に path を出力し，（再帰呼び出しをせずに）関数を終了します．指定されたゲームの状態にまだ到達していなければ，ジョウ君が勝つ場合とヤエ

さんが勝つ場合それぞれについて parse を再び呼び出します.

8.3.2 局所変数

関数の中で宣言された変数を**局所変数**（ローカル変数）と言います．局所変数へは，その関数の中からしかアクセスできません．関数内の局所変数は，名前が同じでも，関数の実行のたびに異なるメモリが割り当てられます．このため，関数内で同じ関数を呼び出しても，呼び出す元の関数と呼び出した先の関数で変数の内容が混ざることはありません．つまり，再帰が起こると，それまで実行中の関数の局所変数は保持されたまま，関数呼び出しによって新たな局所変数に対応するメモリ領域が確保されます．局所変数はそれぞれの関数の中で，異なる値を持つことになります．ただし，再帰関数を何度も呼び出し，再帰が深くなるときには注意が必要です．局所変数はスタック領域と呼ばれる一般的には比較的小さいメモリ空間に格納されるため，再帰を何度も（深く）実行するとスタック領域が溢れてしまうことがあります．これをスタックオーバーフローと言います．これは（再帰関数に限らず），関数の中で大きなサイズの配列を確保する場合にも注意が必要です．

一方，関数の外に定義された変数を，**大域変数**（グローバル変数）と言います．大域変数へは，その宣言・定義の後は，プログラムのどこからでもアクセスすることができます．再帰関数からも，共有されるメモリとしてアクセスされます．ただし，どこからでもアクセスできる性質はバグを生み易くするため，大きなプログラムの開発では注意する必要があります．

8.4 演習問題

魚釣り競争 (ID 0316)

浩と健次郎の兄弟は猪苗代湖に魚釣りをしに来ました．二人は以下のように点数を決め，釣り上げた魚の合計得点で勝負することにしました.

- イワナは1匹 a 点
- ヤマメは1匹 b 点
- イワナ10匹ごとに c 点追加
- ヤマメ20匹ごとに d 点追加

浩と健次郎が釣り上げた魚の数をもとに，どちらが勝ちか，あるいは引き分けか判定するプログラムを作成せよ．

入力例		出力例
5 1	（浩が釣り上げたイワナの数とヤマメの数）	hiroshi（浩の勝ち）
3 1	（健次郎が釣り上げたイワナの数とヤマメの数）	
1 2 5 5	(a, b, c, d)	

```
━ ポイント ━━━━━━━━━━━━━━━━━━━━━━━━━
  点数を求める処理を関数化してみましょう.
```

あいさつまわり (ID 0430)

オオウチ村では，村の大通りに沿って村人の家があります．大通りは，村の西の端から東に向かって一直線に延びています．オオウチ村に引っ越してきたモチヒト君は，すべての家を訪ねて挨拶をしたいと考えています．モチヒト君が，現在いる位置から出発して，すべての家に挨拶をするまでに移動しなければならない距離はどれくらいになるでしょうか．

モチヒト君が現在いる位置と，すべての村人の家の位置が，大通りに沿って与えられたとき，すべての家を訪ねるのに必要な移動距離の最小値を計算するプログラムを作成せよ．

入力例 1

5 （家の数）
0 （現在地）1 2 3 4 5 （それぞれの家の位置）

出力例 1

5 （移動距離の最小値）

入力例 2

6
4 10 2 3 7 4 8

出力例 2

10

ポイント

min 関数と max 関数を応用してみましょう．

予約システム (ID 0360)

ＰＣＫ研究所が運用するスーパーコンピュータ「エル」は，研究所外部の企業や大学などの依頼に応じて様々な計算を行っています．エルの使用には予約が必要で，予約の際は開始時刻と終了時刻を指定します．ただし，異なる予約が重複してはいけません．

新しい予約が，すでに存在する予約のどれかと重複するかを報告するプログラムを作成せよ．ただし，ある予約の終了時刻と，別の予約の開始時刻が同じ場合は重複しないと考えて良い．また，すべての時刻は，エルの運用開始からの経過分数で与えられる．

入力例 1

5 7 （予約の開始時刻，修了時刻）
3 　　（すでに存在する予約の数）
1 4 （予約 1 の開始時刻と終了時刻）
4 5 （予約 2 の開始時刻と終了時刻）
7 10 （予約 3 の開始時刻と終了時刻）

出力例 1

0 （重複しない）

入力例 2

3 7
3
7 10
1 4
4 5

出力例 2

1 （重複する）

ポイント

2 つの予約が重複するかどうかをチェックする処理を関数として実装してみましょう．

第 **3** 部

アルゴリズム入門

　プログラマにとって，アルゴリズムの知識とそれらを利用した場合の計算量の理解は必須です．第3部では，アルゴリズムの設計には欠かせない計算量の概念について学んだ後に，プログラマに必須と考えられる，基本的なアルゴリズムの実装を要する問題を解いていきます．第3部の内容を習得すれば，最も基本的なアルゴリズムを身に付けた上で，計算量を意識したプログラミングが行えるようになります．

第9章 計算量

　コンピュータが最も得意とする反復処理は，膨大なデータを用いた計算を一瞬で解決してくれます．一方，コンピュータの処理能力には限界があります．データ数や計算回数の桁が大きくなれば，実行時間やメモリがより必要になってきます．

　プログラマに必要な資質のひとつは，問題の大きさを理解し，アルゴリズムの効率を数理的に解析し適切に見積もることができる能力です．簡単なコードでも，問題のサイズに対する計算量を意識して実装を行うことが大切です．

　この章では，サイズが大きい問題の解決を通して，計算量の見積もり方を確認します．この章の内容を習得すれば，計算量を意識したプログラミングができるようになります．

9.1　ボゾソート　(ID 0385)

ボゾソートはボゴソートと並んで極めて効率の悪い整列アルゴリズムである．ボゾソートは乱数に基づくアルゴリズムで，以下の手順で数列の要素を整列する：

1. 2つの要素をランダムに選び，交換する．
2. すべての要素が昇順に整列されているか確認する．
3. 整列されていれば終了．そうでなければ 1. へ戻る．

あなたはボゾソートを解析するために，あらかじめいくつか用意された 2 つの要素の位置にしたがって，シミュレーションすることにした．

整数の数列に対して 2 つの要素を交換する命令がいくつか与えられる．何回目の命令で数列が昇順になるかを求めるプログラムを作成せよ．

入力

1 行目に数列の要素数 N $(2 \le N \le 300000)$ が与えられる．続く 1 行に，数列の各要素を表す整数 a_i $(1 \le a_i \le 10^9)$ が与えられる．3 行目に命令の個数 Q $(1 \le Q \le 300000)$ が与えられる．続く Q 行に i 番目の命令を表す 2 つの整数 x_i, y_i $(1 \le x_i, y_i \le N)$ が与えられる．命令は数列の x_i 番目の要素と y_i 番目の要素を交換することを示す．ただし，$x_i \ne y_i$ である．

出力

最初に数列が昇順になる命令の番号を 1 行に出力する．ただし，最初から昇順に整列されている場合は 0，すべての命令を処理しても昇順にできない場合は -1 を出力する．

入力例 1	出力例 1
6	2
9 7 5 6 3 1	
3	
1 6	
2 5	
3 4	

入力例 2	出力例 2
4	-1
4 3 2 1	
2	
1 2	
3 4	

　数列が昇順に整列されているかどうかは，すべての隣り合う要素同士を比較し，逆になっている組があるかどうかを調べることで判断することができます．この操作を各命令の処理の後に毎回行うことは適切でしょうか．問題の制約を確認して，計算回数が最大になるケースを考えてみましょう．アルゴリズムが，どの程度の計算量になるか見積もることが問題解決のポイントです．

C

Program 9.1: bozo_sort.c

```c
 1  #include<stdio.h>
 2  #define INF 2000000000
 3  int N, A[300002], diff;
 4
 5  void update(int i, int v){
 6    if ( A[i - 1] > A[i] ) diff--;
 7    if ( A[i] > A[i + 1] ) diff--;
 8    A[i] = v;
 9    if ( A[i - 1] > A[i] ) diff++;
10    if ( A[i] > A[i + 1] ) diff++;
11  }
12
13  int sort(){
14    int Q, x, y, v1, v2, i;
15    diff = 0;
16    for ( i = 1; i <= N; i++ )
17      if ( A[i - 1] > A[i] ) diff++;
18
19    if ( diff == 0 ) return 0;
20
21    scanf("%d", &Q);
22    for ( i = 1; i <= Q; i++ ){
23      scanf("%d %d", &x, &y);
24      v1 = A[x];
25      v2 = A[y];
26      update(x, v2);
27      update(y, v1);
28      if ( diff == 0 ) return i;
29    }
30
31    return -1;
32  }
33
34  int main() {
35    int i;
36    scanf("%d", &N);
37    for ( i = 1; i <= N; i++ ) scanf("%d", &A[i]);
38    A[0] = -INF;
39    A[N + 1] = INF;
40    printf("%d\n", sort());
41    return 0;
42  }
```

C++

Program 9.2: bozo_sort.cpp

```cpp
 1  #include<iostream>
 2  using namespace std;
 3  static const int INF = 2000000000;
 4  int N, A[300002], diff;
 5
 6  void update(int i, int v){
 7    if ( A[i - 1] > A[i] ) diff--;
 8    if ( A[i] > A[i + 1] ) diff--;
 9    A[i] = v;
10    if ( A[i - 1] > A[i] ) diff++;
11    if ( A[i] > A[i + 1] ) diff++;
12  }
13
14  int sort(){
15    diff = 0;
16    for ( int i = 1; i <= N; i++ )
17      if ( A[i - 1] > A[i] ) diff++;
18
19    if ( diff == 0 ) return 0;
20
21    int Q; cin >> Q;
```

```cpp
22    for ( int i = 1; i <= Q; i++ ){
23      int x, y; cin >> x >> y;
24      int v1 = A[x];
25      int v2 = A[y];
26      update(x, v2);
27      update(y, v1);
28      if ( diff == 0 ) return i;
29    }
30
31    return -1;
32  }
33
34  int main() {
35    cin >> N;
36    for ( int i = 1; i <= N; i++ ) cin >> A[i];
37    A[0] = -INF;
38    A[N + 1] = INF;
39    cout << sort() << endl;
40    return 0;
41  }
```

Java　　　　　Program 9.3: bozo_sort.java

```java
1   import java.util.Scanner;
2
3   class Main{
4     static final int INF = 2000000000;
5     int N, diff;
6     int[] A;
7     Scanner sc;
8
9     void update(int i, int v){
10      if ( A[i - 1] > A[i] ) diff--;
11      if ( A[i] > A[i + 1] ) diff--;
12      A[i] = v;
13      if ( A[i - 1] > A[i] ) diff++;
14      if ( A[i] > A[i + 1] ) diff++;
15    }
16
17    void solve(){
18      sc = new Scanner(System.in);
19      N = sc.nextInt();
20      A = new int[N + 2];
21      for ( int i = 1; i <= N; i++ )  A[i] = sc.nextInt();
22      A[0] = -INF;
23      A[N + 1] = INF;
24      System.out.println(sort());
25    }
26
27    int sort(){
28      diff = 0;
29      for ( int i = 1; i <= N; i++ )
30        if ( A[i - 1] > A[i] ) diff++;
31
32      if ( diff == 0 ) return 0;
33      int Q = sc.nextInt();
34      for ( int i = 1; i <= Q; i++ ){
35        int x = sc.nextInt();
36        int y = sc.nextInt();
37        int v1 = A[x];
38        int v2 = A[y];
39        update(x, v2);
40        update(y, v1);
41        if ( diff == 0 ) return i;
42      }
43
44      return -1;
45    }
```

```
46
47    public static void main(String[] args){ new Main().solve(); }
48 }
```

Python   Program 9.4: bozo_sort.py

```
1  INF = 2000000000
2  diff = 0
3
4  def update(i, v):
5      global diff
6      if A[i - 1] > A[i]: diff -= 1
7      if A[i] > A[i + 1]: diff -= 1
8      A[i] = v
9      if A[i - 1] > A[i]: diff += 1
10     if A[i] > A[i + 1]: diff += 1
11
12 def sort():
13     global diff
14     for i in range(1, N + 1):
15         if  A[i - 1] > A[i]: diff += 1
16
17     if diff == 0: return 0
18     Q = int(input())
19     for i in range(1, Q + 1):
20         x, y = map(int, input().split())
21         v1, v2 = A[x], A[y]
22         update(x, v2)
23         update(y, v1)
24         if diff == 0:  return i
25
26     return -1
27
28 N = int(input())
29 A = list(map(int, input().split()))
30 A.insert(0, -INF)
31 A.append(INF)
32 print(sort())
```

9.1.1 計算回数の見積もり

素朴なアルゴリズム

要素数 N と命令数 Q の上限はともに 300000 です．数列が整列されているかどうかを確認するために，すべての隣り合う要素の組について大小関係を調べていく方法では，最悪の場合 $N-1$ 個の組を比較する必要があります．この操作を Q 回行えば，最大ケースでおおよそ 9×10^{10} 回の比較が必要になります．つまり，ボゾソートを愚直にシミュレーションする解法では，おおよそ $N \times Q$ 回の計算処理が必要となり，制限時間内に解くことはできません．実行するコンピュータが 1 秒間に 10000000 $(= 10^7)$ 回の比較演算を行えると仮定しても，処理が終了するまでには，数時間かかってしまいます．

効率的なアルゴリズム

この問題では，ソートされているかの判定を毎回行う必要はなく，隣り合う要素の大小関係について，順番が妥当でないものの個数（これを diff とします）を保持しておけば効率よく順番の状態を把握することができます．変更が行われた要素の前後の要素それぞれについて，大小

関係の変化を調べ，diff を調整していきます．diff が 0 のとき，ソート済みと判断することができます．

このアルゴリズムのポイントは，交換命令が実行された後に，数列が整列されているかどうかを「数列の要素数 N に依存しない計算回数」で調べることができることです．解答例では update という関数でこの処理を行っています．この処理が Q 回行われるので，このアルゴリズムはおおよそ Q 回の計算処理で済みます．これは愚直なアルゴリズムより N 倍高速になります．

9.1.2　O 記法による計算量

アルゴリズムの計算量を見積もる便利な方法として **O 記法** (Big-Oh notation) があります．O 記法は，$O(g(n))$ のように記述し，$O(\ \ )$ の中に入力のサイズ n の関数 $g(n)$ を書きます．厳密な定義の説明はやや複雑になるため，本書では詳細を省きます．ここでは計算量が「$g(n)$ に比例する」あるいは「$g(n)$ の定数倍より小さくなる」と考えてください．また，計算量が $O(g(n))$ のとき，「アルゴリズムのオーダーは $g(n)$ である」と言います．

たとえば，上の愚直なアルゴリズムで用いられる「配列の要素がソートされているかどうか」を調べる処理 1 回分の計算量は N に依存して $O(N)$ と表します．この処理が Q 回行われるので，全体の計算量は $O(NQ)$ になります．全体として計算回数を見積もると $(N-1) \times Q = NQ - Q$ となりますが，NQ にくらべて Q は小さいため無視することができ，O 記法では $O(NQ)$ と書きます．

一方，効率のよいアルゴリズムでは，update 処理を Q 回行います．ここで update を 1 回行う計算量はデータのサイズに依存しないので $O(1)$ と表せます．入力処理とあわせてこの処理が Q 回行われるので，全体の計算量は $O(N + Q)$ になります．全体として比較回数を見積もると，update 処理に必要な計算コストを c として，アルゴリズム全体の計算量は $N + cQ$ となります．計算コスト c は式の内容や環境等に依存するもので，データのサイズ Q と比べて非常に小さいと考え，O 記法では $O(N + Q)$ と書きます．

9.2 モジュロ・クエリ (ID 0270)

あなたに N 枚のカードを渡します．どのカードにも一つだけ自然数が書いてあります．ただし，同じ数が書いてあることはありません．

これから質問として，適当な自然数を言います．あなたが持っているカードに書いてある数を私が言った数で割ったときに得られる余りのうち最も大きなものを答えてください．

たとえば，あなたは 3 枚のカードを持っていて，それぞれ 9，3，8 と書いてあるとします．私が「4」と言ったら，9 と 3 と 8 をそれぞれ 4 で割った余りを求めてください．余りはそれぞれ 1，3，0 ですが，この中でもっとも大きな余りは 3 なので，3 が正しい答えになります．

では始めましょうか．え？ カードがいっぱいあるとたいへんだ？ しょうがないですね．それではコンピュータを使って最大の余りを見つけることにしましょう．カードに書いてある数を，質問された数で割った余りのうち，最大のものを見つけるプログラムを作成してください．なお，質問は 1 回だけでなく何度もしますが，同じ数を 2 回以上質問することはありません．

入力

1 行目にカードの枚数 N ($2 \le N \le 300000$) と質問の回数 Q ($2 \le Q \le 100000$) が 1 つの空白区切りで与えられ，2 行目にカードに書かれた数 c_i ($1 \le c_i \le 300000$) が 1 つの空白区切りで与えられる．続く Q 行に質問として与えられる数 q_i ($1 \le q_i \le 300000$) が与えられる．

出力

質問ごとに最大の余りを 1 行に出力する．

入力例	出力例
3 3	3
9 3 8	3
4	4
6	
5	

各クエリ[1]に対して，N 個の要素をすべて順番に割っていく素朴なアルゴリズムを容易に思いつきます．しかし，カードの枚数 N と質問の回数 Q の上限の影響を分析した上で，この愚直な $O(NQ)$ のアルゴリズムが通用しないことに気づくことが重要です．

この問題では，N や Q のような問題のサイズに加えて，カードに書かれている数（質問として与えられる値）の制約にも注目することがポイントです．扱う数が比較的小さければ，メモリをうまく使って効率良くデータを管理することができ，アルゴリズムの改善につながります．

説明のために，書かれている数が $c_i = \{2,4,9,13\}$ であるカードの列を考えます．まず，前処理として以下のような 2 つの配列 T と L を準備します．

---

[1]データの集合に対する問い合わせや操作をクエリと呼びます．

	0	1	**2**	3	**4**	5	6	7	8	**9**	10	11	12	**13**	14
T			1		1					1				1	

	0	1	2	3	4	5	6	7	8	9	10	11	12	13	14
L				2	2	4	4	4	4	4	9	9	9	9	13

T は入力された値の出現の有無をバケットで保持するもので，$T[c_i]$ が 1 になるような配列です．T のサイズは入力値の最大値に 1 を足したものになります．L は T を用いて初期化します．$L[k]$ に k より小さい c_i のうち最大の値を記録します．

次に，以下の手順で答えの最大値を求めます．ここでは，質問として数 $q = 4$ が与えられたものとします．配列 T を後ろからたどっていき，「$T[i]$ が 1 である i」を探し，i を q で割った余りの最大値を更新していきます．次の候補に移動するときは，下図のように，現在位置 i から i を q で割った余りを引いた位置に移動し，その位置の L の値（$L[i-(i$ を q で割った余り$)]$）へ移動することで，効率的に最大値を求めることができます．

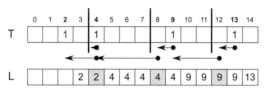

Program 9.5: modulo_query.c

```c
#include<stdio.h>
#define MAX 300000

int T[MAX+1], L[MAX+1];

int main(){
  int N, Q, q, x, i, m, maxv, cur, p;

  scanf("%d %d", &N, &Q);
  for ( i = 0; i < N; i++ ) {
    scanf("%d", &x);
    T[x] = 1;
  }

  m = 0;
  for ( i = 1; i <= MAX; i++ ){
    L[i] = m;
    if ( T[i] ) m = i;
  }

  for ( i = 0; i < Q; i++ ){
    scanf("%d", &q);
    maxv = 0;
    cur = m;
    while(cur){
      p = cur % q;
      maxv = (maxv > p ? maxv : p);
      if ( cur - p < 0 ) break;
      cur = L[cur - p];
    }
    printf("%d\n", maxv);
  }

  return 0;
}
```

C++ Program 9.6: modulo_query.cpp

```cpp
#include<iostream>
using namespace std;
static const int MAX = 300000;

bool T[MAX+1];
int L[MAX+1];

int main(){
  int N, Q, q, x;

  cin >> N >> Q;
  for ( int i = 0; i < N; i++ ) {
    cin >> x;
    T[x] = true;
  }

  int m = 0;
  for ( int i = 1; i <= MAX; i++ ){
    L[i] = m;
    if ( T[i] ) m = i;
  }

  for ( int i = 0; i < Q; i++ ){
    cin >> q;
    int maxv = 0;
    int cur = m;
    while(cur){
      int p = cur % q;
      maxv = max(maxv, p);
      if ( cur - p < 0 ) break;
      cur = L[cur - p];
    }
    cout << maxv << endl;
  }

  return 0;
}
```

Java Program 9.7: modulo_query.java

```java
import java.util.Scanner;

class Main{
  static final int MAX = 300000;
  boolean[] T;
  int[] L;

  void solve(){
    Scanner sc = new Scanner(System.in);
    int N, Q, q, x;
    T = new boolean[MAX + 1];
    L = new int[MAX + 1];

    N = sc.nextInt();
    Q = sc.nextInt();
    for ( int i = 0; i < N; i++ ) {
      x = sc.nextInt();
      T[x] = true;
    }

    int m = 0;
    for ( int i = 1; i <= MAX; i++ ){
      L[i] = m;
      if ( T[i] ) m = i;
    }
```

```
27      for ( int i = 0; i < Q; i++ ){
28          q = sc.nextInt();
29          int maxv = 0;
30          int cur = m;
31          while(cur > 0){
32              int p = cur % q;
33              maxv = Math.max(maxv, p);
34              if ( cur - p < 0 ) break;
35              cur = L[cur - p];
36          }
37          System.out.println(maxv);
38      }
39  }
40
41  public static void main(String[] args){ new Main().solve(); }
42 }
```

Python   Program 9.8: modulo_query.py

```python
1  N, Q = list(map(int, input().split()))
2  C = list(map(int, input().split()))
3
4  M = max(C) + 1
5  T = [0]*(M)
6  for v in C: T[v] = 1
7
8  L = [0]*(M)
9  m = 0
10 for i in range(M):
11     L[i] = m
12     if T[i] : m = i
13
14 for i in range(Q):
15     q = int(input())
16     maxv = 0
17     cur = m
18     while 0 < cur:
19         p = cur % q
20         maxv = max(maxv, p)
21         if cur - p < 0:  break
22         cur = L[cur - p]
23     print(maxv)
```

9.2.1　計算回数の見積もり

このアルゴリズムの計算量を見積もってみましょう．ここでは，各数値の上限に注目する必要があります．カードに書かれている数の最大値を M とします．1 回の質問について，配列 T がおおよそ $\frac{M}{q}$ 個の区画に分割されるため，必要なおおよその計算ステップは $\frac{M}{q}$ 回になります．また，問題の制約から同じ数が 2 回以上質問として与えられることはありません．このことから $q_i = \{1, 2, ..., M\}$ が最悪ケースと考えられます．このケースに必要な計算回数は $M + \frac{M}{2} + \frac{M}{3} + ... + \frac{M}{M} = M \times (1 + \frac{1}{2} + \frac{1}{3} + ... + \frac{1}{M})$ となります．実際の最大ケース $Q = M = 300000$ を使って見積もると計算ステップ数は 4000000 以下程度になります．

調和級数 $\sum \frac{1}{M}$ は $log(M)$ に近似することができます．よって，カードに書かれている数の最大値を M とすると，このアルゴリズムの計算量は $O(Qlog(M))$ となります．

9.2.2 様々な計算量

以下の表に，多くのアルゴリズムに現れる，代表的な計算量を示します．

表 9.1: 代表的な計算量

関数	計算量の例	特徴
定数	O(1)	データのサイズに依存しない計算量です．最も効率が良いオーダーです．
対数	O(log N)	データのサイズの対数に比例します．N が大きい場合でも，その対数は非常に小さいため，効率の良いオーダーです．
平方根	O($\sqrt{N}$)	データのサイズの平方根に比例します．効率の良いアルゴリズムに分類されます．
線形	O(N)	計算量がデータのサイズに比例します．効率の良いアルゴリズムに分類されます．ただし，このオーダーの処理を繰り返す場合は注意が必要です．
線形・対数	O(N log N)	O(log N) が高速であることから，線形に近い，効率の良いアルゴリズムに分類されます．
二次関数	O(N^2)	計算量がデータのサイズの 2 乗に比例します．データの増加が計算量に大きく影響するアルゴリズムに分類されます．
指数関数	O(2^N)	計算量が指数的に増加します．限られたサイズの問題にしか適用できない効率の悪いアルゴリズムに分類されます．

9.3 演習問題

写真の回転 (ID 0432)

　PCK 君は，写真を回転して加工するアプリケーションを開発しています．このアプリケーションでは，正方形の写真を 1 つ入力した後，複数の回転命令によって写真を回転させます．1 つの回転命令で，写真の真ん中の点 (正方形の対角線の交点) を軸として時計回りまたは反時計回りに 90°回転させます．

　写真と回転命令が与えられたとき，すべての命令を処理した後の写真を描画するプログラムを作成せよ．ただし，写真は N × N 個のピクセルで構成され，1 つのピクセルの情報は英文字 1 つで表すものとする．

入力例 1

```
2     (N)
AI    (N × N の文字列)
ZU
2     (回転命令の数 Q)
1     (1: 時計回り，-1: 反時計回り)
1
```

出力例 1

```
UZ
IA
```

入力例 **2**	出力例 **2**
3	0y0
x00	000
00y	x00
000	
1	
−1	

品質管理 (ID 0320)

　会津タカダ市が生産販売する布製コースターは，対称なデザインでとても美しいことで知られている．会津タカダ市では品質管理の一環として，製造ラインにカメラを設置し，各コースターを撮影して得られた画像が対称になっているかを自動で検証している．各コースターは N × N ピクセルの正方形の白黒画像として表される．各ピクセルは白または黒の画像に対応して，0 または 1 の値をとる．

　この度，生産ラインの機器更新にともなって，画像解析システムのソフトウェアを更新することになった．新システムでは，通信データ量を削減する工夫がなされ，以下の方法でカメラから解析システムにデータが送られてくる．

- ラインに流れてくる最初のコースターの情報は，N × N ピクセルの画像としてシステムに送られてくる．
- 2 枚目以降のコースターの情報は，1 つ前に送られた画像との差分だけが送られてくる．差分は，「0 から 1」または「1 から 0」へと変化したピクセルの位置の集合として与えられる．

　C 枚のコースターについて，1 枚目の画像のピクセル情報と続く C - 1 枚分の差分情報を入力し，上下対称かつ左右対称となっているコースターの枚数を報告するプログラムを作成せよ．

入力例		出力例
7 8	(コースターの枚数とピクセル数)	3
00100000	(最初のコースターの画像ピクセル)	
00011000		
10111101		
01100110		
01000110		
10111101		
00011000		
00100100	(以下, 2 枚目以降のコースターの情報)	
2	(変化したピクセルの数)	
5 3	(変化したピクセルの行と列の番号)	
1 6		
1		
6 8		
3		
6 8		
3 3		
3 6		
2		
6 3		
6 6		
0		
2		
3 8		
6 8		

第10章 ソート

名簿や図書館の本など，多くの物の集まりは，ある項目を基準に順番に並んでいます．なぜなら，整理された物やデータは「検索」しやすいからです．データを小さい順（昇順）あるいは大きい順（降順）に並び変える「整列」は，情報処理の基本であり，多くのアルゴリズムで応用されます．この章では，整列のアルゴリズムを活用することで効率良く解決することができる問題を解いていきます．この章の内容を習得すれば，データを整列する意義や，アルゴリズムの原理と計算量を理解した上で，効率的なソートアルゴリズムを活用できるようになります．

10.1 棒でつくる直方体 (ID 0346)

アイヅ放送協会の教育番組 (AHK 教育) では，子ども向けの工作番組「あそんでつくろ」を放送しています．今回は棒で箱を作る回ですが，用意した 12 本の棒を使って直方体ができるかを確かめたいと思います．ただし，棒は切ったり折ったりしてはいけません．

12 本の棒の長さが与えられるので，それらすべてを辺とする直方体が作れるかどうか判定するプログラムを作成せよ．

入力

入力は 1 行からなり，各棒の長さを表す整数 e_i $(1 \leq e_i \leq 100)$ が与えられる．

出力

直方体を作成できる場合には「yes」を，作成できない場合には「no」を出力する．ただし，立方体は直方体の一種なので，立方体の場合でも「yes」と出力する．

入力例 1	出力例 1
1 1 3 4 8 9 7 3 4 5 5 5	no

入力例 2	出力例 2
1 1 2 2 3 1 2 3 3 3 1 2	yes

アルゴリズムを考えやすくするために，棒の長さを整列してみましょう．この問題のように，「整列しても題意や仕様に影響しない列」は，最初に整列しておきましょう．そうすることで，問題解決がより簡潔になる可能性が高くなります．

同じ長さの棒がそれぞれ 4 本含まれる，3 つのグループを作ることができれば，直方体を作ることができます．この条件を，いかに簡単に判定するかが，プログラムを簡単にするポイントです．

与えられた入力を値が小さい順に整列し，最初の 4 つが同じ整数，続く 4 つが同じ整数，続く 4 つが同じ整数になれば，直方体を作れると判定できます．ここでさらに考察をします．全

体を整列して，もし各グループの 1 番目と 4 番目が一致していれば，間の 2 番目と 3 番目を含めてすべての要素が同じ値になるはずです．したがって，図のように，判定の際は各グループの先頭と末尾が一致するか調べるだけで十分です．

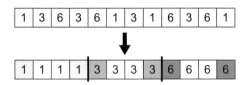

与えられる整数は 12 個と少ないので，初等的な整列アルゴリズムを応用することができます．

C　　　　　　　　　　　　Program 10.1: cuboid_made_with_bars.c

```c
#include<stdio.h>
#define N 12
int e[N];

int check(){
  int i, j, minj, t;
  /* 選択ソート */
  for ( i = 0; i < N - 1; i++ ){
    minj = i;
    for ( j = i + 1; j < N; j++ )
      if ( e[j] < e[minj] ) minj = j;
    t = e[minj];
    e[minj] = e[i];
    e[i] = t;
  }

  for ( i = 0; i < N; i += 4)
    if ( e[i] != e[i + 3] ) return 0;
  return 1;
}

int main(){
  int i;
  for ( i = 0; i < N; i++ ) scanf("%d", &e[i]);
  printf(check() ? "yes\n": "no\n");
  return 0;
}
```

C++　　　　　　　　　　Program 10.2: cuboid_made_with_bars.cpp

```cpp
#include<iostream>
using namespace std;
static const int N = 12;
int e[N];

bool check(){
  // 選択ソート
  for ( int i = 0; i < N - 1; i++ ){
    int minj = i;
    for ( int j = i + 1; j < N; j++ )
      if ( e[j] < e[minj] ) minj = j;
    swap(e[minj], e[i]);
  }

  for ( int i = 0; i < N; i += 4 )
    if ( e[i] != e[i + 3] ) return false;
  return true;
}
```

```
20  int main(){
21      for ( int i = 0; i < N; i++ ) cin >> e[i];
22      cout << (check() ? "yes" : "no") << endl;
23      return 0;
24  }
```

Java   Program 10.3: cuboid_made_with_bars.java

```java
1   import java.util.Scanner;
2
3   class Main{
4     static final int N = 12;
5     int[] e;
6
7     boolean check(){
8       // 選択ソート
9       for ( int i = 0; i < N - 1; i++ ){
10        int minj = i;
11        for ( int j = i + 1; j < N; j++ )
12          if ( e[j] < e[minj] ) minj = j;
13        int t = e[minj];
14        e[minj] = e[i];
15        e[i] = t;
16      }
17
18      for ( int i = 0; i < N; i += 4)
19        if ( e[i] != e[i + 3] ) return false;
20      return true;
21    }
22
23    void solve(){
24      Scanner sc = new Scanner(System.in);
25      e = new int[N];
26      for ( int i = 0; i < N; i++ ) e[i] = sc.nextInt();
27      System.out.println(check() == true ? "yes" : "no");
28    }
29
30    public static void main(String[] args){ new Main().solve();}
31  }
```

Python   Program 10.4: cuboid_made_with_bars.py

```python
1   N = 12
2   e = list(map(int, input().split()))
3   # 選択ソート
4   for i in range(N -1):
5       minj = i
6       for j in range(i + 1, N):
7           if e[j] < e[minj]: minj = j
8       e[minj], e[i] = e[i], e[minj]
9
10  print("yes" if e[0] == e[3] and e[4] == e[7] and e[8] == e[11] else "no")
```

10.1.1 選択ソート

解答例は，最も基本的な整列アルゴリズムのひとつである，**選択ソート**を用いています．選択ソートのアルゴリズムでは，下図のように，配列は「整列済み」の部分と「未整列」の部分に分けられます．

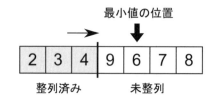

各ステップで，未整列の部分の先頭から見ていき最小の要素の「位置」を見つけ，その要素と未整列の部分の先頭の要素を交換します．この処理を先頭から行い，整列済みの要素を前から順番に決めていきます．たとえば，配列 {7, 9, 8, 3, 6, 2, 4} に対して選択ソートを行うと以下のようになります．

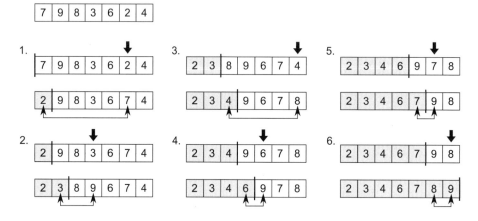

N 個の要素を入力とする選択ソートでは，1 番目に小さい値を探して先頭に移動するために $N-1$ 回の比較，2 番目に小さい値を探して 2 番目に移動するために $N-2$ 回，...，のように全体で $\frac{N(N-1)}{2}$ 回の比較が必要になります．よって選択ソートは $O(N^2)$ のアルゴリズムとなります．

10.1.2　2つの要素の交換

2 つの変数の値を交換，または配列の指定された 2 つの要素を交換するには，正しい手順をふむ必要があります．言語によっては，値を交換する関数や機能が提供されています．

C　Java

C と Java には，2 つの要素を交換する標準的な機能は準備されていないため，交換処理を行うプログラムを書きます．C と Java の解答例では，それぞれ 12-14 行目，13-15 行目で，2 つの要素 e[minj] と e[i] の値を交換しています．片方の変数 e[minj] の要素を t に保存してから，e[minj] にもう片方の変数 e[i] の値をコピーします．最後に e[i] に t の値を戻して交換が完了します．

C++

解答例の 12 行目で使われてる swap 関数は，2 つの変数を引数として，それらの値を交換します．

swap 関数では，指定された変数の値ではなく，変数のアドレスが渡されることで，要素の交換が直接行われます．つまり，関数の実行後は指定された変数（配列の要素）が書き変わります．

Python

解答例の 8 行目で，リスト内の 2 つの要素を交換しています．多重代入の機能によって，1 つの代入演算でまとめて複数の代入を実行することができます．左辺にカンマ区切りの複数の変数，右辺に対応するカンマ区切りの変数（式）を指定すれば，それぞれの組で代入が行われます．右辺には，リストを指定することもできます．この機能を用いれば，2 つの変数の値の交換をより簡潔に書けます．

10.2 直方体 (ID 0325)

> アイヅ放送協会の教育番組 (AHK教育) では，子供向けの工作番組「あそんでつくろ」という番組を放送しています．今日は画用紙で箱を作る回ですが，用意した長方形の画用紙で直方体ができるかを確かめたいと思います．ただし，画用紙は切ったり折ったりしてはいけません．
>
> 6 つの長方形が与えられるので，それらを使って直方体が作れるかどうか判定するプログラムを作成せよ．
>
> **入力**
>
> 入力は 6 行からなり，それぞれの行に各長方形の縦の長さを表す整数 h_i ($1 \leq h_i \leq 1000$) と横の長さを表す整数 w_i ($1 \leq w_i \leq 1000$) が与えられる．
>
> **出力**
>
> 直方体を作成できる場合には「yes」を，作成できない場合には「no」を出力する．ただし，立方体は直方体の一種なので，立方体の場合でも「yes」と出力する．
>
> | 入力例 1 | 出力例 1 |
> |---|---|
> | 2 2 | yes |
> | 2 3 | |
> | 2 3 | |
> | 2 3 | |
> | 2 2 | |
> | 3 2 | |
>
> | 入力例 2 | 出力例 2 |
> |---|---|
> | 2 2 | no |
> | 2 3 | |
> | 2 3 | |
> | 2 3 | |
> | 2 2 | |
> | 2 2 | |

　どのような条件を満たせば，直方体を作れるのかを考えやすくするために，データを整列してみましょう．前処理として整列を行うと判定が容易になります．長方形をすべて横長にし，高さ（高さが同じ場合は幅）の昇順で整列します．整列した後，$(x_1, y_1), (x_1, y_1), (x_2, y_2), (x_2, y_2), (x_3, y_3),$ (x_3, y_3) のように，3 つのペアができなければ，直方体を作ることはできません．3 つのペアができた場合は，下図のように，$x_1 = x_2$ かつ $y_2 = y_3$ かつ $y_1 = x_3$ であるかを判定します．

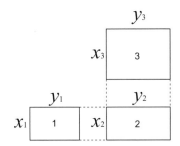

C   Program 10.5: cuboid.c

```c
1  #include<stdio.h>
2  #define N 6
3
4  struct Rect{ int h, w; } ;
5
6  int solve(){
7    int i, j, tmp;
8    struct Rect D[N], rtmp;
9    for ( i = 0; i < N; i++ ) {
10     scanf("%d %d", &D[i].h, &D[i].w);
11     if ( D[i].h > D[i].w ) { /* 横長の長方形 */
12       tmp = D[i].h; D[i].h = D[i].w; D[i].w = tmp;
13     }
14   }
15
16   /* バブルソート */
17   for ( i = 0; i < N - 2; i++ ){
18     for ( j = N - 2; j >= i; j-- ){
19       if ( D[j].h > D[j + 1].h ||
20           D[j].h == D[j + 1].h && D[j].w > D[j + 1].w ){
21         rtmp = D[j]; D[j] = D[j + 1]; D[j + 1] = rtmp;
22       }
23     }
24   }
25
26   for ( i = 0; i < N; i += 2 )
27     if ( D[i].h != D[i + 1].h || D[i].w != D[i + 1].w ) return 0;
28
29   return D[0].h == D[2].h && D[0].w == D[4].h && D[2].w == D[4].w;
30 }
31
32 int main(){
33   printf( solve() ? "yes\n" : "no\n");
34   return 0;
35 }
```

C++   Program 10.6: cuboid.cpp

```cpp
1  #include<iostream>
2  using namespace std;
3  static const int N = 6;
4
5  bool solve(){
6    pair<int, int> D[N];
7    for ( int i = 0; i < N; i++ ) {
8      cin >> D[i].first >> D[i].second;
9      if ( D[i].first > D[i].second) swap(D[i].first, D[i].second); // 横長の長方形
10   }
11
12   // バブルソート
13   for ( int i = 0; i < N - 2; i++ ){
14     for ( int j = N - 2; j >= i; j-- ){
```

```
15        if ( D[j] > D[j + 1] ) swap(D[j], D[j + 1]);
16      }
17    }
18
19    for ( int i = 0; i < N; i += 2)
20      if ( D[i] != D[i + 1] ) return false;
21
22    return D[0].first == D[2].first && D[0].second == D[4].first &&
23           D[2].second == D[4].second;
24  }
25
26  int main(){
27    cout << (solve() ? "yes" : "no") << endl;
28    return 0;
29  }
```

Java   Program 10.7: cuboid.java

```
1   import java.util.*;
2
3   class Main{
4     class Rect{
5       public int h, w;
6       Rect (int h, int w) { // 横長の長方形
7         this.h = Math.min(h, w);
8         this.w = Math.max(h, w);
9       }
10    }
11
12    static final int N = 6;
13
14    boolean check(){
15      Scanner sc = new Scanner(System.in);
16      Rect[] D = new Rect[N];
17
18      for ( int i = 0; i < N; i++ ) {
19        D[i] = new Rect(sc.nextInt(), sc.nextInt());
20      }
21
22      /* バブルソート */
23      for ( int i = 0; i < N - 2; i++){
24        for ( int j = N - 2; j >= i; j--){
25          if ( D[j].h > D[j + 1].h ||
26            D[j].h == D[j + 1].h && D[j].w > D[j + 1].w ){
27              Rect tmp = D[j]; D[j] = D[j + 1]; D[j + 1] = tmp;
28          }
29        }
30      }
31
32      for ( int i = 0; i < N; i += 2)
33        if ( D[i].h != D[i + 1].h || D[i].w != D[i + 1].w ) return false;
34
35      return D[0].h == D[2].h && D[0].w == D[4].h && D[2].w == D[4].w;
36    }
37
38    void solve(){
39      System.out.println(check() == true ? "yes" : "no");
40    }
41
42    public static void main(String[] args){ new Main().solve(); }
43  }
```

Program 10.8: cuboid.py

```python
N = 6
def solve():
    D = [[0,0]] * N
    for i in range(N):
        h, w = sorted(map(int,input().split())) # 横長の長方形
        D[i] = [h, w]
    # バブルソート
    for i in range(N - 2):
        j = N - 2
        while j >= i:
            if D[j] > D[j + 1]: D[j], D[j + 1] = D[j + 1], D[j]
            j -= 1
    for i in range(0, N, 2):
        if D[i] != D[i + 1]: return False

    return D[0][0] == D[2][0] and D[0][1] == D[4][0] and D[2][1] == D[4][1]

print("yes" if solve() else "no")
```

10.2.1　バブルソート

解答例は，最も基本的な整列アルゴリズムのひとつである，バブルソートを用いています．バブルソートのアルゴリズムでは，選択ソートと同様に，配列は「整列済み」の部分と「未整列」の部分に分けられます．

バブルソートでは，「隣り合う要素同士を比較し，順番が逆だったら交換する」という処理を後方から前方に向かって繰り返します．最初の移動処理が終わると最も小さい値が先頭に移動，2 回目の移動処理が終わると 2 番目に小さい値が 2 番目に移動，というぐあいにデータが移動していきます．水槽の気泡が水面に上がっていく様子に似ていることから，バブルソートと呼ばれています．たとえば，配列 {9, 7, 5, 8, 4, 1} に対してバブルソートを行うと以下のようになります．

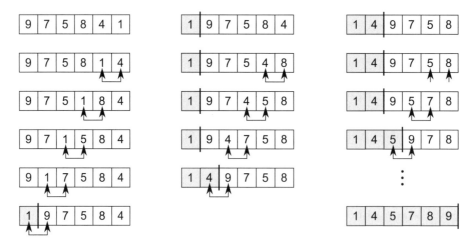

N 個の要素を入力とするバブルソートでは，1 番目に小さい値を先頭に移動するために $N-1$ 回の比較，2 番目に小さい値を 2 番目に移動するために $N-2$ 回，…，のように全体で $\frac{N(N-1)}{2}$ 回の比較が必要になります．よってバブルソートは $O(N^2)$ のアルゴリズムとなります．

10.2.2 変数の組

解答例では，1 つの長方形をその縦と横の長さの組で表します．さらにそれらの配列で入力データを管理します．このような場合は，2 つの整数の組をひとまとまりに管理することができれば，配列の要素に対する操作が直観的になり，扱いやすくなります．

C

複数の変数をひとまとまりにし，1 つの型として扱えるようにしたものを**構造体**と言います．構造体のおおまかな定義は以下のようになります．

struct 構造体の名前{

　変数のリスト

　・・・

};

解答例では，2 つの整数型の変数 h と w をもつ，Rect という名前の構造体を定義しています．つまり，Rect という名前の新しい型を定義したことになります．

基本データ型と同様に，構造体の変数を使用するためには，まずそれを宣言しなければなりません．このとき構造体の名前の前にキーワード struct をつけます．解答例の solve 関数では，6 つの長方形を保持する Rect 型の配列 D と，一時的に 1 つの Rect のデータを保持するための rtmp を宣言しています．

構造体の中の変数にアクセスするには，構造体変数名とその中の対象となる変数名を.（ドット）演算子で繋げて参照します．たとえば，解答例の D[i].h は，i 番目の長方形の高さを表します．

C++

pair は，それぞれ指定した型の 2 つのデータを 1 つの組として管理することができるデータ構造です．pair の後の< >の中に，表したい 2 つのデータの型をカンマで区切って指定します（< >は，テンプレートと呼ばれる C++ の魅力的な機能を実装するための構文ですが，本書では解説を省略します）．解答例では pair<int, int>によって 2 つの整数の組を表すデータ型を定義しています．6 つの長方形を保持するために，2 つの整数の組を型とした配列 D を宣言しています．

pair の 1 つ目の要素にはキーワード first で，2 つ目の要素には second でアクセスします．たとえば，解答例の D[i].first は，i 番目の長方形の高さを表します．

Java

長方形を表す新たなクラス Rect を定義します．一般的にこのようなクラスは，クラス Main とは別に新たなファイルとして作成しますが，ここでは，クラス Main の中に定義します．このようなクラスを，インナークラスと呼びます．クラス Rect は 2 つの整数型変数（フィールド）h，w を持つ単純な構造です．クラス Rect のオブジェクトは new 演算子で生成されます．ここでは単純な方法で h，w に読み書きできるようアクセス修飾子は省略してあります（本来はフィールドへのアクセスを制限する方法やその意義を学ぶべきですが，本書では省略します）．

Python

ここでは，1 つの長方形を要素数が 2 のリストで表します．リスト同士の大小比較は，最初の等しくない要素に対して行われます．たとえば，a = [1, 1]，b = [1, 3]，c = [3, 0] に対して，a < b and b < c が True となります（Python では a < b < c と書くこともできます）．

10.3　パイプつなぎ職人の給料　(ID 0260)

パイプつなぎ職人の給料は，次のようなルールで決まります．

"給料は「パイプの本数×パイプの長さの総和」で支払う．ただし，ジョイントでつなげて，ひとつながりになったものは，それを1本のパイプとみなす．"

たとえば下図のように，長さ1のパイプ3本と長さ2のジョイント2本を全部つなげると長さ 1+2+1+2+1 = 7 のパイプが1本できるので，1 × (7) = 7 です．また，ジョイントを一つだけ使って長さ 1+2+1 = 4 のパイプと長さ1のパイプの2本にすると 2 × (4+1) = 10 なので，全部つなげるより多く給料がもらえます．

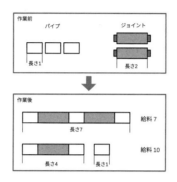

パイプとジョイントの情報が与えられたとき，もらえる給料の最大の金額を計算するプログラムを作成してください．

入力

入力は複数のデータセットからなる．入力の終わりはゼロ1つの行で示される．各データセットでは1行目にパイプの本数 n $(2 \leq n \leq 65000)$ が与えられる．2行目は1つの空白で区切られた n 個の整数からなる．p_i $(1 \leq p_i \leq 1000)$ は i 番目のパイプの長さを示す．3行目は1つの空白で区切られた $n-1$ 個の整数からなる．j_i $(1 \leq j_i \leq 1000)$ は i 番目のジョイントの長さを示す．
i 番目のジョイントは，i 番目と $i+1$ 番目のパイプだけをつなげることができる．つなげたパイプの長さは，$p_i + j_i + p_{i+1}$ になる．
データセットの数は100を超えない．

出力

各データセットごとに，得られる給料の最大の金額を1行に出力する．入力として与えられるデータセットでは，出力される値は必ず32ビット符号無し整数の範囲に収まるものとする．

入力例	出力例
3	12
1 1 1	48
3 3	76
4	
3 3 3 3	
1 1 1	
5	
1 2 3 4 5	
4 3 2 1	
0	

　データを整列して，アルゴリズムを考えてみましょう．この問題では，複数のデータセット
を処理する必要があり，1 セットで扱うデータのサイズが大きいことに注意してください．デー
タを整理して，問題を効率良く解決することを考えます．給料が「パイプの本数×パイプの長
さの総和」であることから，パイプの長さの総和は解を計算するために常に必要になります．
パイプ（部品）の長さの総和は入力から予め求めておくことができます．

　一方，ジョイントを 1 つ使うことによって，パイプの本数は 1 つ減りますが，そのジョイン
トの分，パイプの長さの総和は増えます．このことを考慮すると，使用するジョイントの数を
k 個とすると，ジョイントの中で長いものから k 個使用すれば，k 個使用した場合の最大値を
得られることが分かります．k を 0 から N-1 まで決め打ちし，それぞれの場合の給料を求め最
大値を更新します．前処理として，ジョイントをそれらの長さを基準にソートしておく必要が
あります．入力されるパイプ（ジョイント）の数は大きいため，高速なソートアルゴリズムが
必要になります．

C　　　　　　　　　　　　　　Program 10.9: plumber.c

```c
#include<stdio.h>
static const int MAX = 65000;

void merge(long long *J, int l, int m, int r){
  long long T[MAX];
  int i, j, k;
  for ( i = l; i < m; i++ ) T[i] = J[i];
  for ( i = m; i < r; i++ ) T[(r - 1) - (i - m)] = J[i];
  i = l;
  j = r - 1;
  for ( k = l; k < r; k++ ){
    if ( T[i] <= T[j] ) J[k] = T[i++];
    else J[k] = T[j--];
  }
}

void mergeSort(long long *J, int l, int r){
  if ( l + 1 >= r ) return;
  int m = (l + r) / 2;
  mergeSort(J, l, m);
  mergeSort(J, m, r);
  merge(J, l, m, r);
}

int main(){
  long long n, totalp, totalj, maxv;
  long long P[MAX], J[MAX];

  while(1){
    scanf("%lld", &n);
    if ( n == 0 ) break;
    totalp = 0;
    for ( int i = 0; i < n; i++ ) {
      scanf("%lld", &P[i]);
      totalp += P[i];
    }
    for ( int i = 0; i < n - 1; i++ ) scanf("%lld", &J[i]);

    mergeSort(J, 0, n - 1);    /* ジョイントを長さの昇順に整列 */
    J[n - 1] = 0;              /* 0 本使う場合 */

    maxv = 0;
    totalj = 0;
    for ( int k = 0; k <= n - 1; k++ ){
```

```
45        totalj += J[n - 1 - k]; /* 長いものから選んでいく */
46        long long v = (n - k) * (totalj + totalp);
47        maxv = v > maxv ? v : maxv;
48      }
49
50      printf("%lld\n", maxv);
51    }
52
53    return 0;
54  }
```


C++ 　　　　　　　　Program 10.10: plumber.cpp

```cpp
1  #include<iostream>
2  #include<algorithm>
3  using namespace std;
4  static const int MAX = 65000;
5
6  void merge(long long *J, int l, int m, int r){
7    long long T[MAX];
8    int i, j, k;
9    for ( i = l; i < m; i++ ) T[i] = J[i];
10   for ( i = m; i < r; i++ ) T[(r - 1) - (i - m)] = J[i];
11   i = l;
12   j = r - 1;
13   for ( k = l; k < r; k++ ){
14     if ( T[i] <= T[j] ) J[k] = T[i++];
15     else J[k] = T[j--];
16   }
17 }
18
19 void mergeSort(long long *J, int l, int r){
20   if ( l + 1 >= r ) return;
21   int m = (l + r) / 2;
22   mergeSort(J, l, m);
23   mergeSort(J, m, r);
24   merge(J, l, m, r);
25 }
26
27 int main(){
28   llong n, totalp, totalj;
29   llong P[MAX], J[MAX];
30
31   while(1){
32     cin >> n;
33     if ( n == 0 ) break;
34     totalp = 0;
35     for ( int i = 0; i < n; i++ ) {
36       cin >> P[i];
37       totalp += P[i];
38     }
39     for ( int i = 0; i < n - 1; i++ ) cin >> J[i];
40
41     mergeSort(J, 0, n - 1);        // ジョイントを長さの昇順に整列
42     J[n - 1] = 0;                  // 0本使う場合
43
44     llong maxv = 0;
45     totalj = 0;
46     for ( int k = 0; k <= n - 1; k++ ){
47       totalj += J[n - 1 - k];      // 長いものから選んでいく
48       maxv = max((n - k) * (totalj + totalp), maxv);
49     }
50     cout << maxv << endl;
51   }
52 }
```

Program 10.11: plumber.java

```java
 1  import java.util.Scanner;
 2
 3  class Main{
 4    static final int MAX = 65000;
 5    long[] T;
 6
 7    void merge(long[] J, int l, int m, int r){
 8      int i, j, k;
 9      for ( i = l; i < m; i++ ) T[i] = J[i];
10      for ( i = m; i < r; i++ ) T[(r-1)-(i-m)] = J[i];
11      i = l;
12      j = r - 1;
13      for ( k = l; k < r; k++ ){
14        if ( T[i] <= T[j] ) J[k] = T[i++];
15        else J[k] = T[j--];
16      }
17    }
18
19    void mergeSort(long[] J, int l, int r){
20      if ( l + 1 >= r ) return;
21      int m = (l + r) / 2;
22      mergeSort(J, l, m);
23      mergeSort(J, m, r);
24      merge(J, l, m, r);
25    }
26
27    void solve (){
28      int n;
29      long totalp, totalj;
30      long[] P, J;
31      Scanner sc = new Scanner(System.in);
32      while ( true ){
33        n = sc.nextInt();
34        if ( n == 0 ) break;
35        P = new long[n];
36        J = new long[n];
37        T = new long[n];
38        totalp = 0;
39        for ( int i = 0; i < n; i++ ) {
40          P[i] = sc.nextLong();
41          totalp += P[i];
42        }
43        for ( int i = 0; i < n - 1; i++ ) J[i] = sc.nextLong();
44
45        mergeSort(J, 0, n - 1); // ジョイントを長さの昇順に整列
46        J[n - 1] = 0;           // 0 本使う場合
47        long maxv = 0;
48        totalj = 0;
49        for ( int k = 0; k <= n - 1; k++ ){
50          totalj += J[n - 1 - k]; // 長いものから選んでいく
51          maxv = Math.max((n - k) * (totalj + totalp), maxv);
52        }
53        System.out.println(maxv);
54      }
55    }
56
57    public static void main(String[] args){ new Main().solve(); }
58  }
```

Program 10.12: plumber.py

```python
1  MAX = 65000
2  T = [0] * MAX
3  def merge(J, l, m, r):
4      for i in range(l, m): T[i] = J[i]
5      for i in range(m, r): T[(r -1) - (i - m)] = J[i]
```

```
6        i = 1
7        j = r - 1
8        for k in range(1, r):
9            if  T[i] <= T[j]: J[k] = T[i]; i += 1
10           else: J[k] = T[j]; j -= 1
11
12   def mergeSort(J, l, r):
13       if l + 1 >= r: return
14       m = (l + r) // 2
15       mergeSort(J, l, m)
16       mergeSort(J, m, r)
17       merge(J, l, m, r)
18
19   while True:
20       n = int(input())
21       if n == 0: break
22
23       totalp = 0
24       P = list(map(int, input().split()))
25       for p in P:
26           totalp += p
27       J = list(map(int, input().split()))
28
29       maxv = 0
30       mergeSort(J, 0, n - 1) # ジョイントを長さの昇順に整列
31       J.append(0)              # 0 本使う場合
32       totalj = 0
33       for k in range(0, n):
34           totalj += J[n - 1 - k]  # 長いものから選んでいく
35           maxv = max((n - k) * (totalj + totalp), maxv)
36
37       print(maxv)
```

10.3.1 マージソート

　解答例では，マージソートを応用しています．マージソートは，データの列を整列する高速なアルゴリズムのひとつです．マージソートは**分割統治法**と呼ばれるプログラミングテクニックを応用します．マージソートの分割統治法は，与えられた配列を前半と後半の２つの部分配列（部分問題）に分割し，それらをさらに再帰的に分割していき，統合する段階で２つの整列済みの部分配列（解決済みの部分問題）を，もとの１つの部分配列の要素として整列します．ここでは，要素を昇順に並べ替えるアルゴリズムを解説します．

　まず，２つのソート済みの部分列を，１つのソート済み部分列に変換するマージ関数 merge を定義します．この関数は入力の配列 A と，ソート対象となる部分配列の先頭 l，末尾 r，その中央の位置 m を引数とし merge(A, l, m, r) のように定義します，これは，既にソート済みの区間 [l, m) と既にソート済みの区間 [m, r) をソートされた区間 [l, r) に変換します．ここで，区間 [a, b) は半開区間と呼ばれ，b を含まない a から b の範囲を示します．

　このマージ処理を行うためには，入力の配列 A とは別に，部分列を一時的に退避しておくための別の配列が必要になります．ここでは，これを配列 T とします．以下の図のように，マージ処理はまず，対象となる A の要素を T にコピーします．このとき，後半部分を逆順にコピーしておきます（理由は後で説明します）．

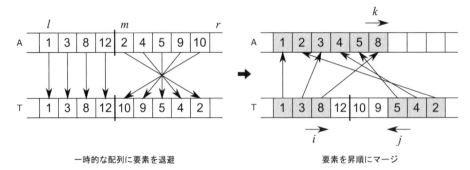

一時的な配列に要素を退避　　　　　　　　　　要素を昇順にマージ

　次に，T から要素を A に戻します．T の前半の要素を指すインデックスを i，後半の要素を指すインデックスを j とし，i は 1 から開始し増加させ，j は r − 1 から開始し減少させることによって，それぞれの部分列の要素を小さい順に見ていきます．元の配列 A の要素 A[k] に戻す要素として T[i] と T[j] の小さい方を選択し，選ばれた方のインデックスを 1 つ進めます（i の場合は加算，j の場合は減算）．前処理で部分列の後半を逆順にして，要素を前後両方向から見ていくことによって，前半・後半どちらかの要素が選択しつくされた後も，インデックスが所定の範囲を超えることなく，要素が残っている側の要素の最大値と比べられることによってアルゴリズムが正しく動作します（さらに，プログラムを簡潔に書くことができます）．

　マージソートの本体は再帰関数 mergeSort(A, l, r) として定義し，配列 A の区間 [l, r) の要素を昇順にソートします．この再帰関数は，与えられた区間の真ん中の位置 m を (l + r) / 2 によって求め，区間 [l, r) を前半の区間 [l, m) と後半の区間 [m, r) に分割し，それぞれの区間で mergeSort を実行します．ただし，与えられた区間の長さが 1 のときは再帰を終了します．この 2 つの mergeSort が完了した後，つまり，それぞれの区間が昇順に整列済みになった後，merge 関数を呼び出します．たとえば，整数の列 {8, 1, 10, 2, 5, 9, 7, 3, 4, 6, 11, 1, 2, 12, 5} に対するマージソートの流れは以下の図のようになります．

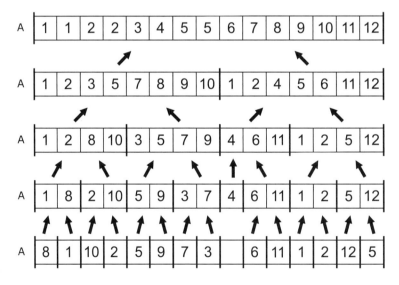

　マージソートの階層は，データの要素数 N を，1 になるまで 2 で割った回数，つまりおおよそ $log_2 N$ となります．各階層に注目すると，merge 処理で行われる比較演算や代入演算の計算

量は $O(N)$ になります．よってマージソートは $O(NlogN)$ のアルゴリズムです．

10.3.2 標準ライブラリを用いたソート

解答例では，マージソートを実装しましたが，データを整列するために，それぞれ各言語に標準で準備されている関数を用いることができます．この場合，解答例に記述された merge と mergeSort の定義は不要になります．標準で準備されている関数の実装は様々です．どの言語でも高等的なソートアルゴリズムで実装されているため，要素数を N とすると，その計算量は $O(NlogN)$ です．

C

C 言語では，qsort 関数が標準で準備されています．qsort を利用するには stdlib.h をインクルードします．

解答例の 39 行目の mergeSort(J, 0, n - 1) は，qsort(J, n - 1, sizeof (long long), compare) と書き換えることができます．ただし，以下のような比較方法を定義した比較関数を新たに定義する必要があります．

```
int compare(const void *a, const void *b){
    return *(long long*)a - *(long long*)b;
}
```

qsort 関数には配列の先頭アドレス（配列の名前で指定），要素数，1 つの要素のサイズ，比較関数を引数として渡します．ここで，比較関数 compare は値を昇順に並べるように定義してあります．

C++

algorithm をインクルードすることで，sort 関数を用いることができます．sort 関数の引数の組み合せは様々です．整数配列の要素を昇順に整列したい場合は，引数として配列の要素の範囲を始点と終点（終点の要素を含まない）で指定します．この範囲の指定はインデックスなどの値ではなく，メモリの場所を指定します．配列の先頭の要素の場所は，その配列の名前で指定できます．配列の末尾は，配列の先頭に要素数を加算する形で指定できます．解答例の 41 行目 mergeSort(J, 0, n - 1) は sort(J, J + (n - 1)) に書き換えることができます．

Java

Arrays クラスに sort メソッドが用意されています．Arrays.sort() は引数として受け取った配列の要素を昇順に整列します．java.util.Arrays をインポートしたうえで，解答例の 45 行目 mergeSort(J, 0, n - 1) は Arrays.sort(J) に書き換えることができます．

Python

sorted 関数は Python の組み込み関数です．組み込み関数とは，言語の仕様にあらかじめ準備された標準で利用できる関数です．sorted は引数として与えられたリストの要素を昇順にしたリストを返します．解答例の 30 行目 `mergeSort(J, 0, n - 1)` は `J.sort()` に書き換えることができます．

10.4　演習問題

プログラミングコンテスト (ID 0319)

　今年も白虎大学でプログラミングコンテストが開催されることになりました．コンテストではいくつかの問題が出題され，それぞれ難易度に応じた得点が割り当てられています．実行委員会は，解いた問題の数とそれらの得点の両方を考慮し，次のルールに基づいて各チームのスコアを計算することにしました．

　「あるチームが正解した問題のうち，得点が A 以上であるものが A 問以上あることを満たすような最大の A を，そのチームのスコアとする」

　あるチームが正解した問題の数と，それらの問題の得点から，チームのスコアを計算するプログラムを作成せよ．

入力例　　　　　　　　　　　　　　　　　出力例
7　　　　　　　　　（正解した問題の数）　　4（スコア）
5 4 3 10 2 4 1（各問題の得点）

有理式最大化 (ID 0347)

　N 個の異なる自然数が与えられる．その中から異なる 4 つを選んで，それらを A, B, C, D としたとき，次の数式

$$\frac{A + B}{C - D}$$

の最大値を求めたい．

　N 個の異なる自然数が与えられたとき，その中から異なる 4 つを選んで，上の数式の最大値を求めるプログラムを作成せよ．

入力例 1　　　　　　　　　　　　　　　　　出力例 1
10　　　　　　　　　　　（自然数の個数）　　19.00000　　（上の式の最大値）
1 2 3 4 5 6 7 8 9 10　（各自然数の値）

入力例 2　　　　　　　　　　　　　　　　　出力例 2
5　　　　　　　　　　　　　　　　　　　　9.78947
22 100 42 3 86

入力例 3　　　　　　　　　　　　　　　　　出力例 3
6　　　　　　　　　　　　　　　　　　　　18.00000
15 21 36 10 34 5

入力例 **4**

4
100000 99999 8 1

出力例 **4**

28571.285714

第11章 探索

探索とは，何か特定の値を探しあてるようなテクニック全般のことです．考えられるすべての値や状態を調べなければならない問題もあれば，探索方法を工夫することで，より高速に目的の解を得られる問題もあります．この章では，探索方法の工夫として，調べなければならない候補を数学的な考え方で削減したり，データの特徴を応用して探索範囲を限定していくアプローチを見ていきます．

11.1　賢者の円卓　(ID 0395)

N 個の席が円状に並んでいる円卓に，N 人の賢者が座ろうとしている．それぞれの賢者は，利き手で箸を持ち食事をとる．このとき，以下のようなことが起こる．

- 賢者 i が右利きの場合，その右隣に左利きの賢者が座ると不満度 w_i が発生し，右利きの賢者が座ると不満度は発生しない．
- 賢者 i が左利きの場合，その左隣に右利きの賢者が座ると不満度 w_i が発生し，左利きの賢者が座ると不満度は発生しない．

あなたは席順をうまく調整して，発生する不満度の総和を最小化したいと考えている．賢者の人数，それぞれの利き手と不満度を入力し，不満度の総和の最小値を出力するプログラムを作成せよ．

入力

1 行目に賢者の人数 N $(3 \leq N \leq 10)$ が与えられる．2 行目に各賢者の利き手を表す整数 a_i $(0$ または $1)$ が与えられる．a_i が 0 のとき賢者 i は右利き，1 のとき左利きであることを表す．3 行目に各賢者の不満度を表す整数 w_i $(1 \leq w_i \leq 1000)$ が与えられる．

出力

不満度の総和の最小値を 1 行に出力する．

入力例 1	出力例 1
5	3
1 0 0 1 0	
2 3 5 1 2	

入力例 2	出力例 2
3	0
0 0 0	
1 2 3	

ここでは，問題を解決するための 2 つの方法を考えます．

すべての状態を調べる方法

賢者の人数が最大で 10 人までと比較的小さいので，賢者の並び方をすべて作り，各並び方について不満度の総和を計算し，それらの最小値を求めることで問題を解くことができます．この場合，生成した各順列に対して不満度の総和を求めるため，計算量は $O(N! \times N)$ になります．

Program 11.1: sage_round_table_bf.c

C

```c
#include<stdio.h>
#define N_MAX 10
int N, a[N_MAX], w[N_MAX], ans;
int table[N_MAX]; /* 座席表 */
int sat[N_MAX];   /* 座ったかどうか */

void rec(int p){
  int sum, i;
  if ( p == N ){
    sum = 0;
    for ( i = 0; i < N; i++){
      if ( a[table[i]] == 0 && a[table[(i - 1 + N) % N]] == 1 ||
           a[table[i]] == 1 && a[table[(i + 1) % N]] == 0 )
        sum += w[table[i]];
    }
    if ( sum < ans ) ans = sum;
    return;
  }
  for ( i = 0; i < N; i++){
    if ( sat[i] ) continue;
    sat[i] = 1;
    table[p] = i;
    rec(p + 1);
    sat[i] = 0;
  }
}

int main() {
  int i;
  scanf("%d", &N);
  for ( i = 0; i < N; i++ ) scanf("%d", &a[i]);
  for ( i = 0; i < N; i++ ) scanf("%d", &w[i]);
  ans = 1000 * N;
  rec(0);
  printf("%d\n", ans);
  return 0;
}
```

Program 11.2: sage_round_table_bf.cpp

C++

```cpp
#include<iostream>
#include<algorithm>
using namespace std;
static const int N_MAX = 10;
int N, a[N_MAX], w[N_MAX], ans;
int table[N_MAX]; // 座席表
bool sat[N_MAX];  // 座ったかどうか

void rec(int p){
  if ( p == N ){
    int sum = 0;
    for ( int i = 0; i < N; i++ ){
      if ( a[table[i]] == 0 && a[table[(i - 1 + N) % N]] == 1 ||
           a[table[i]] == 1 && a[table[(i + 1) % N]] == 0 )
        sum += w[table[i]];
    }
```

```
17      ans = min(sum, ans);
18      return;
19    }
20    for ( int i = 0; i < N; i++ ){
21      if ( sat[i] ) continue;
22      sat[i] = true;
23      table[p] = i;
24      rec(p + 1);
25      sat[i] = false;
26    }
27 }
28
29 int main() {
30    cin >> N;
31    for ( int i = 0; i < N; i++ ) cin >> a[i];
32    for ( int i = 0; i < N; i++ ) cin >> w[i];
33    ans = 1000 * N;
34    rec(0);
35    cout << ans << endl;
36    return 0;
37 }
```

Java   Program 11.3: sage_round_table_bf.java

```
1  import java.util.Scanner;
2
3  class Main{
4    static final int N_MAX = 10;
5    int N, a[], w[], ans;
6    int table[];    // 座席表
7    boolean sat[];  // 座ったかどうか
8
9    void rec(int p){
10     if ( p == N ){
11       int sum = 0;
12       for ( int i = 0; i < N; i++ ){
13         if ( a[table[i]] == 0 && a[table[(i - 1 + N) % N]] == 1 ||
14             a[table[i]] == 1 && a[table[(i + 1) % N]] == 0 )
15           sum += w[table[i]];
16       }
17       ans = Math.min(sum, ans);
18       return;
19     }
20
21     for ( int i = 0; i < N; i++ ){
22       if ( sat[i] ) continue;
23       sat[i] = true;
24       table[p] = i;
25       rec(p + 1);
26       sat[i] = false;
27     }
28   }
29
30   void solve(){
31     Scanner sc = new Scanner(System.in);
32     N = sc.nextInt();
33     a = new int[N];
34     w = new int[N];
35     table = new int[N];
36     sat = new boolean[N];
37     for ( int i = 0; i < N; i++ ) a[i] = sc.nextInt();
38     for ( int i = 0; i < N; i++ ) w[i] = sc.nextInt();
39     ans = 1000 * N;
40     rec(0);
41     System.out.println(ans);
42   }
43
```

```
44    public static void main(String[] args) { new Main().solve(); }
45  }
```

Python   Program 11.4: sage_round_table_bf.py

```
1  N = int(input())
2  a = list(map(int, input().split()))
3  w = list(map(int, input().split()))
4  table = [0] * N   # 座席表
5  sat = [False] * N # 座ったかどうか
6  ans = 1000 * N;
7
8  def rec(p):
9      global ans
10     if p == N:
11         sum = 0
12         for i in range(N):
13             if a[table[i]] == 0 and a[table[(i - 1 + N) % N]] == 1 or \
14                 a[table[i]] == 1 and a[table[(i + 1) % N]] == 0:
15                 sum += w[table[i]]
16         ans = min(sum, ans)
17         return
18
19     for i in range(N):
20         if sat[i]: continue
21         sat[i] = True
22         table[p] = i
23         rec(p + 1)
24         sat[i] = False
25
26 rec(0)
27 print(ans)
```

※ sage_round_table_bf.py の実装は，AOJ では時間切れとなります.

不満度の最小値を探す方法

一方，この問題の解は，よりシンプルでかつ高速なアルゴリズムで求めることができます.

　まず，すべての賢者が右利きのみ，または左利きのみの場合については，答えは明らかです.
円卓を上から見たときに，右利きの賢者が反時計回り，左利きの賢者が時計回りの矢印で表さ
れるとしましょう.

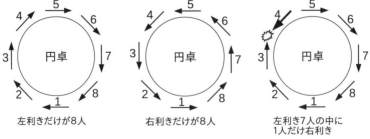

左利きだけが8人　　　　　右利きだけが8人　　　　左利き7人の中に
　　　　　　　　　　　　　　　　　　　　　　　　　1人だけ右利き

　図の左側二つは，賢者が 8 人いてすべての賢者が左利きのみ，または右利きのみの場合です.
この場合は，どこにも不満が発生しないので答えは 0 となります. 次に，右利きの賢者と左利
きの賢者，どちらも居る場合について考えてみましょう. 図の一番右側は，左利きの賢者が 7
人と右利きの賢者が 1 人いる場合です. この場合，4 番目の賢者 (右利き) と 3 番めの賢者に不

満が発生します．一方，4番目の賢者と5番目の賢者の間には不満は発生しません．不満が発生するのは，矢印の頭が向かい合っている部分だけです．

このように考えれば，右利きと左利きの賢者どちらも居る場合，右利きの賢者の集団と左利きの賢者の集団の矢印の頭が向かい合う場所に，不満度が一番小さい賢者同士を配置すればよいことがわかります．右利きの賢者と左利きの賢者，それぞれについて不満度の最小値を求めれば，それらの和が答えになります．

C　　　Program 11.5: sage_round_table.c

```c
#include<stdio.h>
#define INF 100000

int min(int a, int b){ return a < b ? a : b; }
int max(int a, int b){ return a > b ? a : b; }

int main() {
  int i, N;
  int a[10], w;
  int rmin = INF;    /* 右利きの賢者の不満度の最小値 */
  int lmin = INF;    /* 左利きの賢者の不満度の最小値 */

  scanf("%d", &N);
  for ( i = 0; i < N; ++i ) scanf("%d", &a[i]);

  for ( i = 0; i < N; ++i ) {
    scanf("%d", &w);
    if ( a[i] ) lmin = min(lmin, w);
    else rmin = min(rmin, w);
  }

  if ( rmin == INF || lmin == INF ) printf("0\n");
  else printf("%d\n", rmin + lmin);
  return 0;
}
```

C++　　　Program 11.6: sage_round_table.cpp

```cpp
#include<iostream>
#include<vector>
#include<algorithm>
using namespace std;
static const int INF = 100000;

int main() {
  int N, a[10];
  cin >> N;
  for ( int i = 0; i < N; ++i ) cin >> a[i];

  int rmin = INF;    // 右利きの賢者の不満度の最小値
  int lmin = INF;    // 左利きの賢者の不満度の最小値
  for ( int i = 0; i < N; ++i ) {
    int w; cin >> w;
    if ( a[i] ) lmin = min(lmin, w);
    else rmin = min(rmin, w);
  }

  if ( rmin == INF || lmin == INF ) cout << 0 << endl;
  else cout << rmin + lmin << endl;
  return 0;
}
```

Program 11.7: sage_round_table.java

`Java`

```java
import java.util.Scanner;

class Main {
  static final int INF = 100000;

  void solve(){
    Scanner sc = new Scanner( System.in );
    int N = sc.nextInt();
    int[] a = new int[N];
    for ( int i = 0; i < N; ++i ) a[i] = sc.nextInt();

    int rmin = INF;    // 右利きの賢者の不満度の最小値
    int lmin = INF;    // 左利きの賢者の不満度の最小値
    for ( int i = 0; i < N; ++i ) {
      int w = sc.nextInt();
      if ( a[i] == 1 ) lmin = Math.min(lmin, w);
      else rmin = Math.min(rmin, w);
    }

    if ( rmin == INF || lmin == INF ) System.out.println(0);
    else System.out.println(rmin + lmin);
  }

  public static void main(String[] args) { new Main().solve(); }
}
```

Program 11.8: sage_round_table.py

`Python`

```python
N = int(input())
a = list(map(int, input().split()))
w = list(map(int, input().split()))

INF = 100000
rmin = INF  # 右利きの賢者の不満度の最小値
lmin = INF  # 左利きの賢者の不満度の最小値

for i in range(N):
    if a[i] == 1:
        lmin = min(lmin, w[i])
    else :
        rmin = min(rmin, w[i])

if  rmin == INF or lmin == INF : print(0);
else : print(rmin + lmin);
```

11.1.1　再帰による全探索

　探索の最も基本的な手法は，候補になる数値や状態をすべて調べることです．この方法は**全探索**と呼ばれ，繰返し処理の入れ子（多重ループ）や再帰で実装することができます．ここでは，再帰を応用し，すべての順列を生成することを考えます．

　全探索による解答例では，座席表を表す配列 table と，各賢者がすで座ったかどうかを表す配列 sat を用います．table[i] は席 i (i = 0, 1, ... N - 1) に座っている賢者の番号を記録します．賢者 i がすでに座っていれば sat[i] が真（または 1）となります．再帰関数 rec(p) は，p 個の席が決定した状態で，席 p に座る賢者を決める再帰関数です．すべての席が埋まった状態，つまり p が N に達していれば，その時点での table の状態から不満度の総和を計算し，答

えをより小さい方に更新してから，再帰処理を終了します．席がまだ残っている場合 (p < N) は，まだ座っていないすべての賢者 i について，席 p に賢者 i を座らせる状態をすべて調べます．座らせるたびに rec(p + 1) を実行し，次の席を決めていきます．

11.1.2 線形探索

線形探索は最も基本的な探索アルゴリズムで，与えられた配列に対して先頭から順番に要素を調べることで，目的の値や状態を見つけます．線形探索は，解が得られるまですべての要素を調べるため，入力サイズの一次関数に比例する計算量になります．要素数を N とするとその計算量は $O(N)$ になります．一方，すべてのデータを調べるので，データの並びに制約がないことが利点の１つで，広く応用されています．

一般的に線形探索は，与えられた配列に対して，目的の値やその位置を求めるアルゴリズムです．さらに，その基本的な考え方は，データの中の最小値・最大値，特定の条件を満たす要素の個数など，様々な問題に応用することができます．

不満度の最小値を探す方法による解答例では，それぞれの利き手の賢者のリストに対して，最小値を $O(N)$ の線形探索で求めています．全探索では 3620000 回程度かかる計算回数を 10 回程度に減らすことができます．

11.2　デュードニー数　(ID 0384)

正の整数 x の各桁をすべて足して得られる数の 3 乗が x になるとき，この数 x をデュードニー数といいます．たとえば，512 は 8 の 3 乗で，5+1+2=8 となるので 512 はデュードニー数です．

この問題では，デュードニー数と似た数を考えて，その個数を求めます．

負でない整数 a，2 以上の整数 n，および上限値 m が与えられる．このとき，x の各桁をすべて足して得られる数 y について，$x = (y + a)^n$ となる m 以下の正の整数 x の個数を出力するプログラムを作成せよ．

入力

1 行に，$a\ (0 \leq a \leq 50)$，$n\ (2 \leq n \leq 10)$ と上限値 $m\ (1000 \leq m \leq 10^8)$ が，すべて整数で与えられる．

出力

個数を 1 行に出力する．

入力例 **1**   出力例 **1**
16 2 1000   2

$400 = (4 + 0 + 0 + 16)^2$ となる数 400，$841 = (8 + 4 + 1 + 16)^2$ となる数 841 の 2 つ．

入力例 **2**   出力例 **2**
0 3 5000   3

$1 = 1^3$ となる数 1，$512 = (5 + 1 + 2)^3$ となる数 512，$4913 = (4 + 9 + 1 + 3)^3$ となる数 4913 の 3 つ．

入力例 **3**   出力例 **3**
2 3 100000   0

x の各桁をすべて足して得られる数 y について $(y + 2)^3 = x$ となるような 100000 以下の数 x はない．

　最初に思いつく解法として，x の上限の範囲 m 以内で，与式を満たす数の組み合わせが何個あるか探索する方法があります．つまり，$x = 1$ から $x = m$ までループを回し，各 x についてすべての桁の数字を足し合わせたものを y として，$(y + a)^n$ が x と一致するか調べる $O(m)$ のアルゴリズムです．しかし，m が大きい場合は 10^8 回程度の処理が必要となります．この問題では，式に注目することで探索の回数を大幅に減らすことができます．

C

Program 11.9: dudeney.c

```c
#include <stdio.h>

long long getY(long long x){
  long long y = 0;
  while(x){
    y += x % 10;
    x /= 10;
  }
  return y;
}

int main(){
  long long a, n, m, y, t, x, cnt = 0;
  scanf("%lld %lld %lld", &a, &n, &m);
  for ( y = 1; y <= 72; y++ ){
    x = 1;
    for ( t = 1; t <= n; t++ ){
      x *= (y + a);
    }
    if (x <= m && getY(x) == y) cnt++;
  }
  printf("%lld\n", cnt);
  return 0;
}
```

C++

Program 11.10: dudeney.cpp

```cpp
#include <iostream>
using namespace std;

long long getY(long long x){
  long long y = 0;
  while(x){
    y += x % 10;
    x /= 10;
  }
  return y;
}

int main(){
  long long a, n, m;
  cin >> a >> n >> m;
  int cnt = 0;
  for ( int y = 1; y <= 72; y++ ){
    long long x = 1;
    for ( int t = 1; t <= n; t++ ){
      x *= (y + a);
    }
    if (x <= m && getY(x) == y) cnt++;
  }
  cout << cnt << endl;
  return 0;
}
```

Program 11.11: dudeney.java

Java

```
1  import java.util.Scanner;
2
3  class Main{
4    long getY(long x){
5      long y = 0;
6      while(x > 0){
7        y += x%10;
8        x /= 10;
9      }
10     return y;
11   }
12
13   void solve(){
14     long a, n, m;
15     Scanner sc = new Scanner(System.in);
16     a = sc.nextLong();
17     n = sc.nextLong();
18     m = sc.nextLong();
19     int cnt = 0;
20     for ( int y = 1; y <= 72; y++ ){
21       long x = 1;
22       for ( int t = 1; t <= n; t++ ){
23         x *= (y + a);
24       }
25       if (x <= m && getY(x) == y) cnt++;
26     }
27     System.out.println(cnt);
28   }
29
30   public static void main(String[] args){ new Main().solve(); }
31 }
```

Program 11.12: dudeney.py

Python

```
1  def getY(x):
2      y = 0
3      while x > 0:
4          y += x % 10
5          x //= 10
6      return y
7
8  a, n, m = map(int, input().split())
9  cnt = 0
10 for y in range(1, 73):
11     x = 1
12     for t in range(1, n + 1):
13         x *= (y + a)
14     if x <= m and getY(x) == y:
15         cnt += 1
16
17 print(cnt)
```

11.2.1　ループによる全探索

　再帰を応用することで，組み合わせや順列のすべての状態を網羅することができました．線形探索では，一方向のループで目的の値や状態を得ることができました．一方，多重ループを応用すれば，複数の次元からなる値や状態を探索することができます．

　この問題では，数式の性質を利用することで調べなければならない候補の数を大幅に減らすことができます．右辺の $(y+a)^n$ は，y が増えればすぐに m より大きくなるので，y に関して探

索した方が計算回数が少なくなります. x の最大値は m のため, どんなに大きくても 10^8 です. y は x の各桁の値をすべて足したもので, y の最大値は $9 \times 8 = 72$ 程度です (9 を 8 桁分足したときが最大値となるため).

そこで, y の取りうる値である 1 から 72 に関してループを回し, そのときの x の値を $(y+a)^n$ から計算します. その x の値が m 以下で, かつ各桁の値を足し合わせたものが元の y と同じであれば条件を満たしたと考えられます.

x について探索すると $O(m \times |x \text{ の桁数}| \times n)$ となり最大で 10^{10} 回近くの処理が必要です. 一方, y についての探索であれば最大でも $72 \times n$ となり 720 回程度ですみます.

11.3　本棚　(ID 0181)

太郎君はとある小説にはまっています．その小説は全部で n 巻あり，各巻で本の厚さが異なります．太郎君はこの小説が大変気に入ったので，その小説専用の本棚を買おうと思っています．しかし，部屋に大きな本棚を置くとかなり狭くなってしまうので，出来るだけ本棚の幅が小さくなるように工夫しなければなりません．床から天井の高さを測ったところ，どうやら m 段の本棚なら置けることが分かりました．そこで，小説 n 巻をどのように分ければ m 段の本棚の幅を最小に出来るでしょうか? 太郎君にはこだわりがあり，各段に納める小説は巻の番号順に並んでいなければなりません．

本棚の段数，小説の巻数，各本の厚さを入力として，全巻を 1 巻から順に収めることができる本棚の中で幅が最小となるものの幅を求めるプログラムを作成してください．ただし，本棚の枠の大きさは幅に含めないこととします．

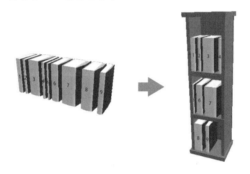

入力

複数のデータセットの並びが入力として与えられます．入力の終わりはゼロふたつの行で示されます．各データセットは以下の形式で与えられます．1 行目に部屋に置くことができる本棚の段数 m $(1 \le m \le 20)$，小説の巻数 n $(1 \le n \le 100)$ が与えられます．続く n 行に第 i 巻の本の厚さを表す整数 w_i $(1 \le w_i \le 1000000)$ が与えられます．

ただし，本棚の幅は 1500000 を超えないものとします．

データセットの数は 50 を超えません．

出力

データセット毎に最小となる本棚の幅を 1 行に出力します．

入力例	出力例
3 9	1800
500	1000
300	
800	
200	
100	
600	
900	
700	
400	
4 3	
1000	
1000	
1000	
0 0	

1つのデータセットを処理するための最大の計算量を考えます．まず本の数 n が 100 までなので，ある幅の本棚にすべての本が収められるか判定するために 100 回程度の計算が必要になります．また，本棚の幅が 1500000 までなので，すべての可能な幅について，すべての本が収められるかを判定するために $100 \times 1500000 = 1.5 \times 10^8$ の計算が必要になります．データセットの数は最大 50 までなので，合わせると 7.5×10^9 の計算量になります．

C Program 11.13: book_shelf.c

```c
#include<stdio.h>

int m, n;
int w[100];

int isStorable(int width) {
  int row = 0, c = 0, i = 0;
  while ( i < n ) {
    if ( c + w[i] <= width ) {
      c += w[i];
      ++i;
    }
    else if ( ++row < m ) c = 0;
    else return 0;
  }
  return 1;
}

int main() {
  int i, minw, maxw, mid;

  while ( scanf("%d %d", &m, &n) == 2 && m && n ) {

    for ( i = 0; i < n; ++i ) scanf("%d", &w[i]);

    minw = 1;
    maxw = 1500000;
    if ( !isStorable(maxw) ) printf("NA\n");

    while ( maxw > minw ) {
      mid = (maxw + minw) / 2;
      if ( isStorable(mid) ) maxw = mid;
      else                   minw = mid + 1;
    }

    printf("%d\n", minw);
  }
  return 0;
}
```

C++ Program 11.14: book_shelf.cpp

```cpp
#include<iostream>
#include<vector>
using namespace std;

int m, n;
vector<int> w;

bool isStorable( int width ) {
  int row = 0, c = 0, i = 0;
  while ( i < n ) {
    if ( c + w[i] <= width ) {
      c += w[i];
      ++i;
    }
```

```
15      else if ( ++row < m ) c = 0;
16      else return false;
17    }
18    return true;
19  }
20
21  int main() {
22
23    while ( cin >> m >> n && m && n ) {
24
25      w.resize( n );
26      for ( int i = 0; i < n; ++i ) cin >> w[i];
27
28      int minw = 1;
29      int maxw = 1500000;
30      if ( !isStorable(maxw) ) cout << "NA" << endl;
31
32      while ( maxw > minw ) {
33        int mid = (maxw + minw) / 2;
34        if ( isStorable(mid) ) maxw = mid;
35        else                   minw = mid + 1;
36      }
37
38      cout << minw << endl;
39    }
40    return 0;
41  }
```

| Java | Program 11.15: book_shelf.java |

```
1  import java.util.Scanner;
2
3  class Main {
4    int m = 0, n = 0;
5    int[] w = null;
6
7    boolean isStorable(int width) {
8      int row = 0, c = 0, i = 0;
9      while ( i < n ) {
10       if ( c + w[i] <= width ) {
11         c += w[i];
12         ++i;
13       }
14       else if ( ++row < m ) c = 0;
15       else return false;
16     }
17     return true;
18   }
19
20   void solve(){
21     Scanner sc = new Scanner(System.in);
22
23     while ( true ) {
24
25       m = sc.nextInt();
26       n = sc.nextInt();
27       if ( m == 0 && n == 0 ) break;
28
29       w = new int[n];
30       for ( int i = 0; i < n; ++i ) w[i] = sc.nextInt();
31
32       int minw = 1, maxw = 1500000;
33       if ( !isStorable(maxw) ) System.out.println("NA");
34
35       while ( maxw > minw ) {
36         int mid = (maxw + minw) / 2;
37         if ( isStorable(mid) ) maxw = mid;
38         else                   minw = mid + 1;
```

```
39        }
40
41        System.out.println(minw);
42    }
43  }
44
45    public static void main(String[] args) { new Main().solve(); }
46 }
```

Program 11.16: book_shelf.py

```
1  def isStorable( m, n, w, width ):
2      row = 1
3      c = 0
4      i = 0
5      while i < n :
6          if c + w[i] <= width :
7              c += w[i]
8              i += 1
9          elif row < m :
10             c = 0
11             row += 1
12         else : return False
13     return True
14
15 while ( True ):
16     m,n = map(int, input().split())
17     if m == 0 and n == 0 : break
18     w = []
19     for i in range(n) : w.append(int(input()))
20
21     minw = 1
22     maxw = 1500000
23     if not isStorable(m, n, w, maxw) : print("NA")
24
25     while maxw > minw :
26         mid = int((maxw + minw) / 2)
27         if isStorable(m, n, w, mid) : maxw = mid
28         else : minw = mid + 1
29     print(minw)
```

11.3.1 二分探索

最も影響が大きい，本棚の幅に関する探索の計算量を減らすことを考えます．例として，以下のような5冊の本を収めることを考えます．

上に書いてある数字は巻番号で，( )内の数字は本の幅です．これらの本を，3段の本棚に対して，本棚の幅を1から増やしていったときに，それぞれ収まるかどうかを調べます．

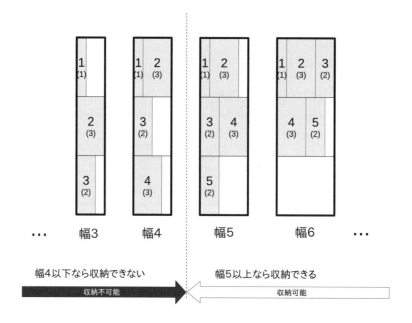

　幅が 3 の本があるので，本棚の幅が 1 や 2 のときは明らかに不可能です．本棚の幅が 3 のときと 4 のときはすべての本を収納することはできませんが，幅が 5 になったときすべての本が収納できます．それ以上は幅をどれだけ増やしても収納可能なので，この場合の答えは 5 になります．このように，あるところを境に可能か不可能かが分かれる場合，**二分探索**で答えを求めることができます．二分探索は，以下のようなアルゴリズムで答えを効率的に求めます．

　まず，本棚の幅としてあり得る最小値と最大値を考えます．今回の場合，問題に与えられているように，最小値は 1 で最大値は 150 万です．このとき，幅 150 万で収納できなければ，そもそも本を本棚に収納することは不可能なので，問題の設定上 150 万のときに必ず収納可能になります．幅が 1 のときに収納可能であれば，答えは 1 であり処理は終わりです．幅 1 のときに収納ができず，幅 150 万で収納できる場合，幅 2 以上 149 万 9999 以下のどこか中間で，収納ができない幅と収納ができる幅の境目があるはずなのでそれを探します．

　　　　　最初にわかっていること

　まず中間の幅 $mid\_w = (min\_w + max\_w)/2$ を計算します．整数型を扱う場合，小数点以下は切り捨てます．もし $mid\_w = 75$ 万ですべての本が収納可能であるなら，幅 75 万から幅 150 万までのすべての場合で収納可能なはずです．反対に，$mid\_w = 75$ 万ですべての本が収納不可能であるなら，幅 1 から幅 75 万までのすべての場合で収納不可能なはずです．いずれにせよ，調べなければならない幅の候補を一気に半分に減らすことができます．

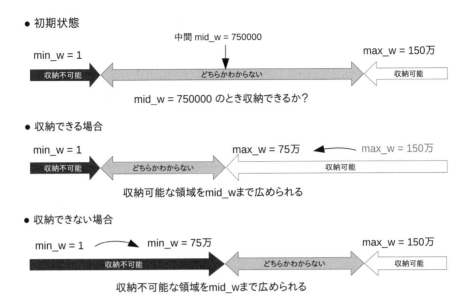

- 初期状態
- 収納できる場合
- 収納できない場合

この処理を繰り返していきます．毎回，未知の部分が半分になっていくので，計算量は探索したい幅 W に対して $log_2 W$ の計算量になります．探索したい幅である 150 万をあてはめると $log_2 1500000$ となり，おおよそ 21 回程度になります．全体の計算量は，データセットの数を S とすると，線形探索で $O(SnW)$ で 75 億回程度になるものが，二分探索を使うと $O(SnlogW)$ で 1 万回程度まで効率化することができます．

11.3.2 標準ライブラリを用いた探索

多くの場合，線形探索や二分探索は，配列やリストに対して行われます．二分探索では，配列の要素が整列されている必要があります．二分探索には，与えられた配列と探したい値 key について，key の位置を探したり（存在しない場合はそのことを報告する），要素の昇順を保ちつつ key を挿入できる最初の位置（これを lower bound と呼びます）を特定するなど，様々な用途があります．これらの処理には，各言語で準備されている効率的な関数を用いることができます．ここでは，例として C++の関数を紹介します．

C++

C++の標準ライブラリで提供されている binary_search 関数は，配列の指定された区間 [l, r) に対して二分探索を行います．たとえば，次のプログラムは，配列や vector に対して binary_search 関数によって二分探索を行います．

C++　　　　　　　　　　　　Program 11.17: binary_search.cpp

```cpp
#include<iostream>
#include<algorithm>
#include<vector>
using namespace std;

int main(){
```

```cpp
 7    int N = 7;
 8    int A[] = {1, 2, 2, 4, 5, 7, 8};
 9    vector<int> V = {1, 2, 2, 4, 5, 7, 8};
10
11    cout << (binary_search(A, A + N, 2) ? "yes" : "no") << endl;           // yes
12    cout << (binary_search(A, A + N, 3) ? "yes" : "no") << endl;           // no
13
14    cout << (binary_search(V.begin(), V.end(), 2) ? "yes" : "no") << endl; // yes
15    cout << (binary_search(V.begin(), V.end(), 3) ? "yes" : "no") << endl; // no
16
17    return 0;
18 }
```

ここで vector の要素の位置（アドレス）には，begin と end でアクセスします．V.begin() は V の先頭要素のアドレス，V.end() は V の末尾要素のアドレスを示します．binary_search 関数は，指定された値が存在すれば true を返します．

lower_bound 関数は，配列の要素が昇順を保ちつつ，区間 [l, r) の範囲で，値 t を挿入することができる最初の位置を求めます．たとえば，次のプログラムは，配列や vector に対して lower_bound 関数によって二分探索を行います．

C++　　　　　　　　　　Program 11.18: lower_bound.cpp

```cpp
 1  #include<iostream>
 2  #include<algorithm>
 3  #include<vector>
 4  using namespace std;
 5
 6  int main(){
 7    int N = 7;
 8    int A[] = {1, 1, 2, 2, 2, 3, 3, 5, 6, 8, 8};
 9    vector<int> V = {1, 1, 2, 2, 2, 3, 3, 5, 6, 8, 8};
10
11    cout << distance(A, lower_bound(A, A + N, 3)) << endl;                  // 5
12    cout << *lower_bound(A, A + N, 3) << endl;                              // 3
13
14    cout << distance(V.begin(), lower_bound(V.begin(), V.end(), 3)) << endl; // 5
15    cout << *lower_bound(V.begin(), V.end(), 3) << endl;                    // 3
16
17    return 0;
18 }
```

ここで，distance 関数は配列やリストのアドレスを引数として，それらの距離を求めます．上のプログラムでは，V の先頭と lower_bound(V.begin(), V.end(), 3) から得られる位置の距離，つまり対応する V のインデックスを計算しています．また，lower_bound に * をつけることによって，その位置にある値を取得しています．

これらの関数の実装は，二分探索の原理に基づいているため，対象とする要素の数を N とすると，$O(\log N)$ で目的の値（位置）を探すことができます．

11.4 演習問題

集会所 (ID 0407)

イヅア村の住民は村に集会所を建てることにしました. この村では東西に一直線に伸びる道路に沿って建物を建てられる地点が決まっています. 最も西の地点を0番目の地点として, そこから等間隔に東に向かって1番目, 2番目,… と地点番号が与えられています. 村人の家と集会所を建てることができるのは, これらの地点だけです. 各家には1人以上の村人が住んでいます. どの村人も隣の地点まで1分間で移動できます.

集会を開くのに便利なように, ある時刻に一斉にすべての村人が自分の家から集会所に向かったとき, 全員が集まるのに必要な時間が最小になるような場所に, 集会所を建てることにしました.

家の建っている地点の番号が与えられたときに, すべての村人が集会所に集まるのに必要な時間の最小値を計算するプログラムを作成せよ. ただし, 集会所の地点番号が家の地点番号と重複してもよいものとする.

入力例1	出力例1
3　　（家の数）	2　（集会所の地点番号）
4 0 1　（家の立っている地点番号）	

入力例2	出力例2
2	1
1 2	

Bange Hills Tower (ID 0369)

バンゲ町に新しく建つことになった Bange Hills Tower は, 屋上からワカマツ城の天守閣が上から下まで見えるのを売りにしようと考えています. そのためには, 以下の図のように, 市街地のどの建物にもさえぎられずに, タワーの屋上からワカマツ城の天守閣の下端が見えなければいけません.

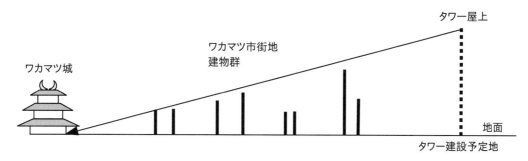

タワー建設予定地と市街地の建物の情報が与えられたとき, タワー屋上からワカマツ城の天守閣が上から下まで見えるために, 最低限必要なタワーの高さを計算するプログラムを作成せよ. ただし, ワカマツ城やタワーも含めたすべての建物を, 地面と垂直な線分とみなす. このとき, タワーの上端からワカマツ城の下端への視線（図の中の矢印）が, どの建物とも交差しない（建物の上端に接する場合は交差しないと考える）とき, タワーの屋上からワカマツ城の下端が見えると考えて良い.

入力例	出力例
3 10　（建物の数, タワー建設予定置の位置）	6.666667　（高さ）
6 4　　（x1 と h1）	
4 2	
3 2	

電子メトロノーム (ID 0371)

　PCK 君は N 台の電子メトロノームで遊んでいる. i 番目のメトロノームは t_i 秒間隔で音が一瞬だけ鳴るようにあらかじめ設定されている. PCK 君はすべてのメトロノームを同時に起動した.

　PCK 君は, 音が鳴る間隔がバラバラでも, すべてのメトロノームの音が同時に鳴る瞬間が一定の周期で訪れることに気が付いた. この現象をもっと楽しむために, PCK 君はいくつかのメトロノームの鳴る間隔を調整することで, すべてのメトロノームの音が同時に鳴る周期を短くしようとしている. ただし, メトロノームの音が鳴る間隔は増やすことしかできない.

　メトロノームの数とそれぞれにあらかじめ設定された秒単位の間隔 t_i を入力とし, i 番目のメトロノームの音が鳴る間隔をある負でない整数 d_i だけ増やすことで, すべてのメトロノームの音が同時に鳴る周期を最も短くしたときの, d_i の合計の最小値を求めるプログラムを作成せよ.

入力例	出力例
3　（メトロノームの数）	3　（最小値）
3　（t1）	
6　（t2）	
8　（t3）	

第12章 整数

　整数に関する定理や性質をあつかう学問を整数論と言います．整数論は，暗号などのアプリケーションのみならず，様々な計算の効率化に応用されるため，整数に関するアルゴリズムは，プログラミングテクニックのひとつとして欠かせません．また，整数を扱うプログラムでは，文字列と整数の変換を相互に行うプログラミングテクニックも必要になってきます．

　この章では，整数に関する問題を解いていきます．この章の内容を習得すれば，整数に関する基礎的なアルゴリズムやデータの変換テクニックを活用しながら，より柔軟に整数を扱うことができるようになります．

12.1　電線　(ID 0361)

ぼくは内装職人です．今回依頼があったお客さんの家には，長方形の壁一面にパネルがぴったりと敷き詰められています．パネルはすべて横の長さが 2 m，縦の長さが 1 m の長方形で，横方向に x 枚，縦方向に y 枚並んでいます．この壁の左上隅から右下隅まで，まっすぐ電線を張ることになりました．電線は図のように，壁の隅を含めたパネルの継ぎ目と電線の交点で固定することにします．下の図の場合には，交点の数は 9 つです（●が交点の位置を示しています）．

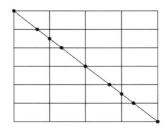

パネルの横方向と縦方向の枚数が与えられたとき，パネルの継ぎ目と電線の交点の数を求めるプログラムを作成せよ．ただし，パネルの継ぎ目の太さと電線の太さは考えないものとする．

入力

1 行に，パネルの横方向の枚数 x ($1 \le x \le 1000$) とパネルの縦方向の枚数 y ($1 \le y \le 1000$) が整数で与えられる．

出力

パネルの継ぎ目と電線の交点の数を 1 行に出力する．

入力例 1	出力例 1
4 4	5

入力例 2	出力例 2
4 6	9

パネルの大きさは答えに影響しないため，パネルを正方形（横方向に潰して）として考えてみましょう．以下の場合を考慮して，交わる箇所の個数を数えます．

- 縦方向の継ぎ目の線と電線は (x+1) 回交わる．

- 横方向の継ぎ目の線と電線は (y+1) 回交わる．

- 壁の左上隅と右下隅で重複して数えているので 2 を引く．

- 縦方向と横方向両方の継ぎ目の線（交点）と電線が交わる場合，重複して数えているので，それらの分を引く．この重複の個数は x と y の最大公約数から 1 を引いた値となる．

以上の場合を考慮すると，答えとなる交点の個数は x + y - gcd(x, y) + 1 となります．
ここで gcd(x, y) を x と y の最大公約数とします．

C   Program 12.1: wire.c

```c
 1  #include<stdio.h>
 2
 3  int gcd(int x, int y){
 4    return y ? gcd(y, x % y) : x;
 5  }
 6
 7  int main(){
 8    int x, y;
 9    scanf("%d %d", &x, &y);
10    printf("%d\n", x + y - gcd(x, y) + 1);
11    return 0;
12  }
```

C++   Program 12.2: wire.cpp

```cpp
 1  #include<iostream>
 2  using namespace std;
 3
 4  int gcd(int x, int y){
 5    return y ? gcd(y, x % y) : x;
 6  }
 7
 8  int main(){
 9    int x, y;
10    cin >> x >> y;
11    cout << x + y - gcd(x, y) + 1 << endl;
12    return 0;
13  }
```

Java   Program 12.3: wire.java

```java
 1  import java.util.Scanner;
 2
 3  class Main{
 4    int gcd(int x, int y){
 5      return y > 0 ? gcd(y, x % y) : x;
 6    }
 7
 8    void solve(){
 9      Scanner sc = new Scanner(System.in);
10      int x, y;
11      x = sc.nextInt();
12      y = sc.nextInt();
13      System.out.println(x + y - gcd(x, y) + 1);
14    }
15
16    public static void main(String[] args){ new Main().solve(); }
17  }
```

Python   Program 12.4: wire.py

```python
 1  def gcd(x, y):
 2      return gcd(y, x % y) if y > 0 else x
 3
 4  x, y = map(int, input().split())
 5  print(x + y - gcd(x, y) + 1)
```

12.1.1　ユークリッドの互除法

　2つの整数 x，y の**最大公約数** gcd(x, y) は，2 から min(x, y) までのすべての数について，x と y の両方を割り切れるかを調べれば求めることができます．しかし，このような素朴なアルゴリズムは，min(x, y) を M とすると，M に比例する O(M) の計算量がかかるため，大きな数に対しては実用的ではありません．

　ユークリッドの互除法は，gcd(x, y) と gcd(y, x % y) が等しいという性質を用いて，gcd(x, y) を高速に求めるアルゴリズムです．ここで，x % y は x を y で割った余りとします．たとえば，38 と 16 の最大公約数を計算してみましょう．x, y, x % y の順に計算結果を並べていくと，

```
x      y     x % y
38     16      6
16      6      4
 6      4      2
 4      2      0
 2      0      -
```

となります．y が 0 のとき gcd(x, y) = x となり，アルゴリズムが終了します．

　解答例では，再帰関数を応用してユークリッドのアルゴリズムを実装しています．2つの整数 x と y を受け取る再帰関数 gcd は，y が 0 より大きい場合に「y」と「x を y で割った余り」を新たな引数とした gcd の結果を返し，y が 0 のとき x を返す再帰関数となっています．この実装はループを使って書くこともできます．

　このアルゴリズムでは，最終的に gcd(x, y) が求まるまで，y の値が単調に減少していきます．y の値は，多くとも 2 ステップで半分になるので，計算量は O(log y) になります．

12.2 実数既約分数化 (ID 0350)

実数のうち，小数部が循環するものと有限桁のものは分数として表すことができます．

分数で表すことができる実数が与えられたとき，その実数と等しい既約分数（それ以上約分できない分数）を出力するプログラムを作成せよ．

入力

1 行に，変換したい実数を表す文字列 str が与えられる．実数の値は 0 より大きい．文字列は数字か「.」，「(」，「)」を含む，長さが 3 以上 8 以下の文字列である．「.」は小数点，「(」は数字の循環の始まり，「)」は数字の循環の終わりを示す．整数部にも小数部にも，必ず 1 桁以上の数字が与えられるとする．ただし，循環小数が与えられた場合，文字列は以下の条件を満たす．

- 循環の始まりと終わりのペアは，小数点の右側に一度だけ現れる．
- 循環の終わりを示す「)」は，文字列の末尾に現れる．
- 循環の始まりと終わりの間には，必ず 1 桁以上の数字が与えられる．

出力

実数を既約分数で表した形式（分子の整数に続けて「/」区切りで分母の整数を並べたもの）で出力する．

入力例 1	出力例 1
0.(3)	1/3

入力例 2	出力例 2
1.0	1/1

入力例 3	出力例 3
5.2(143)	52091/9990

入力例 4	出力例 4
0.0739	739/10000

与えられた実数の小数点以下の桁数，循環部分の桁数は分数化を行うために必要になります．これらは，文字列で表された実数の「.」の位置と「(」の位置が分かれば求まります．また，これらの位置や桁数の情報を用いて，文字列から必要な数字の列を抽出するテクニックも必要になります．既約分数化は，循環がない場合とある場合に分けて考えてみましょう．

Program 12.5: fractionalization.c

```c
#include<stdio.h>
#include<stdlib.h>
#include<string.h>
#include<math.h>

int gcd(int x, int y){ return y ? gcd(y, x % y) : x; }

void print(int x, int y){
  int g = gcd(x, y);
  printf("%d/%d\n", x / g, y / g);
}
```

```c
13  int main(){
14    char in[10];      /* 入力文字列 */
15    char all[10];     /* 数字の文字列 */
16    char sub[10];     /* （より前の数字の文字列 */
17    scanf("%s", in);
18    int o, p, l, r, d, i, all_i = 0;
19    p = -1;
20
21    for ( i = 0; i < strlen(in); i++ ){
22      if ( in[i] == '.' ){
23        o = i;
24      } else if ( in[i] == '(' ) {
25        p = i;
26        strncpy(sub, all, all_i);
27        sub[all_i] = '\0';
28      } else if ( in[i] != ')' ) {
29        all[all_i++] = in[i];
30      }
31    }
32    all[all_i] = '\0';
33
34    d = strlen(in) - o - 1;
35    l = p - o - 1;
36    if ( p == -1 ){
37      print(atoi(all), pow(10, d));
38    }else {
39      d -= 2; /* ()の分を引く */
40      print(atoi(all) - atoi(sub), pow(10, d) - pow(10, l) );
41    }
42    return 0;
43  }
```

C++　　　　　　　　　　Program 12.6: fractionalization.cpp

```cpp
1   #include<iostream>
2   #include<cmath>
3   using namespace std;
4
5   int gcd(int x, int y){ return y ? gcd(y, x % y) : x; }
6
7   void print(int x, int y){
8     int g = gcd(x, y);
9     cout << x / g << "/" << y / g << endl;
10  }
11
12  int main(){
13    string in;   // 入力文字列
14    cin >> in;
15    int o, p, l, r, d;
16    string all; // 数字の文字列
17    string sub;          // （より前の数字の文字列
18    o = in.find('.');
19    p = in.find('(');
20    d = in.size() - o - 1;
21    if ( p == string::npos ){
22      all = in.substr(0, o) + in.substr(o + 1, in.size() - o);
23      print(stoi(all), pow(10, d));
24    } else {
25      sub = in.substr(0, o) + in.substr(o + 1, p - o - 1);
26      all = sub + in.substr(p + 1, in.size() - p - 2);
27      l = p - o - 1;
28      d -= 2; // ()の分を引く
29      print(stoi(all) - stoi(sub), pow(10, d) - pow(10, l));
30    }
31    return 0;
32  }
```

Java   Program 12.7: fractionalization.java

```java
 1  import java.util.Scanner;
 2
 3  class Main{
 4    int gcd(int x, int y){ return y > 0 ? gcd(y, x % y) : x; }
 5
 6    void print(int x, int y){
 7      int g = gcd(x, y);
 8      System.out.println(x / g + "/" + y / g);
 9    }
10
11    void solve(){
12      Scanner sc = new Scanner(System.in);
13      String in = sc.next(); // 入力文字列
14      int o, p, l, d;
15      o = p = -1;
16      String all = "";       // 数字の文字列
17      String sub = "";       // （より前の数字の文字列
18      o = in.indexOf('.');
19      p = in.indexOf('(');
20      d = in.length() - o - 1;
21      if ( p == -1 ){
22        all = in.substring(0, o) + in.substring(o + 1, in.length());
23        print(Integer.parseInt(all), (int)Math.pow(10, d));
24      }else {
25        sub = in.substring(0, o) + in.substring(o + 1, p);
26        all = sub + in.substring(p + 1, in.length() - 1);
27        l = p - o - 1;
28        d -= 2; // ()の分を引く
29        print(Integer.parseInt(all)- Integer.parseInt(sub),
30              (int)Math.pow(10, d) - (int)Math.pow(10, l) );
31      }
32    }
33
34    public static void main(String[] args){ new Main().solve(); }
35  }
```

Python   Program 12.8: fractionalization.py

```python
 1  def gcd(x, y):
 2      return gcd(y, x % y) if y else x
 3
 4  def printV(x, y):
 5      g = gcd(x, y)
 6      print(str(x // g) + "/" +  str(y // g))
 7
 8  S = input() # 入力文字列
 9  o = S.find('.')
10  p = S.find('(')
11  d = len(S) - o - 1
12
13  if p == -1:
14      all = S[0:o] + S[o + 1:len(S)]
15      printV(int(all), 10**d)
16  else:
17      sub = S[0:o] + S[o + 1:p]
18      all = sub + S[p + 1:len(S) - 1]
19      l = p - o - 1
20      d -= 2 # ()の分を引く
21      printV(int(all) - int(sub), 10**d - 10**l)
```

12.2.1　既約分数化

既約分数化するためには，まず実数を分数で表し，分母と分子をそれらの最大公約数で割ります．

循環がない場合は，入力を数値で表した x の小数点以下の桁数を求めておきます（これを d とします）．x を整数としてみると，$\frac{x}{10^d}$ として分数で表すことができます．たとえば，入力が $x = 0.0739$ の場合，$d = 4$ となり，$\frac{0739}{10000}$ となります．

循環小数の場合は，まず入力を数値で表した x の小数点以下の桁数 $(= d)$，循環部分の桁数 $(= r)$ を求めておきます．さらに，循環しない部分の桁数も求めておきます $(l = d - r)$．最後に，x を整数で表し，それぞれ 10^l 倍，10^d 倍した $10^l x$ と $10^d x$ を求めます．このとき，$10^l x$ と $10^d x$ の小数点以下は同じになり，$10^d x - 10^l x$ は整数となります．$10^d x$ の整数部分を B，$10^l x$ の整数部分を A とすると，$10^d x - 10^l x = B - A$ より x は $\frac{B-A}{10^d - 10^l}$ として分数で表すことができます．たとえば，入力が $x = 5.2(143)$ の場合，$d = 4$, $r = 3$, $l = 1$ となり，$10^l x = 52.143...$ と $10^d x = 52143.143...$ が得られます．x は $\frac{52143-52}{10000-10} = \frac{52091}{9990}$ と表すことができます．

12.2.2　文字列から整数への変換

C

atoi 関数は，文字列を整数値に変換します．atoi 関数は，C 言語の標準ライブラリで提供さており，stdlib.h をインクルードすれば利用できます．atoi 関数は，文字列を char 型の配列として受け取ります．解答例では 37 行目と 40 行目で atoi を利用し文字列を整数に変換しています．

C++

stoi 関数は，string 型の文字列を整数値に変換します．解答例では 23 行目と 29 行目で stoi を利用しています．

Java

Interger クラスが提供する parseInt メソッドで文字列を整数値に変換できます．解答例では，23 行目と 29 行目で Integer.parseInt() によって文字列を整数値に変換しています．

Python

int 関数によって文字列を整数値に明示的に変換（キャスト）できます．解答例では，15 行目と 21 行目で int 関数によって文字列を整数値に変換しています．

12.2.3　数学関数

一般的に，プログラミング言語には汎用的な数学関数が標準で準備されています．たとえば，べき乗を求める pow 関数，平方根を求める sqrt 関数，三角関数に関する各種関数など，様々な数学関数が提供されています．解答例では，べき乗を求める pow 関数を利用しています．

math.h をインクルードすれば，数学関数が使えます．x の n 乗は pow(x, n) で計算できます．

cmath をインクルードすれば，数学関数が使えます．x の n 乗は pow(x, n) で計算できます．

Math クラスを通して，数学関数が使えます．x の n 乗は Math.pow(x, n) で計算できます．

import math によって math をインポートすれば，数学関数が使えます．x の n 乗は math.pow(x, n) で計算できます．Python では**演算子でべき乗を直接オペレータで計算することができます．たとえば，解答例の 21 行で実行される 10 ** d は 10 の d 乗を表します．

12.3　アカベコ 20　(ID 0410)

> 「アカベコ 20」は，イヅア地方の専用劇場で公演を開催しているグループです．アカベコ 20 のそれぞれのメンバーは，ある一定の日数ごとに公演に参加することになっています．
>
> 今日の公演ではメンバーが全員参加していました．プロデューサーであるあなたは，メンバーから，今後の公演のメンバーの組み合わせを教えてほしい，と頼まれました．あなたは，公演に参加するメンバーの組み合わせがいくつあるのかを数えることにしました．
>
> アカベコ 20 のメンバー数と，それぞれのメンバーが公演に参加する周期が 1 日単位で与えられたとき，参加するメンバーの組み合わせが何通りあるかを数えるプログラムを作成せよ．このとき，グループは同じメンバーで永遠に存続すると仮定する．ただし，だれも参加しない場合は組み合わせに含めないこととする．
>
> **入力**
>
> 1 行目にアカベコ 20 のメンバー数 N $(1 \leq N \leq 20)$ が与えられる．続く 1 行に，それぞれのメンバーが公演に参加する周期 p_i $(1 \leq p_i \leq 40)$ が与えられる．
>
> **出力**
>
> 参加するメンバーの組み合わせの数を 1 行に出力する．
>
> | 入力例 1 | 出力例 1 |
> |---|---|
> | 3 | 7 |
> | 3 5 2 | |
>
> | 入力例 2 | 出力例 2 |
> |---|---|
> | 3 | 3 |
> | 2 3 6 | |
>
> 周期が 2 日のメンバーのみが参加する公演，周期が 3 日のメンバーのみが参加する公演，周期が 2 日，3 日，6 日のメンバーが参加する公演の 3 通りとなる．

　メンバのすべての組み合わせに対して，各組合せが妥当か（存在しえるか）をチェックします．各チェックにおいて，組合せに含まれる数の最小公倍数を LCM とします．組合せに含まれない数で LCM を割り切れるものが存在する場合は，その組み合わせは存在しないためカウントしません．そのような数がない場合は妥当な組み合わせとしてカウントします．

　たとえば，すべてのメンバが $\{2, 3, 6\}$ で 6 のみを含む組合せを考えます．このとき LCM は 6 となります．ここで 6 は 2 でも割り切れるため，6 を含む組合せは必ず 2 を含みます．3 も同様です．よってこのメンバ構成の例では，$\{2\}, \{3\}, \{2, 3, 6\}$ がカウントされます．一方 $\{2, 6\}, \{3, 6\}, \{6\}$ はカウントしません．また，$\{2, 3\}$ の LCM は 6 であり，6 を含む必要があるのでカウントしません．

　この方法を実装するためには，最小公倍数を求めるアルゴリズムと，可能な組み合わせを網羅するためのプログラミングテクニックが必要になります．

C Program 12.9: akabeko20.c

```c
1  #include<stdio.h>
2
3  long long gcd(long long x, long long y){ return y ? gcd(y, x % y) : x ; }
4  long long lcm(long long x, long long y){ return x / gcd(x, y) * y; }
5
6  int main(){
7    int N, A[20], i, bit, valid, cnt = 0;
8    long long LCM;
9    scanf("%d", &N);
10   for ( int i = 0; i < N; i++ ) scanf("%d", &A[i]);
11
12   for ( bit = 1; bit < (1 << N); bit++ ) {
13     valid = 1;
14     LCM = 1;
15     for ( i = 0; i < N; i++ ){
16       if ( bit & (1 << i) ) LCM = lcm(LCM, A[i]);
17     }
18     for ( i = 0; i < N; i++ ){
19       if ( (bit & (1 << i)) == 0 )
20         if ( LCM >= A[i] && LCM % A[i] == 0 ) valid = 0;
21     }
22     if ( valid ) cnt++;
23   }
24
25   printf("%d\n", cnt);
26   return 0;
27 }
```

C++ Program 12.10: akabeko20.cpp

```cpp
1  #include<iostream>
2  #include<numeric>
3  using namespace std;
4
5  long long lcm(long long x, long long y){ return x / gcd(x, y) * y; }
6
7  int main(){
8    int N, A[20], cnt = 0;
9    cin >> N;
10   for ( int i = 0; i < N; i++ ) cin >> A[i];
11
12   for ( int bit = 1; bit < (1 << N); bit++ ) {
13     bool valid = true;
14     long long LCM = 1;
15     for ( int i = 0; i < N; i++ ){
16       if ( bit & (1 << i) ) LCM = lcm(LCM, A[i]);
17     }
18     for ( int i = 0; i < N; i++ ){
19       if ( (bit & (1 << i)) == 0 )
20         if ( LCM >= A[i] && LCM % A[i] == 0 ) valid = false;
21     }
22     if ( valid ) cnt++;
23   }
24
25   cout << cnt << endl;
26   return 0;
27 }
```

Program 12.11: akabeko20.java

```java
import java.util.Scanner;

class Main{
  long gcd(long x, long y){ return y > 0 ? gcd(y, x % y) : x ; }
  long lcm(long x, long y){ return x / gcd(x, y) * y; }

  void solve(){
    Scanner sc = new Scanner(System.in);
    int N;
    N = sc.nextInt();
    int[] A = new int[N];
    int cnt = 0;
    for ( int i = 0; i < N; i++ ) A[i] = sc.nextInt();

    for ( int bit = 1; bit < (1 << N); bit++ ) {
      boolean valid = true;
      long LCM = 1;
      for ( int i = 0; i < N; i++ ){
        if ( (bit & (1 << i)) > 0 ) LCM = lcm(LCM, A[i]);
      }
      for ( int i = 0; i < N; i++ ){
        if ( (bit & (1 << i)) == 0 )
          if ( LCM >= A[i] && LCM % A[i] == 0 ) valid = false;
      }
      if ( valid ) cnt++;
    }

    System.out.println(cnt);
  }

  public static void main(String[] args){ new Main().solve(); }
}
```

Program 12.12: akabeko20.py

```python
import math
def lcm(x, y):
    return x // math.gcd(x, y) * y

N = int(input())
A = list(map(int, input().split()))
cnt = 0
for bit in range(1, (1 << N)):
    valid = True
    LCM = 1
    for i in range(N):
        if (bit & (1 << i)): LCM = lcm(LCM, A[i])
    for i in range(N):
        if (bit & (1 << i)) == 0:
            if  LCM >= A[i] and LCM % A[i] == 0: valid = False
    if valid: cnt += 1

print(cnt)
```

※ akabeko20.py の実装は，AOJ では時間切れとなります．

12.3.1　ビット全探索

　与えられたメンバー数 N から，参加するメンバーの組み合わせをすべて網羅する方法を考えます．各メンバーについて組み合わせに含めるか含まないかの 2 択なので，組み合わせの総数

は，2^N 通りになります（問題では，ここから誰も含まれない 1 ケースを除きます）．2^N 通りの組み合わせ生成は，含める場合と含めない場合について分岐する再帰関数，つまり全探索で実現できます．一方，ビットごとの論理演算を用いれば，ループ処理ですべての組み合わせを生成できます．このような方法をビット全探索と呼びます．

ビット演算は，アルゴリズムを効率よく実装する，または簡潔に記述するために応用することができるプログラミングテクニックです．ここではまず，ビットごとの論理積 &，ビットごとの論理和 |，ビットシフト演算 << について解説します．

ビットごとの論理積・論理和は，対象となるオペランドを 2 進数として対応するビットごとに論理演算を行います．ビットの論理積は，両方とも 1 のとき 1，論理和はどちらかが 1 のとき 1 になります．たとえば，$X = 12 = 1100_{(2)}$ と $Y = 6 = 0110_{(2)}$ について，ビットごとの論理積 $X \& Y$ は $0100_{(2)} = 4$，ビットごとの論理和 $X \mid Y$ は $1110_{(2)} = 14$ になります．

ビットシフト演算は，変数や定数の 2 進数表現のビットを左や右にずらす演算で以下のように使います．

表 12.1: ビットシフト演算

演算記号	書き方	意味
<<	a << 1	a を 2 進数表現にしたときのビットを左に 1 つずらした値
>>	a >> 1	a を 2 進数表現にしたときのビットを右に 1 つずらした値

解答例では，繰返し処理で，1 つの組み合わせを表す整数 bit を 1 から $2^N - 1$ まで生成しています．たとえば，$N = 4$ のとき，bit は 10 進数で表すと 1, 2, 3, 4, 5, ..., 15 になりますが，2 進数で表すと $0001_{(2)}, 0010_{(2)}, 0011_{(2)}, 0100_{(2)}, ..., 1111_{(2)}$ と表すことができます．一方，ビットシフト演算を用いた (1 << i) は，メンバー i (i = 0, 1, 2, 3) に対応する整数 $0001_{(2)}, 0010_{(2)}, 0100_{(2)}, 1000_{(2)}$ を順番に生成します．これらにビットごとの論理積 & をとった値 bit & (1 << i) が 0 より大きいときメンバー i は組み合わせに含まれる，0 になるときメンバー i は組み合わせに含まれない，と判断することができます．

12.3.2　最小公倍数

2 つの整数 x, y の最小公倍数は，最大公約数 $gcd(x, y)$ を用いて $\frac{x \times y}{gcd(x,y)}$ で求めることができます．解答例では，$x \times y$ のオーバーフロー（変数の型が表すことのできる数値を超えてしまうこと）を避けるために，y による掛け算は最後に行っています．

以下のように，言語によっては，gcd 関数は標準ライブラリで提供されています．

C++

C++17 では，numeric をインクルードすることで最大公約数を求める gcd 関数が使えます．

Python

math をインポートすれば，最大公約数を求める math.gcd 関数が使えます．

12.4　すべての数は 6174 に通ず　(ID 0259)

---

0 から 9 の数字からなる四桁の数 N に対して以下の操作を行う．

1. N の桁それぞれの数値を大きい順に並べた結果得た数を L とする
2. N の桁それぞれの数値を小さい順に並べた結果得た数を S とする
3. 差 $L - S$ を新しい N とする (1 回分の操作終了)
4. 新しい N に対して 1. から繰り返す

このとき，全桁が同じ数字 (0000, 1111 など) である場合を除き，あらゆる 4 桁の数はいつかは 6174 になることが知られている．たとえば $N = 2012$ の場合

1 回目 ($N = 2012$): $L = 2210, S = 0122, L - S = 2088$
2 回目 ($N = 2088$): $L = 8820, S = 0288, L - S = 8532$
3 回目 ($N = 8532$): $L = 8532, S = 2358, L - S = 6174$

となり，3 回の操作で 6174 に到達する．

0 から 9 の数字からなる 4 桁の数が与えられたとき，何回の操作で 6174 に到達するか計算するプログラムを作成してください．

入力

入力は複数のデータセットからなる．入力の終わりは 0000 が 1 つの行で示される．各データセットは以下の形式で与えられる．

データセットは 1 行であり，N $(1 \leq N \leq 9999)$ は 4 桁の数を示す．$N < 1000$ の場合は上の桁は 0 で埋められている．

データセットの数は 10000 を超えない．

出力

各データセットごとに何回の操作で 6174 に到達したかを 1 行に出力する．ただし全桁が同じ数字である数が入力として与えられた場合は NA と出力する．

```
入力例                    出力例
6174                     0
2012                     3
3333                     NA
0000
```

　入力は 4 桁の数字ですが，整数型として入力すると，上の桁が 0 から始まるような数値では上の桁がなくなってしまうので，4 文字の文字列として入力したほうが良いでしょう（たとえば 0001 のような入力を整数で取ると，0001 ではなく 1 と入力されます）．この問題では，実装方法によっては，数値を文字列として扱うプログラミングテクニックが必要になります．

C Program 12.13: 6174.c

```c
#include<stdio.h>
#include<string.h>
#include<stdlib.h>

int ascend(const void *a, const void *b) {
  return *(char *)a - *(char *)b;
}

int descend(const void *a, const void *b) {
  return *(char *)b - *(char *)a;
}

void solve(char *N){
  int num, cnt = 0;
  char L[5],  S[5];
  if ( N[0] == N[1] && N[1] == N[2] && N[2] == N[3] ) {
    printf("NA\n"); return;
  }
  for( cnt = 0; strncmp(N, "6174", 4) != 0; cnt++ ){
    strncpy(L, N, 4);
    strncpy(S, N, 4);
    qsort(L, 4, 1, descend); /* 降順にソート */
    qsort(S, 4, 1, ascend);  /* 昇順にソート */
    num = strtol(L, NULL, 10) - strtol(S, NULL, 10);
    sprintf(N, "%04d", num);
  }
  printf("%d\n", cnt);
}

int main(){
  char N[5];
  while ( scanf("%s", N) == 1 && strncmp( N, "0000", 4 ) != 0 ) {
    solve(N);
  }
  return 0;
}
```

C++ Program 12.14: 6174.cpp

```cpp
#include<iostream>
#include<string>
#include<algorithm>
using namespace std;

void solve(string N){
  if ( N[0] == N[1] && N[1] == N[2] && N[2] == N[3] ) {
    cout << "NA" << endl; return;
  }
  int cnt = 0;
  string L, S;
  for(; N != "6174"; cnt++ ){
    L = S = N;
    sort(L.begin(), L.end());    // 昇順にソート
    reverse(L.begin(), L.end()); // 逆順にして降順にソート
    sort(S.begin(), S.end());    // 昇順にソート
    int num = stoi(L.c_str()) - stoi(S.c_str());
    N = to_string(num);
    while( N.size() < 4 ) N = '0' + N;
  }
  cout << cnt << endl;
}

int main(){
  string N;
  while(1){
    cin >> N;
```

```
28        if ( N == "0000" ) break;
29        solve(N);
30    }
31    return 0;
32 }
```

Java

Program 12.15: 6174.java

```
1  import java.util.Scanner;
2  import java.util.Arrays;
3
4  class Main {
5    void solve(){
6      Scanner sc = new Scanner(System.in);
7
8      while( true ){
9        String N = sc.next();
10       if ( N.equals("0000") ) return;
11       if ( N.charAt(0) == N.charAt(1) &&
12         N.charAt(1) == N.charAt(2) &&
13         N.charAt(2) == N.charAt(3) ) {
14         System.out.println("NA");
15         continue;
16       }
17       int cnt = 0;
18       while ( !N.equals("6174") ) {
19         char[] L = N.toCharArray();
20         char[] S = N.toCharArray();
21         Arrays.sort(L);                    // 昇順にソート
22         char tmp = L[0]; L[0] = L[3]; L[3] = tmp;  // 逆順にして降順にソート
23         tmp = L[1]; L[1] = L[2]; L[2] = tmp;       //
24         Arrays.sort(S);                    // 昇順にソート
25         int num = Integer.parseInt(new String(L))
26           - Integer.parseInt(new String(S));
27         N = Integer.toString(num);
28         while( N.length() < 4 ) N = '0' + N;
29         cnt++;
30       }
31       System.out.println(cnt);
32     }
33   }
34
35   public static void main(String[] args) { new Main().solve(); }
36 }
```

Python

Program 12.16: 6174.py

```
1  while True:
2      N = input()
3      if int(N) == 0: break
4      if len(set(N)) == 1:
5          print("NA")
6          continue
7      cnt = 0
8      while N != "6174":
9          L = ''.join(reversed(sorted(N)))   # 降順にソート
10         S = ''.join(sorted(N))             # 昇順にソート
11         N = str(int(L) - int(S)).zfill(4)
12         cnt += 1
13     print(cnt)
```

12.4.1　文字列の比較

　文字列を扱うプログラムでは，2つの文字列が同じ文字列かを判定する等値演算・不等値演算，2つの文字列の大小関係を調べる比較演算が必要になるため，各プログラミング言語は，様々な機能を提供しています．この問題では，処理中の文字列が"0000"や"6174"に等しいかどうかを判断する必要があります．大小比較の方法も見ていきましょう．

C

strncmp 関数は指定された2つの文字列を比較します．strncmp には1つ目の文字列 s1，2つ目の文字列 s2，文字列の長さ n の合計3つの引数を渡します．strncmp は，s1 が指す文字列の先頭から n 文字と，s2 が指す文字列の先頭の n 文字を比較し，等しい場合 0，s1 > s2 の場合正の整数，s1 < s2 の場合負の整数を返します．C の解答例では，32 行目で"0000"との比較，19 行目で"6174"との比較を行っています．

C++

string クラスの変数は，直接 == 演算で等値演算，!= で不等値演算を行うことができます．また，比較演算も数値と同様に>，<，>=，<= 演算で行うことができ，辞書式順の比較を行うことができます．C++ の解答例では，28 行目で"0000"との比較，12 行目で"6174"との比較を行っています．

Java

String クラスの変数に対して，それらの内容を比較するために直接 == 演算子は使用できないことに注意する必要があります（== 演算は同一のオブジェクトを指すかどうかを判断するときに用います）．比較演算は String クラスに準備されている equals メソッドを利用します．また，String クラスには大小を比較する compareTo メソッドも準備されています．このメソッドは，s1.compareTo(s2) の戻り値で文字列 s1 と文字列 s2 の大小関係を調べます．このとき compareTo は，s1 < s2 のとき負の値，s1 > s2 のとき正の値，s1 と s2 が等しいとき 0 を返します．Java の解答例では，10 行目で"0000"との比較，18 行目で"6174"との比較を行っています．これらの判定は，equals メソッドの代わりに，compareTo メソッドでも可能です．

Python

文字列を保持する変数に対して，直接 == 演算で等値演算，!=で不等値演算を行うことができます．また，比較演算も数値と同様に>，<，>=，<= 演算で行うことができ，辞書式順の比較を行うことができます．

12.4.2 文字列の文字の整列

　文字列内の文字が数字でも英文字でも，それらを数値的にあるいは辞書式順に並べたいときがあります．文字列は配列やリストとして扱えるため，内容を整列するための標準的な機能が提供されています．

> **C**

char 型に対応した比較関数を準備すれば，数値の配列と同様に qsort を使うことができます．解答例の 5 行目から 11 行目に定義されている比較関数は，ascend 関数が昇順，descend 関数が降順に文字列の文字が並ぶように定義されています．

> **C++**

string クラスの変数は列として扱われるため，vector と同様に，sort 関数に直接渡すことができます．解答例では，文字列 L の文字を降順に並べるために 14 行目で sort 関数を実行し，続く行の reverse 関数で，列を逆順に変換しています（sort 関数に比較関数を指定すれば，1 回で降順にすることもできます）．

> **Java**

String クラスの文字列の文字は，直接並び替えの操作ができないため，一度文字型の配列に変換してから並べ替えを行います．解答例では，それぞれ 19，20 行目で，文字列 N を toCharArray メソッドで文字の配列に変換したものを，文字の配列 L と S に代入しています．配列に変換しておけば，Arrays の sort メソッドが利用できます．ここでは，22-23 行目で，配列 L の内容を逆順にし，昇順から降順に変換しています．

> **Python**

sorted(N) で，文字列 N の文字を昇順に並べ変えることができます．また reverse 関数に文字列を渡すことで，文字の並びを逆順に変換することができます．

12.4.3 整数から文字列への変換

　文字列から数値に変換したように，数値から文字列に変換する方法があります．ここでは，数値を 4 文字の文字列として保持しておくため，数値が 4 桁未満の場合は，変換した文字列が 4 桁になるまで先頭から 0 で埋めておく方法についても考えます．このような処理はゼロ埋めやゼロパティングと呼ばれています．

> **C**

sprintf 関数は，書式を指定した出力を文字列として格納します．printf 関数と同様の形式で変換方法を指定し，結果を変数に格納することができます．解答例では，25 行目で整数 num の値を

10 進数に変換して文字列 N に格納しています．このとき変換方法として"%04d" を指定しています．これは，全体で 4 桁，数値として 4 桁に満たない場合は左から 0 で埋めるように指示しています．

C++

to_string 関数は，与えられた整数を文字列に変換します．解答例では，18 行目で整数 num を文字列 N に変換しています．ここでは，19 行目で文字列 N の長さが 4 未満の間，左から文字 0 で埋める処理を施しています．

Java

Integer クラスの toString メソッドは，与えられた整数を文字列に変換します．解答例では，27 行目で整数 num を文字列 N に変換しています．ここでは，28 行目で文字列 N の長さが 4 未満の間，左から文字 0 で埋める処理を施しています．

Python

str 関数に整数値を渡し，文字列に変換することができます．解答例では，11 行目で計算結果の数値を文字列に変換しています．さらに得られた文字列に対して，zfill 関数を施しています．zfill 関数は，引数で指定された文字数になるように対象となる文字列の左側をゼロで埋めた文字列を返します．

別解

この問題で扱う数値 N は最大で 4 桁です．各桁の数字を抜き出すことができれば，数値だけで計算が可能です．ある数値を 10 で割った余りを計算すれば，1 の位の数字を抜き出すことができます．10 の位の数字を抜き出すには，数値を 10 で割り算して 10 の位を 1 の位の位置にシフトした後で 10 で割った余りを計算します．さらに 100 の位の数字を抜き出すには，数値をさらに 10 で割って 100 の位を 1 の位の位置にシフトして 10 で割った余りを計算します．このように各桁を抜き出して，文字列に変換することができます．たとえば，C と C++の解答例で数値 num を文字列 N に変換する処理は，以下のように書き換えることができます．

```
for( i = 3; i >= 0; i-- ){
  N[i] = '0' + (num % 10);
  num /= 10;
}
```

12.5　塵劫記　(ID 0287)

大きな数を表そうとすると，文字数も多くなるし，位取りがわからなくなってしまうので，なかなか面倒です．大きな数をわかりやすく表すために，人々は数の単位を使ってきました．江戸時代に書かれた「塵劫記」という本の中では，数の単位が次のように書かれています．

単位	万	億	兆	京	垓	秭	穣	溝	澗
大きさ	10^4	10^8	10^{12}	10^{16}	10^{20}	10^{24}	10^{28}	10^{32}	10^{36}

単位	正	載	極	恒河沙	阿僧祇	那由他	不可思議	無量大数	
大きさ	10^{40}	10^{44}	10^{48}	10^{52}	10^{56}	10^{60}	10^{64}	10^{68}	

たとえば，2 の 100 乗のようなとても大きな数は，126 穣 7650 秭 6002 垓 2822 京 9401 兆 4967 億 320 万 5376 と表せます．それでは，正の整数 m と n が与えられたとき，m の n 乗を塵劫記の単位を使って上のように表すプログラムを作成してください．

入力

入力は複数のデータセットからなる．入力の終わりはゼロ 2 つの行で示される．各データセットは以下の形式で与えられる．

m n

m $(2 \leq m \leq 20)$ が基数，*n* $(1 \leq n \leq 240)$ が指数を表す．ただし m^n は 10^{72} 未満である

データセットの数は 100 を超えない．

出力

データセットごとに，m^n を指数にする塵劫記の単位で表した文字列を 1 行に出力する．ただし，各単位は以下の表記で出力する．

単位	万	億	兆	京	垓	秭	穣	溝	澗
表記	Man	Oku	Cho	Kei	Gai	Jo	Jou	Ko	Kan

単位	正	載	極	恒河沙	阿僧祇	那由他	不可思議	無量大数	
表記	Sei	Sai	Gok	Ggs	Asg	Nyt	Fks	Mts	

m^n を表す文字列は，1 から 9999 までの数と上の表に現れる単位を表す文字列からなる．文字列には，余分な 0 や単位を含めない．

入力例　　　　　　　　　　　　　　出力例
2 10　　　　　　　　　　　　　　　1024
5 20　　　　　　　　　　　　　　　95Cho3674Oku3164Man625
10 8　　　　　　　　　　　　　　　10ku
20 17　　　　　　　　　　　　　　131Gai720Kei
0 0

C や C++ の場合，整数を保持する int 型は 2^{31} 程度（約 21 億），long long 型は 2^{63} 程度（約 922 京）までしか表すことができません．そのため，与えられた *m* と *n* に対して，m^n が大きすぎて表現できない場合があります．double 型を用いたとしても，double 型は最大 10^{308} 程度まで表現できますが，表現できる桁の範囲が一番大きな桁から 15–16 桁分程度しかないのでこれも使えません．これらの言語を使う場合は，標準の型では扱えないような大きな範囲の数を扱

うための，桁上がりの処理を考える必要があります．

一方，Java や Python の場合は標準で大きな整数を扱う方法があるので，それを利用できます．これらの言語を使う場合は，m^n を計算し，その値を 10000 で割った余りを配列に入れ，10000で割ることを繰り返していきます．

C
Program 12.17: jinkoki.c

```c
#include<stdio.h>

const char* table[] = {"", "Man", "Oku", "Cho", "Kei", "Gai", "Jo",
                       "Jou", "Ko", "Kan", "Sei", "Sai", "Gok", "Ggs",
                       "Asg", "Nyt", "Fks", "Mts"}; /* 18種類 */
int main() {
  int m, n, i, j, carry;
  int block[18];

  while ( scanf("%d %d", &m, &n) == 2 && m != 0 || n != 0 ) {

    block[0] = m;
    for ( i = 1; i < 18; ++i ) block[i] = 0;

    for ( i = 1; i < n; ++i ) {
      for ( j = 0; j < 18; ++j ) block[j] *= m; /* 全ブロックにmを掛ける */
      for ( j = 0; j < 18; ++j ) {              /* 繰り上がり処理 */
        if ( block[j] >= 10000 ) {
          carry = block[j] / 10000;             /* 繰り上がり分 */
          block[j + 1] += carry;
          block[j] -= carry * 10000;
        }
      }
    }

    /* 出力 */
    for ( i = 17; i >= 0; --i )
      if ( block[i] ) printf("%d%s", block[i], table[i]);
    printf("\n");
  }
  return 0;
}
```

C++
Program 12.18: jinkoki.cpp

```cpp
#include<iostream>
#include<vector>
using namespace std;

const char* table[] = {"", "Man", "Oku", "Cho", "Kei", "Gai", "Jo",
                       "Jou", "Ko", "Kan", "Sei", "Sai", "Gok", "Ggs",
                       "Asg", "Nyt", "Fks", "Mts"};// 18種類
int main() {
  int m, n;

  while ( cin >> m >> n && m != 0 || n != 0 ) {

    vector<int> block(18);
    block[0] = m;
    for ( int i = 1; i < n; ++i ) {
      for ( int j = 0; j < 18; ++j ) block[j] *= m; // 全ブロックにmを掛ける
      for ( int j = 0; j < 18; ++j ) {              // 繰り上がり処理
        if ( block[j] >= 10000 ) {
          int carry = block[j] / 10000;             // 繰り上がり分
          block[j + 1] += carry;
          block[j] -= carry * 10000;
        }
```

```
23        }
24      }
25
26      // 出力
27      for ( int i = 17; i >= 0; --i )
28        if ( block[i] ) cout << block[i] << table[i];
29      cout << endl;
30    }
31    return 0;
32  }
```

Java　　　　　　　　　Program 12.19: jinkoki.java

```java
 1  import java.util.Scanner;
 2  import java.util.ArrayList;
 3  import java.math.BigInteger;
 4
 5
 6  public class Main {
 7
 8    static final String table[] =
 9    {"", "Man", "Oku", "Cho", "Kei", "Gai", "Jo", "Jou", "Ko", "Kan",
10     "Sei", "Sai", "Gok", "Ggs", "Asg", "Nyt", "Fks", "Mts"};
11
12    void solve() {
13      Scanner sc = new Scanner( System.in );
14
15      while (true) {
16        int m = sc.nextInt();
17        int n = sc.nextInt();
18        if ( m == 0 && n == 0 ) break;
19
20        ArrayList<Integer> aBlock = new ArrayList<Integer>();
21        BigInteger val = BigInteger.valueOf(m).pow(n);
22        BigInteger tts = BigInteger.valueOf(10000);
23
24        while ( val != BigInteger.ZERO ) {
25          aBlock.add(val.mod(tts).intValue());
26          val = val.divide(tts);
27        }
28
29        for (int i = aBlock.size()-1; i >= 0; --i) {
30          if ( i >= table.length )
31            System.out.print(aBlock.get(i));
32          else if ( aBlock.get(i) != 0 )
33            System.out.print(aBlock.get(i) + table[i]);
34        }
35        System.out.print("\n");
36      }
37    }
38
39    public static void main(String[] args) { new Main().solve(); }
40
41  }
```

Python　　　　　　　　Program 12.20: jinkoki.py

```python
1  unit = ("", "Man", "Oku", "Cho", "Kei", "Gai", "Jo", "Jou", "Ko", "Kan", "Sei", \
2         "Sai", "Gok", "Ggs", "Asg", "Nyt", "Fks", "Mts")
3
4  while True:
5      m, n = map(int, input().split())
6      if m == 0 and n == 0: break
7      val = m ** n
8      res = ""
9      for u in unit :
```

```
10          val, m = divmod(val, 10000)
11          if m :
12              res = str(m) + u + res
13      print(res)
```

12.5.1 型の表現範囲

C，C++，Java では int 型は 32bit の整数です．また，C，C++では long long 型，Java では long 型が 64bit の整数です．これらが扱えるデータの範囲は以下のようになっています．

	最大値	最小値
32bit	$2^{31} - 1$	-2^{31}
64bit	$2^{63} - 1$	-2^{63}

扱える範囲の目安として，32bit 整数型がおおよそ 10 桁 (±21 億) 程度で，64bit 整数型がおおよそ 19 桁 (±922 京) 程度の整数です．なお，Python での整数型は int 型だけですが，メモリが許す限り大きな整数を扱うことができます．また，Java には同様の BigInteger というクラスがあります．

一方，実数型[1]ではこれよりずっと大きな値を表現することができます．C，C++，Java では float 型は 32bit の実数で，double 型が 64bit の実数です．また，Python は float 型だけですが，これは 64bit の実数です．

	最大値/最小値	絶対値最小の値	機械イプシロン
32bit	$\pm 3.4 \times 10^{38}$	$\pm 1.4 \times 10^{-45}$	$\pm 1.2 \times 10^{-7}$
64bit	$\pm 1.8 \times 10^{308}$	$\pm 4.9 \times 10^{-324}$	$\pm 2.2 \times 10^{-16}$

実数型の性質として最大値/最小値以外に，表現できる値のうち絶対値が最小の値と，機械イプシロンがあります．単純な最大値/最小値を見ると，同じ bit 数であれば整数型よりもずっと大きな値を扱えますが，実数型には整数型にはない特徴があり，通常は大きな整数を扱うための代替とはなりません．

理想的な実数型は，小数点以下の桁をいくつでも表現できなければいけませんが，コンピュータのデータ型はデータの大きさが限られているため，実数を表現する解像度のようなものがあります．値の表現そのものの解像度の尺度が「絶対値最小の値」で，計算結果の解像度の尺度が「機械イプシロン」にあたります．これらの値は実行環境によって多少異なる場合があります．

---

[1]正確には実数を扱うための，IEEE754 で決まっている浮動小数点型について説明しています．また，表中の値は有効桁 2 桁分だけ書いてあります．

12.5.2　多倍長整数

プログラミング言語に組み込まれている基本的な型（たとえば int）では表現しきれない非常に大きな整数を，メモリの拡張や工夫などによって扱えるようにした構造を**多倍長整数**と言います．

この問題では，単位は万から無量大数までの 17 種類あり，各単位内で表現できなければならない数値の範囲は，0 から 9999 までです．これら 17 のブロックと 10000 未満の数を表すための分の 1 ブロック分で，合わせて 18 ブロックで全体の数値を表すことを考えます．以下の表のように，無は無量大数，不は不可思議，未は一万未満のブロックを表します．

無	不	…	兆	億	万	未
0	0	…	0	0	0	0

まずは，1 万未満のブロックの数値を，与えられた基数 m で初期化します．ここでは，$m = 11$ とします．

無	不	…	兆	億	万	未
0	0	…	0	0	0	11

$n = 1$ ならこれで終わりです．n がさらに大きいときは，どのように計算すればよいでしょうか？$n = 3$ の場合まで進めてみます．

無	不	…	兆	億	万	未
0	0	…	0	0	0	1331

$n = 4$ のときは 9999 より大きくなってしまいます．

無	不	…	兆	億	万	未
0	0	…	0	0	0	14641

9999 より大きい分は「万」の単位に繰り上げます．具体的には「未」の単位の数値を 10000 で割ったものを万の単位に足して，未の単位は 10000 で割った余りに更新します．整数型の割り算は小数点以下を切り捨てるので，10000 から 19999 までの数値は 10000 で割るとすべて 1 になります．

無	不	…	兆	億	万	未
0	0	…	0	0	1	4641

さらに $m = 11$ を掛け算するときは，全体に 11 がかかるので次のようになります．

無	不	…	兆	億	万	未
0	0	…	0	0	11	51051

このときも，繰り上がりの処理をします．

無	不	⋯	兆	億	万	未
0	0	⋯	0	0	16	1051

このように，すべてのブロックに基数 m を掛けては，下の単位から順に繰り上がりを上の単位に足していきます．

Java

Java には BigInteger クラスが準備されており，組み込みの int(32bit) や long(64bit) より大きい整数が使えます．

Python

Python では，整数型で大きな値，つまり多倍長整数を含む計算を行うことができます．ただし，桁数が大きい整数を扱う場合は，メモリを必要とすることを意識しなければなりません．

12.6　演習問題

ニュータウン (ID 0338)

　会津県では人口増加のためにニュータウンを作ることにしました．そのために，新たに長方形の土地を開拓し，この土地を余すところなく，すべて同じ大きさの正方形からなる区画に区切ることを決めました．この土地の整備には，区画数に比例した費用がかかりますが，県としてはこの費用を最小にしたいと考えています．

　新たに開拓した土地の東西方向と南北方向の長さと，1 区画当たりの整備費用が与えられたとき，すべての区画を整備したときにかかる，最小の整備費用を求めるプログラムを作成せよ．

入力例 1
10 20 5　（東西方向の長さ，南北方向の長さ，整備費用）

出力例 1
10　（最小の費用）

入力例 2
27 6 1

出力例 2
18

対称3進数 (ID 0306)

　1 グラム，3 グラム，9 グラム，27 グラムのおもりが 1 つずつあれば，天びんを使って 1 グラムから 40 グラムまで 1 グラム刻みで量れることが知られています．たとえば，天びんの一方の皿に重さを量りたいものと 3 グラムのおもりを載せ，もう一方の皿に 27 グラムと 1 グラムのおもりを載せて釣り合えば，量りたいものの重さは 27-3+1=25 グラムだとわかります．さらに，$1(=3^0)$ グラム，3^1 グラム，$\cdots$，3^{n-1} グラム，3^n グラムまでのおもりが 1 つずつあれば，天びんを使って $(3^{n+1}-1)/2$ グラムまで量れることが知られています．また，天びんが釣り合うようなおもりの置き方は一通りしかないことも知られています．

　量りたいものとおもりを天びんに置いて，釣り合うようなおもりの置き方を文字列で表すことができます．3^i グラムのおもりを量りたいものと同じ皿に載せたときは「-」，もう一方の皿に載せたときは「+」，どちらにも載せなかったときは「0」を文字列の右端から i 番目に書きます（右端を 0 番目と数えます）．たとえば，先ほどの 25 グラムの例は +0-+ と表わせます．

　それでは，量りたいものの重さが与えられたとき，天びんが釣り合うようなおもりの置き方を表す文字列を出力するプログラムを作成してください．ただし，3 のべき乗グラムのおもりは，どのような重さのものでも必ず 1 つあるものとします．

　（補足：対称3進数について）量りたいものの重さが w のとき，おもりの置き方を表す文字列は w の対称3進数になっています．対称3進数とは，3 のべき乗の数で位取りを行い，各位に数 1，0，-1 を表す文字を書くことで表した数のことです．上の文字列では，文字「+」，「0」，「-」がそれぞれ数 1，0，-1 に対応します．たとえば,25 グラムのものを量るときのおもりの置き方が +0-+ である対称3進数が表す数は，$1\times3^3+0\times3^2-1\times3^1+1\times3^0=25$ となります．

入力例 1	出力例 1
25 （量りたいものの重さ）	+0-+ （おもりの置き方）

入力例 2	出力例 2
2	+-

発想問題

　古典的なアルゴリズムの知識も重要ですが，自らアルゴリズム
を設計するためには，柔軟な発想力が必要になってきます．第4部
では、発想力を要するやや手ごたえのある問題を解いていきます．
第4部の問題や，本書に掲載できなかった数々の演習問題を繰り
返し解決することによって，自分で考え問題を解決する力を，楽
しみながら養うことができるでしょう．

第13章 発想問題

13.1 ブロック積み上げ (ID 0394)

ブロックを積み上げて塔を一つ作ります．塔はいくつかの段からなり，各段は水平方向にブロックをつなげて作ります．どのブロックも重さは同じで，K 個以下のブロックの重さがかかってもつぶれないだけの強度があります．塔を作るには，次の条件を満たさなければなりません．

- 塔のすべての段に 1 個以上のブロックがある．
- どのブロックにも，ブロックがつぶれない程度の重さしかかかっていない．ただし，各ブロックにかかる重さは，そのブロックより上にあるすべての段のブロックの重さの合計を，そのブロックと同じ段にあるブロックの個数で割った値とする．

ブロックの個数と各ブロックの強度が与えられたとき，作ることのできる塔の段数の最大値を求めるプログラムを作成せよ．

入力

1 行にブロックの個数 N $(1 \leq N \leq 10^5)$ と，ブロックの強度 K $(1 \leq K \leq 10^5)$ が整数で与えられる．

出力

塔の段数の最大値を 1 行に出力する．

入力例 1	出力例 1
4 2	3

入力例 2	出力例 2
5 2	4

Program 13.1: pilling_blocks.c

```c
#include<stdio.h>

int main() {
  int n, k, res = 0, row = 1, w = 0;

  scanf("%d %d", &n, &k);

  while ( n >= row ) {
    if ( row * k >= w ) {
      ++res;
      w += row;
      n -= row;
    }
    else if ( n >= row + 1 ) ++row;
    else break;
```

```
16     }
17
18     printf("%d\n", res);
19     return 0;
20   }
```

C++　　　　　　　Program 13.2: pilling_blocks.cpp

```cpp
1  #include<iostream>
2  using namespace std;
3
4  int main() {
5    int n, k;
6    cin >> n >> k;
7
8    int res = 0, row = 1, w = 0;
9    while ( n >= row ) {
10     if ( row * k >= w ) {
11       ++res;
12       w += row;
13       n -= row;
14     }
15     else if ( n >= row + 1 ) ++row;
16     else break;
17   }
18
19   cout << res << endl;
20   return 0;
21 }
```

Java　　　　　　　Program 13.3: pilling_blocks.java

```java
1  import java.util.Scanner;
2
3  class Main {
4    void solve(){
5      Scanner sc = new Scanner(System.in);
6      int n = sc.nextInt(), k = sc.nextInt();
7
8      int res = 0, row = 1, w = 0;
9      while ( n >= row ) {
10       if ( row * k >= w ) {
11         ++res;
12         w += row;
13         n -= row;
14       }
15       else if ( n >= row + 1 ) ++row;
16       else break;
17     }
18
19     System.out.println(res);
20   }
21
22   public static void main(String[] args) { new Main().solve(); }
23 }
```

Python　　　　　　　Program 13.4: pilling_blocks.py

```python
1  n,k = map(int, input().split())
2  res = 0
3  row = 1
4  w = 0
5  while n >= row :
6      if row * k >= w :
```

```
 7          res += 1
 8          w += row
 9          n -= row
10      elif n >= row + 1 : row += 1
11      else : break
12 print(res)
```

13.1.1 解説

塔の上の段から先に作っていくことを考えます．1番上の段のブロックの数は1つになるのが最適なので，ブロックが1つの最上段から始めて，下の段がどのようになっていくか考えます．

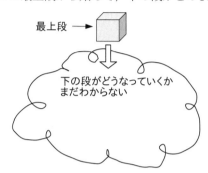

ブロック1つあたりの強度 $K = 1$ の場合を考えてみます．上から2段目を作るとき，上の段の総重量を支える強度が必要なため，強度と比較するためにこれまでに作った段の重さを計算しておきます．今回の場合，上から2段目にブロックが1つあれば支えることができます．

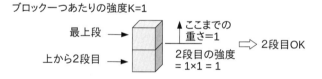

上から3段目は，ブロックが1つだと上の段の総重量2を支える強度がないため作ることができません．もし，このとき $N = 3$ であれば，ブロックがなくなるため処理は終了です．

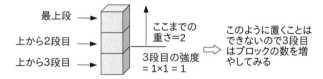

より多くのブロックがあれば，3段目のブロックの数を増やすことで段を増やせます．

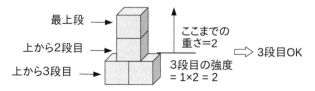

このように，それまでのブロックの総重量と，現在作っている段に必要なブロックの数を記録して，現在の段を作るために必要な数のブロックが確保できなくなれば終了です．高さ1段

あたり，少なくとも 1 つのブロックを使うので，最悪の場合の計算量は $O(N)$ になります.

13.2　鉄道路線 II　(ID 0299)

わたしの住む街には，図のような N 個の駅からなる円環状の鉄道路線があります．この路線の各駅には 0 から N-1 までの番号が順番に割り当てられていて，隣の駅まで 100 円で移動することができます．移動はどちらの方向にでも可能です．

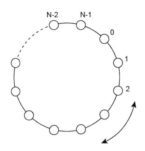

わたしはこの路線上のいくつかの駅で買い物をしたいと思っています．そこで，プログラムを作成して移動費を計算することにしました．ある駅を始点として，買い物をするすべての駅を訪問する最小の費用（円）を求めるプログラムを作成してください．ただし，同じ駅を何度訪問しても良く，どのような順番で駅を訪問しても構いません．

入力

1 行目に駅の数 N $(2 \le N \le 100000)$，買い物をする駅の数 M $(1 \le M \le 10000$ かつ $M < N)$，出発する駅の番号 p $(0 \le p \le N - 1)$ が与えられる．続く M 行に買い物をする駅の番号 d_i $(0 \le d_i \le N - 1)$ が与えられる．ただし，d_i はすべて異なり，p もまたどの d_i とも異なるものとする．

出力

最小の費用を 1 行に出力する．

入力例 1	出力例 1
5 4 0	400
1	
2	
3	
4	

入力例 2	出力例 2
7 2 1	400
6	
2	

C　　　　　　　　　　　Program 13.5: railroad2.c

```
1  #include<stdio.h>
2  #include<stdlib.h>
3
4  int N, M, p;
```

```
 5  int dst[10000];
 6
 7  /* sからeへの時計回り/反時計回りでの距離 */
 8  int CWDist (int s, int e) { return (e - s + N) % N; }
 9  int CCWDist (int s, int e) { return (s - e + N) % N; }
10
11  /* 時計回り/反時計回りで次の買い物場所 */
12  int CWNext ( int i ) { return i == M - 1 ? dst[0] : dst[i + 1]; }
13  int CCWNext ( int i ) { return i == 0 ? dst[M - 1] : dst[i - 1]; }
14
15  /* pからtへ時計回り  tからeへ反時計回りで行ったときの距離  */
16  int CWTurn ( int p, int t, int e ) { return CWDist(p, t) + CCWDist(t, e); }
17
18  /* pからtへ反時計回り  tからeへ時計回りで行ったときの距離  */
19  int CCWTurn ( int p, int t, int e ) { return CCWDist(p, t) + CWDist(t, e); }
20
21  int ascend(const void *a, const void *b) {
22    return *(int*)a - *(int*)b;
23  }
24
25  int main() {
26    int i, s = 0, cwNext, ccwNext, dist, tmp;
27    scanf("%d %d %d", &N, &M, &p);
28
29    for ( i = 0; i < M; ++i ) scanf("%d", &dst[i]);
30    qsort(dst, M, sizeof(int), ascend);/* 昇順ソート */
31
32    /* 買い物する駅のうち 時計回りでpの次の駅がdstの何番目か */
33    while ( s < M ) {
34      if ( dst[s] > p ) break;
35      ++s;
36    }
37
38    /* 単に反時計回り(case1)と時計回り(case2)する場合 */
39    cwNext  = s == M ? dst[0] : dst[s];
40    ccwNext = s == 0 ? dst[M - 1] : dst[s - 1];
41    dist = CCWDist(p, cwNext);
42    tmp = CWDist(p, ccwNext);
43    if ( tmp < dist ) dist = tmp;
44
45    /* 折り返す2パターン(case3,case4)をM通り */
46    for ( i = 0; i < M; ++i ) {
47      tmp = CWTurn(p, dst[i], CWNext(i));
48      if ( tmp < dist ) dist = tmp;
49      tmp = CCWTurn(p, dst[i], CCWNext(i));
50      if ( tmp < dist ) dist = tmp;
51    }
52
53    printf("%d\n", 100 * dist);
54    return 0;
55  }
```

C++   Program 13.6: railroad2.cpp

```
 1  #include<iostream>
 2  #include<algorithm>
 3  #include<vector>
 4  using namespace std;
 5
 6  int N, M, p;
 7  vector<int> dst;
 8
 9  int CWDist (int s, int e) { return (e - s + N) % N; }
10  int CCWDist (int s, int e) { return (s - e + N) % N; }
11
12  int CWNext ( int i ) { return i == M - 1 ? dst[0] : dst[i + 1]; }
13  int CCWNext ( int i ) { return i == 0 ? dst[M - 1] : dst[i - 1]; }
14
```

```
15  int CWTurn ( int p, int t, int e ) { return CWDist(p, t) + CCWDist(t, e); }
16  int CCWTurn ( int p, int t, int e ) { return CCWDist(p, t) + CWDist(t, e); }
17
18  int main() {
19    cin >> N >> M >> p;
20    dst.resize( M );
21
22    for ( int i = 0; i < M; ++i ) cin >> dst[i];
23    sort(dst.begin(), dst.end());
24
25    int s = 0;
26    while ( s < M ) {
27      if ( dst[s] > p ) break;
28      ++s;
29    }
30
31    int cwNext  = s == M ? dst[0] : dst[s];
32    int ccwNext = s == 0 ? dst[M - 1] : dst[s - 1];
33    int dist = min(CCWDist(p, cwNext), CWDist(p, ccwNext));
34
35    for ( int i = 0; i < M; ++i ) {
36      dist = min(dist, CWTurn(p, dst[i], CWNext(i)));
37      dist = min(dist, CCWTurn(p, dst[i], CCWNext(i)));
38    }
39
40    cout << 100 * dist << endl;
41    return 0;
42  }
```

| Java | Program 13.7: railroad2.java |

```
1   import java.util.*;
2
3   class Main {
4
5     int N, M, p;
6     int dst[] = null;
7
8     int CWDist (int s, int e) { return (e - s + N) % N; }
9     int CCWDist (int s, int e) { return (s - e + N) % N; }
10
11    int CWNext ( int i ) { return i == M - 1 ? dst[0] : dst[i + 1]; }
12    int CCWNext ( int i ) { return i == 0 ? dst[M - 1] : dst[i - 1]; }
13
14    int CWTurn ( int p, int t, int e ) { return CWDist(p, t) + CCWDist(t, e); }
15    int CCWTurn ( int p, int t, int e ) { return CCWDist(p, t) + CWDist(t, e); }
16
17    void solve(){
18
19      Scanner sc = new Scanner(System.in);
20      N = sc.nextInt();
21      M = sc.nextInt();
22      p = sc.nextInt();
23      dst = new int[M];
24      for ( int i = 0; i < M; ++i ) dst[i] = sc.nextInt();
25      Arrays.sort(dst);
26
27      int s = 0;
28      while ( s < M ) {
29        if ( dst[s] > p ) break;
30        ++s;
31      }
32
33      int cwNext  = s == M ? dst[0] : dst[s];
34      int ccwNext = s == 0 ? dst[M - 1] : dst[s - 1];
35
36      int dist = Math.min(CCWDist(p, cwNext), CWDist(p, ccwNext));
37
```

```
38        for ( int i = 0; i < M; ++i ) {
39          dist = Math.min(dist, CWTurn(p, dst[i], CWNext(i)));
40          dist = Math.min(dist, CCWTurn(p, dst[i], CCWNext(i)));
41        }
42
43        System.out.println( 100 * dist );
44      }
45
46      public static void main(String[] a) { new Main().solve(); }
47    }
```

Python   Program 13.8: railroad2.py

```python
1   dst = []
2
3   def CWDist(s, e, N) : return (e - s + N) % N
4   def CCWDist(s, e, N) : return (s - e + N) % N
5   def CWNext(i, M) : return dst[0] if i == M - 1 else dst[i + 1]
6   def CCWNext(i, M) : return dst[M-1] if i == 0 else dst[i - 1]
7   def CWTurn(p, t, e, N) : return CWDist(p, t, N) + CCWDist(t, e, N)
8   def CCWTurn(p, t, e, N) : return CCWDist(p, t, N) + CWDist(t, e, N)
9
10  N,M,p = map(int, input().split())
11  for i in range(M) :
12      dst.append(int(input()))
13  dst.sort()
14
15  s = 0
16  while s < M :
17      if dst[s] > p : break
18      s += 1
19
20  cwNext = dst[0] if s == M else dst[s]
21  ccwNext = dst[M - 1] if s == 0 else dst[s - 1]
22  dist = min(CCWDist(p, cwNext, N), CWDist(p, ccwNext, N))
23  for i in range(M) :
24      dist = min(dist, CWTurn(p, dst[i], CWNext(i,M), N), CCWTurn(p, dst[i],
              CCWNext(i,M), N))
25  print(100 * dist)
```

13.2.1 解説

買い物をする駅をすべて訪ねるのに必要な最短の距離がわかれば，それに 100 を掛けたものが答えになります．$N = 10$ で出発する駅の番号 $p = 0$ のときについて，まずは簡単なケースを 2 つ考えてみます．case1 は，買い物をする駅の数 $M = 2$ で，買い物をする駅の番号 $d_1 = 6$, $d_2 = 8$ の場合，case2 は $M = 3$ で $d_1 = 3$, $d_2 = 4$, $d_3 = 6$ の場合です．各々，以下のように，case1 では始点から反時計回りに周ったとき，case2 では時計回りに周ったときが最適になります．

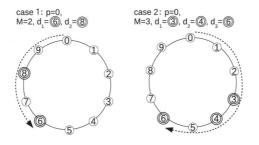

時計回りに周る方法と反時計回りに周る方法を調べるだけで十分でしょうか？次に以下の 2 つのケースを考えてみます．case3 は，$M = 3$ で $d_1 = 2, d_2 = 3, d_3 = 9$ の場合，case4 は $M = 2$ で $d_1 = 1, d_2 = 8$ の場合です．各々，以下のように 1 度折り返す方法が最適になります．

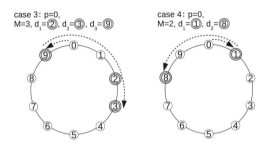

2 度以上折り返すような方法はどうでしょうか？ case3 で考えてみます．

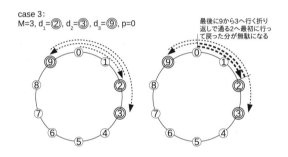

2 度以上折り返す場合，折り返し後に結局先に行った駅を通るので，無駄になってしまいます．1 度だけ折り返すのであれば，折り返す駅は買い物をしたい駅のどれかにすればよいので，結局，以下の 4 通りの方法を試せば良いことがわかります．

- スタート地点から反時計回りで買い物をするすべての駅を訪ねていく (1 通り)

- スタート地点から時計回りで買い物をするすべての駅を訪ねていく (1 通り)

- スタート地点から反時計回りでいくつかの駅を訪ねた後折り返して，時計回りで残りの駅に訪ねていく (M 通り)

- スタート地点から時計回りでいくつかの駅を訪ねた後折り返して，反時計回りで残りの駅に訪ねていく (M 通り)

ただし，例外として買い物をしたい駅が 1 つしかない場合は，スタート地点からその駅までの距離が最短距離になります．これらすべてを合わせた分の計算量は $O(M)$ になりますが，最初に買い物をする駅を整列する処理が必要なので，全体の計算量は $O(M \log M)$ となります．

13.3　トランポリン　(ID 0362)

複数台のトランポリンが，10 m 間隔で直線上に設置されています．それぞれのトランポリンについて，水平方向に跳ぶことができる最大距離が決まっています．左端のトランポリンから始めて，跳ぶことができる範囲にあるトランポリンに跳び移っていきます．これを繰り返して，まずは右端のトランポリンまで行ってから，左端のトランポリンに戻りたいと思います．この間，一度もトランポリンから降りずに往復することができるでしょうか．

各トランポリンで水平方向に跳ぶことができる最大距離が与えられたとき，左端と右端の間を往復できるかを報告するプログラムを作成せよ．ただし，トランポリンは大きさのない点とみなす．

入力

1 行目にトランポリンの台数 N ($2 \leq N \leq 3 \times 10^5$) が与えられる．続く N 行に，左から i 番目のトランポリンで跳ぶことができる最大距離 d_i ($1 \leq d_i \leq 10^6$) が，メートル単位の整数で与えられる．

出力

左端と右端の間を往復できるなら "yes"，できないなら "no" と 1 行に出力する．

入力例 1	出力例 1
4	no
20	
5	
10	
1	

入力例 2	出力例 2
3	no
10	
5	
10	

入力例 3	出力例 3
4	yes
20	
30	
1	
20	

Program 13.9: trampoline.c

```c
#include<stdio.h>

int N;
int d[300000];

int isReachable() {
  int i, current = 0;
  for ( i = 0; i < N; ++i ) {
    if ( current < 10 * i ) return 0;
    if ( current < 10 * i + d[i] ) current = 10 * i + d[i];
    if ( current >= 10 * N ) return 1;
  }
```

```
13    return 0;
14 }
15
16 int main() {
17    int i;
18    scanf("%d", &N);
19    for ( i = 0; i < N; i++ ) scanf("%d", &d[i]);
20    if ( !isReachable() ) {
21      printf("no\n");
22      return 0;
23    }
24
25    for ( i = 0; i < N / 2; i++ ) { /* 列の要素を逆順に変換する */
26      int tmp = d[i];
27      d[i] = d[N - i - 1];
28      d[N - i - 1] = tmp;
29    }
30    if ( !isReachable() ) printf("no\n");
31    else printf("yes\n");
32
33    return 0;
34 }
```

C++   Program 13.10: trampoline.cpp

```
1  #include<iostream>
2  #include<vector>
3  #include<algorithm>
4  using namespace std;
5
6  int N;
7  vector<int> d;
8
9  bool isReachable() {
10    int current = 0;
11    for ( int i = 0; i < N; i++ ) {
12      if ( current < 10 * i ) return false;
13      current = max( current, 10 * i + d[i] );
14      if ( current >= 10 * N ) return true;
15    }
16    return false;
17 }
18
19 int main() {
20    cin >> N;
21    d.resize(N);
22    for ( int i = 0; i < N; i++ ) cin >> d[i];
23    if ( !isReachable() ) {
24      cout << "no" << endl;
25      return 0;
26    }
27
28    reverse( d.begin(), d.end() ); // 列の要素を逆順に変換する
29    if ( !isReachable() ) cout << "no" << endl;
30    else cout << "yes" << endl;
31
32    return 0;
33 }
```

Java

Program 13.11: trampoline.java

```java
import java.util.Scanner;
import java.util.ArrayList;
import java.util.Collections;

class Main {
  int N = 0;
  ArrayList<Integer> d = new ArrayList<Integer>();

  boolean isReachable() {
    int current = 0;
    for ( int i = 0; i < N; i++ ) {
      if ( current < 10 * i ) return false;
      current = Math.max(current, 10 * i + d.get(i));
      if ( current >= 10 * N ) return true;
    }
    return false;
  }

  void solve(){
    Scanner sc = new Scanner(System.in);
    N = sc.nextInt();
    for ( int i = 0; i < N; i++ ) d.add(sc.nextInt());

    if ( !isReachable() ) {
      System.out.println("no");
      return;
    }

    Collections.reverse(d); // 列の要素を逆順に変換する
    if ( !isReachable() ) System.out.println("no");
    else System.out.println("yes");

  }

  public static void main(String[] args) {new Main().solve(); }
}
```

Python

Program 13.12: trampoline.py

```python
N = 0
d = []

def isReachable() :
    current = 0
    for i in range(N) :
        if current < 10 * i : return False
        current = max(current, 10 * i + d[i])
        if current >= 10 * N : return True
    return False

N = int(input())
for i in range(N) :
    d.append(int(input()))

if not isReachable() : print("no")
else :
    d.reverse() # 列の要素を逆順に変換する
    if isReachable() : print("yes")
    else : print("no")
```

13.3.1　解説

　トランポリンの数が $N = 7$ の場合で考えてみます．たとえば，1台目のトランポリンで跳ぶことができる最大距離が 40m であれば，トランポリン 2 から 5 までの好きなトランポリンに跳び移ることができます．

　トランポリンの数が最大で 3×10^5 台もあるので，跳べる範囲のトランポリンからさらに次の跳べる範囲のトランポリンについてすべて試していくと，その計算量は $O(N^2)$ になってしまいます．

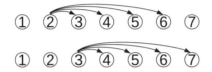

　また，現在居るトランポリンから跳べる最も遠いトランポリンに跳んだ場合，跳んだ先々のトランポリンで飛距離が足りなくなり跳べなくなることがあります．今考えているケースでは，トランポリンの台数が少ないため，この問題にすぐ気づくことができますが，台数が増えれば，跳べなくなるトランポリンを見つけるまでに多くの計算が必要になります．

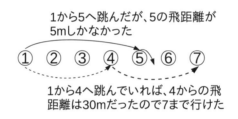

　各トランポリンで跳ぶことができる最大距離 d_i が以下のように与えられたとします．

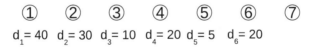

　1台目のトランポリンで跳ぶことができる最大距離は $d_1 = 40$ なので，1台目から距離 40m 以内にあるトランポリンはすべて使うことができます．この値 40 を最大到達可能距離として保持しておきます．

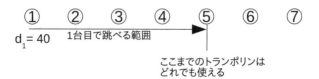

　2台目から順番に，そのトランポリンの位置から跳ぶことができる距離を計算していき，最大到達可能距離がより大きければ値を更新します．これを N 台目まで行います．

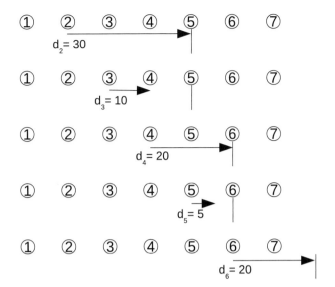

　結果的に，最大到達可能距離が N 台目のトランポリンの位置以上ならば，右端まで到達不可能です．左端から右端まで到達可能ならば，配列 d_i を逆順に並べ変えて同じ処理をし，右端から左端まで戻れるかを判定できます．計算量はすべて合わせて $O(N)$ です．

13.4　宝の地図　(ID 0396)

実家の蔵を掃除していたコボウ氏は，古い紙の束を見つけた．それぞれの紙には 2 つの数列が書いてある．不思議に思ったコボウ氏が蔵の中を探すと，先祖が残したメモが見つかった．それによると，この紙は先祖が残した宝の地図で，2 つの数列は宝が埋まっている場所の手がかりを表しているらしい．

紙に書かれた数列は，ある場所を格子状に区切ってできる区画のそれぞれの列と行に，いくつ宝が埋まっているかを表している．1 つ目の数列の i 番目の数は，左から i 番目の列にいくつ宝が埋まっているかを表している．同様に，2 つ目の数列の j 番目の数は，上から j 番目の行にいくつ宝が埋まっているかを表している．1 つの区画内に埋まっている宝は高々 1 つである．たとえば，横方向に 5 つと縦方向に 4 つ並んだ区画のうち，下の図の#で示した区画に宝が埋まっているときは，0, 2, 2, 1, 1 と 1, 1, 1, 3 という数列で表される．

	0	2	2	1	1
1			#		
1		#			
1					#
3		#	#	#	

用心深い先祖は，紙に書かれた数列の意味を推測しにくくするために，有り得ない情報が書かれた紙を紛れ込ませていた．たとえば 3,2,3,0,0 と 4,2,0,0,2 という数列は，横方向と縦方向に 5 つずつ並んだ区画に宝が埋まっているどのような状況にもあてはまらない．コボウ氏が宝を見つけるには，有り得ない情報が書かれている紙を除外しなければならない．

紙に書かれた情報が与えられたとき，紙に書かれた情報が有り得るかどうかを判定するプログラムを作成せよ．

入力

1 行目に，紙に書かれた横方向の区画の数 W ($1 \le W \le 1000$) と縦方向の区画の数 H ($1 \le H \le 1000$) が与えられる．2 行目に，その紙に書かれた 1 つ目の数列の i 番目の数 a_i ($0 \le a_i \le H$) が与えられる．3 行目に，その紙に書かれた 2 つ目の数列の j 番目の数 b_j ($0 \le b_j \le W$) が与えられる．

出力

紙に書かれている情報が有り得るなら「1」を，有り得ないなら「0」を 1 行に出力する．

入力例 1	出力例 1
5 4	1
0 2 2 1 1	
1 1 1 3	

入力例 2	出力例 2
5 5	0
3 2 3 0 0	
4 2 0 0 2	

C　Program 13.13: treasure_map.c

```c
#include<stdio.h>
#include<stdlib.h>

int col[1000], row[1000];

int descend(const void *a, const void *b) {
  return *(int*)b - *(int*)a;
}

int main() {
  int i, j, s, t, w, h, sumC = 0, sumR = 0;
  scanf("%d %d", &w, &h);

  for ( i = 0; i < w; ++i ) {
    scanf("%d", &col[i]);
    sumC += col[i];
  }
  for ( i = 0; i < h; ++i ) {
    scanf("%d", &row[i]);
    sumR += row[i];
  }

  if ( sumR != sumC ) {
    printf("0\n");
    return 0;
  }

  for ( i = 0; i < w; ++i ) {

    qsort(row, h, sizeof(int), descend);/* 降順ソート */

    for ( j = 0; j < h; ++j ) {
      if ( !col[i] || !row[j] ) break;
      --row[j];
      --col[i];
    }

    if ( col[i] > 0 ) {
      printf("0\n");
      return 0;
    }
  }
  printf("1\n");
  return 0;
}
```

C++　Program 13.14: treasure_map.cpp

```cpp
#include<iostream>
#include<vector>
#include<algorithm>
using namespace std;

int main() {
  int w, h;
  cin >> w >> h;

  int sumC = 0, sumR = 0;
  vector<int> col(w);
  vector<int> row(h);
  for ( int i = 0; i < w; ++i ) {
    cin >> col[i];
    sumC += col[i];
  }
  for ( int i = 0; i < h; ++i ) {
    cin >> row[i];
```

```
19    sumR += row[i];
20  }
21
22  if ( sumR != sumC ) {
23    cout << "0" << endl;
24    return 0;
25  }
26
27  for ( int i = 0; i < w; ++i ) {
28
29    sort(row.rbegin(), row.rend());
30
31    for ( int j = 0; j < h; ++j ) {
32      if ( !col[i] || !row[j] ) break;
33      --row[j];
34      --col[i];
35    }
36
37    if ( col[i] > 0 ) {
38      cout << "0" << endl;
39      return 0;
40    }
41  }
42  cout << "1" << endl;
43  return 0;
44 }
```

Java　　　　　　　　　Program 13.15: treasure_map.java

```
 1  import java.util.Scanner;
 2  import java.util.Arrays;
 3  import java.util.Comparator;
 4
 5  class Main {
 6    void solve(){
 7      Scanner sc = new Scanner( System.in );
 8      int w = sc.nextInt();
 9      int h = sc.nextInt();
10
11      Integer[] col = new Integer[w];
12      Integer[] row = new Integer[h];
13      int sumC = 0, sumR = 0;
14      for ( int i = 0; i < w; ++i ) {
15        col[i] = sc.nextInt();
16        sumC += col[i];
17      }
18      for ( int i = 0; i < h; ++i ) {
19        row[i] = sc.nextInt();
20        sumR += row[i];
21      }
22      if ( sumR != sumC ) {
23        System.out.println("0");
24        return;
25      }
26
27      for ( int i = 0; i < w; ++i ) {
28
29        Arrays.sort(row, Comparator.reverseOrder()); // 降順ソート
30
31        for ( int j = 0; j < h; ++j ) {
32          if ( col[i] == 0 || row[j] == 0 ) break;
33          --row[j];
34          --col[i];
35        }
36
37        if ( col[i] > 0 ) {
38          System.out.println("0");
39          return;
```

```
40        }
41      }
42
43      System.out.println("1");
44    }
45
46    public static void main(String[] args) { new Main().solve(); }
47 }
```

Python

Program 13.16: treasure_map.py

```python
1  import sys
2
3  w,h = map(int, input().split())
4  sumC = 0
5  sumR = 0
6  col = list(map(int, input().split()))
7  row = list(map(int, input().split()))
8  for c in col : sumC += c
9  for r in row : sumR += r
10
11 if sumR != sumC :
12     print(0)
13     sys.exit(0)
14
15 for i in range(w):
16     row.sort(reverse = True)
17     for j in range(h):
18         if not col[i] or not row[j] : break
19         row[j] -= 1
20         col[i] -= 1
21     if col[i] > 0 :
22         print(0)
23         sys.exit(0)
24 print(1)
```

13.4.1 解説

入出力例1の，解ける場合の宝の地図について考えます．

	0	2	2	1	1
1					
1					
1					
3					

1つ目の数列（左からi番目の列にいくつ宝が埋まっているか表す）を左から見ていきます．1列目は0で宝の有無に関係しないため，無いのと同じと考えられるので2列目に移ります．

2列目では宝の数が2なので，2つ目の数列（上からj番目の列にいくつ宝が埋まっているか表す）で，数が大きい行から順番に，2列目のその行に宝が存在すると考えます．1番目に数が大きいのは3なので，その行に宝が1つあると考えます．2番目に数が大きいのは1なので，その行に宝が1つあると考えます（1は3つありますが，同じ数がある場合はそのうちのどれかにします）．2列目の数を0にし，宝があると考えた行の要素を1ずつ減らします．

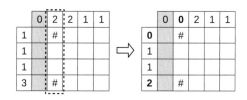

　3 列目でも同様に処理します．3 列目の宝の数は 2 なので，宝の数が 2 の行と，宝の数が 1 の 2 行のうち，上の行に宝が存在すると考えます．

　4 列目でも同様にし，5 列目でも同様にすると，すべての行と列の要素を 0 にすることができるため，この場合の答えは yes です．

　入出力例 2 の，解けない場合の宝の地図についても考えます．

　解ける場合と同様に考えると，3 列目の要素 3 を満たすように行を選べなくなります．この場合の答えは no です．

　このように，1 つ目の数列の最初から最後まで，行の要素のうち 0 を除く大きいものから先に選んでいって引き算ができなくなったらあり得ない地図，すべての要素が 0 になるまで引き算ができたらあり得る地図と判断できます．行の要素のうち大きいものを順番に探す必要がありますが，毎回ソートすれば探しやすくなります．計算量は，毎回のソートにマージソートなどを使えば $O(WH \log H)$ です．

13.5 貴金属リサイクル (ID 0328)

会津特産の貴金属であるアイヅニウムをリサイクルするＰＣＫ社は，全国各地にネットワークを持ち，たくさんの回収車でアイヅニウムを集めてきます．この会社は，処理の効率化のために，塊の重さと個数の単位を規格で定めています．

塊の重さには「ボッコ」という単位を使います．x ボッコのアイヅニウムの重さは 2^x グラムです．宝石で例えると，「カラット」のようなものです．また，塊の個数には「マルグ」という単位を使います．y マルグは 2^y 個です．1 箱に入っている品物の個数である「ダース」のようなものです．ただし，x と y は 0 以上の整数でなければいけません．

回収車 i は，a_i ボッコの重さのアイヅニウムを b_i マルグずつ集めます．こうして集まったアイヅニウムを，炉の中に入れて溶かし，いくつかのアイヅニウムの塊を再生しますが，なるべくアイヅニウムの塊の数が少なくなるようにします．このとき，集めてきたアイヅニウムの重さの合計と，再生してできるアイヅニウムの重さの合計は変わりません．

回収車が集めたアイヅニウムの塊のボッコ単位の重さとマルグ単位の個数が与えられたとき，再生後のアイヅニウムの塊の数が最小になるような結果を求めるプログラムを作成せよ．

入力

1 行目に，回収車の数 N ($1 \le N \le 100000$) が与えられる．続く N 行に，回収車 i が回収したアイヅニウムの塊の，「ボッコ」単位の重さを表す整数 a_i ($0 \le a_i \le 100000$) と「マルグ」単位の個数を表す整数 b_i ($0 \le b_i \le 100000$) が与えられる．

出力

再生した後に得られるアイヅニウムの塊の数が最小になるような，ボッコ単位の重さとマルグ単位の個数を，重さの小さい順に出力する．

入力例	出力例
3	3 0
2 1	5 0
1 3	
2 2	

重さを表すボッコと個数を表すマルグは，どちらも 2 の累乗を単位とした量です．「塊の数を最小にするような再生」をするには，2 の累乗単位の重さでできるだけ重い塊にまとめる必要があります．入力例の最初の塊は，2 ボッコの重さのアイヅニウムが 1 マルグなので，$2^2 = 4$ グラムのアイヅニウムが $2^1 = 2$ 個あるという意味です．これらを再生すると $2^3 = 8$ グラムのアイヅニウムが $2^0 = 1$ 個，つまり 3 ボッコの重さのアイヅニウムが 0 マルグできます．個数の単位が 0 になることがあり直感と反するため，すべてグラムと個数に直して扱いたくなりますが，重さは最大 10 万ボッコ $= 2^{100000}$ なので，グラムに直すと 3 万桁程度の整数になり普通の整数の範囲では扱えません（マルグも同様）．それらを多倍長整数で扱ったとしても，一番単位の大きな 10 万ボッコが 10 万マルグ与えられるケースでは 3 万 × 3 万 $= 10^9$ 程度の計算量となるため，制限時間内に答えを求めることは難しいでしょう．

Program 13.17: metal_recycling.c

```c
#include<stdio.h>

#define PMAX 100000

int T[2 * PMAX + 20];

int main(){
  int N, i, a, b;
  scanf("%d", &N);
  for ( i = 0; i < N; i++ ){
    scanf("%d %d", &a, &b);
    T[a + b]++;
  }
  for ( i = 0; i < 2 * PMAX + 20 - 1; i++ ){
    T[i + 1] += T[i] / 2;
    T[i] %= 2;
    if ( T[i] ) printf("%d %d\n", i, 0);
  }

  return 0;
}
```

Program 13.18: metal_recycling.cpp

```cpp
#include<iostream>
#include<vector>
using namespace std;
static const int PMAX = 100000;

vector<int> T(2 * PMAX + 20);

int main(){
  int N, a, b;
  cin >> N;
  for ( int i = 0; i < N; i++ ){
    cin >> a >> b;
    T[a + b]++;
  }
  for ( int i = 0; i < 2 * PMAX + 20 - 1; i++ ){
    T[i + 1] += T[i] / 2;
    T[i] %= 2;
    if ( T[i] ) cout << i << " " << 0 << endl;
  }

  return 0;
}
```

Program 13.19: metal_recycling.java

```java
import java.util.Scanner;

class Main{
  static final int PMAX = 100000;

  int[] T = new int[2 * PMAX + 20];

  void solve(){
    Scanner sc = new Scanner(System.in);
    int N = sc.nextInt();
    for ( int i = 0; i < N; i++ ){
      int a = sc.nextInt();
      int b = sc.nextInt();
      T[a + b]++;
    }
```

```
16
17      for ( int i = 0; i < 2 * PMAX + 20 - 1; i++ ){
18        T[i + 1] += T[i] / 2;
19        T[i] %= 2;
20        if ( T[i] > 0 ) System.out.println(i  + " " + 0);
21      }
22    }
23
24    public static void main(String[] args){ new Main().solve(); }
25 }
```

Python   Program 13.20: metal_recycling.py

```
1  PMAX = 100000
2  N = int(input())
3  T = [0 for i in range(2 * PMAX + 20)]
4  for i in range(N):
5      ab = sum(map(int, input().split()))
6      T[ab] += 1
7
8  for i in range(2 * PMAX + 20 - 1):
9      T[i + 1] += T[i] // 2
10     T[i] %= 2
11     if T[i] > 0 : print(i, 0)
```

13.5.1　解説

ボッコ単位の重さを a，マルグ単位の個数を b とします．ボッコもマルグも基数が 2 の指数なので，回収車 1 台あたりが集めたアイヅニウムの総重量を求めるときは，指数法則の $2^a \times 2^b = 2^{a+b}$ を使うことができます．

これは，a ボッコのアイヅニウムが b マルグあるとき，$a + b$ ボッコのアイヅニウム 0 マルグに再生できるという意味です．このように，掛け算をせずに指数の足し算ですべての計算を扱うことを考えます．

まずは各回収車が集めてきたアイヅニウムがいくつあるかカウントするために，$a + b$ ボッコのアイヅニウムが何マルグあるか記録するための配列を作ります．0 ボッコから 10^5 ボッコまでのアイヅニウムが与えられるので，個数を記録する配列の数は $10^5 + 1$ で十分でしょうか？回収車の数は最大で 10^5 です．さらに回収車 1 台あたりが回収する最大のアイヅニウムの量は，10^5 ボッコのアイヅニウムが 10^5 マルグなので，これをまとめた場合 20 万ボッコのアイヅニウムが 0 マルグです．さらにこれが 10^5 台分で，10^5 を 2 の累乗の形に直したものが 2^{16} と 2^{17} の間なので 20 万$+17$ ボッコ単位までの塊が作れそうです．17 より大きければ十分なので，解答例では 0 ボッコから 20 万 $+ 20$ ボッコのアイヅニウムが何マルグあるかを表す配列を作っています．

次に，塊を大きくまとめていく繰り上がりの計算について考えます．たとえば，1 台目の回収車が $x_1 = 2$ ボッコ ($2^2 = 4$ グラム)，$y_1 = 1$ マルグ ($2^1 = 2$ 個)，2 台めの回収車が $x_2 = 1$ ボッコ ($2^1 = 2$ グラム)，$y_2 = 2$ マルグ ($2^2 = 4$ 個) のアイヅニウムを回収してきたとします．

...	4ボッコ(16g)	3ボッコ(8g)	2ボッコ(4g)	1ボッコ(2g)	0ボッコ(1g)
			1マルグ	2マルグ	

このとき重さがより軽いものから順番に，重いものにまとめられるだけまとめていきます．まず，1 ボッコの塊 2 マルグは $2^{1+2} = 2^3$ より，3 ボッコのアイヅニウム 0 マルグにまとめることができます．

...	4ボッコ(16g)	3ボッコ(8g)	2ボッコ(4g)	1ボッコ(2g)	0ボッコ(1g)
		0マルグ	1マルグ	2マルグ	

次に重い塊は 2 ボッコの塊 1 マルグで，これをまとめると $2^{2+1} = 2^3$ より，3 ボッコのアイヅニウム 0 マルグができます．

...	4ボッコ(16g)	3ボッコ(8g)	2ボッコ(4g)	1ボッコ(2g)	0ボッコ(1g)
		1マルグ			

次に重い塊は 3 ボッコの塊で，ここまでで 0 マルグが 2 回繰り上がってきて 1 マルグになっています．繰り上がりででき上がる塊は 1 度あたり必ず 0 マルグなので，繰り上がりがあったたびにこれらをまとめると $2^{3+1} = 2^4$ より，4 ボッコのアイヅニウム 0 マルグができます．

...	4ボッコ(16g)	3ボッコ(8g)	2ボッコ(4g)	1ボッコ(2g)	0ボッコ(1g)
	0マルグ	1マルグ			

このようにして，より重量の小さい方からより重量の大きいアイヅニウムに繰り上げていって，繰り上げることができなくなったら終了です．

13.6 テトラヘドロン （ID 0433）

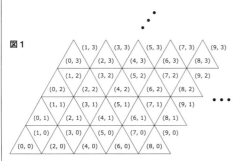

図1

アイヅ塗装の職人は，独特な方法で壁に色を塗ります．壁は図1のような三角形の座標系で区画されています．

各表面に十分な塗料を染み込ませた四面体があります．彼らは，ローラーの代わりに，この四面体を転がします．四面体の各表面には，図2のように4つの色 R, G, B, Y の塗料がそれぞれ染み込ませてあり，表面が接した区画を塗ることができます．

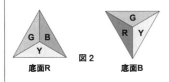

図2 底面R 底面B

職人は区画 (0,0) から始めて，四面体の1辺を軸として転がしながら壁を塗っていきます．作業が終わるまで四面体を壁から離したり，壁の上を滑らせたりすることはしません．例えば，四面体を適当に転がすと，壁には図3のような模様ができます．

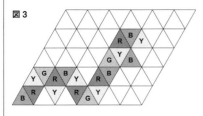

図3

この方法で色を塗ると，最初の区画 (0,0) と2番目に通る区画 (1,0) の色を決めれば，その後どのような転がし方をしても，すべての区画の色が一通りに決まります．

最初と2番目に通る区画の色が与えられ，さらに，色を求めたい区画が1つ以上与えられたとき，指定された各区画の色を求めるプログラムを作成せよ．

入力

1行目に最初と2番目に通る区画の色 c_1 と c_2 （'R'，'G'，'B' または 'Y'）が与えられる．ただし，$c_1 \neq c_2$ である．2行目に色を求めたい区画の数 N ($1 \leq N \leq 100$) が与えられる．続く N 行に，色を求めたい区画の座標 x_i, y_i ($0 \leq x_i, y_i \leq 100$) が与えられる．

出力

出力は N 行である．色を求めたい i 番目の区画の色を表す文字1つを i 行目に出力する．

入力例

```
B R
2
8 3
1 1
```

出力例

```
Y
G
```

C   Program 13.21: tetra_hedron.c

```c
 1  #include<stdio.h>
 2
 3  char P[12][4] = {"RBYG", "RGBY", "RYGB", "YGRB", "YBGR", "YRBG",
 4                   "BYRG", "BGYR", "BRGY", "GBRY", "GYBR", "GRYB"};
 5  int main(){
 6    char c1, c2;
 7    int x, y, N, i, j;
 8    scanf("%c %c %d", &c1, &c2, &N);
 9
10    for ( i = 0; i < N; i++ ){
11      scanf("%d %d", &x, &y);
12      x %= 4;
13      y %= 2;
14      if ( y == 1 ) x = 3 - x;
15      for ( j = 0; j < 12; j++ ){
16        if (P[j][0] == c1 && P[j][1] == c2 ){
17          printf("%c\n", P[j][x]);
18          break;
19        }
20      }
21    }
22    return 0;
23  }
```

C++   Program 13.22: tetra_hedron.cpp

```cpp
 1  #include<iostream>
 2  #include<algorithm>
 3  using namespace std;
 4
 5  string P[12] = {"RBYG", "RGBY", "RYGB", "YGRB", "YBGR", "YRBG",
 6                  "BYRG", "BGYR", "BRGY", "GBRY", "GYBR", "GRYB"};
 7  int main(){
 8    char c1, c2;
 9    int x, y, N;
10    cin >> c1 >> c2 >> N;
11    for ( int i = 0; i < N; i++ ){
12      cin >> x >> y;
13      x %= 4;
14      y %= 2;
15      if ( y == 1 ) x = 3 - x;
16      for (string p : P){
17        if (p[0] == c1 && p[1] == c2 ){
18          cout << p[x] << endl;
19          break;
20        }
21      }
22    }
23    return 0;
24  }
```

Java   Program 13.23: tetra_hedron.java

```java
 1  import java.util.Scanner;
 2
 3  class Main{
 4
 5      String[] P = {"RBYG", "RGBY", "RYGB", "YGRB", "YBGR", "YRBG",
 6                    "BYRG", "BGYR", "BRGY", "GBRY", "GYBR", "GRYB"};
 7      void solve(){
 8          Scanner sc = new Scanner(System.in);
 9          char c1 = sc.next().charAt(0);
10          char c2 = sc.next().charAt(0);
11          int N = sc.nextInt();
```

```java
12          for ( int i = 0; i < N; i++ ){
13              int x = sc.nextInt();
14              int y = sc.nextInt();
15              x %= 4;
16              y %= 2;
17              if ( y == 1 ) x = 3 - x;
18              for (String p : P){
19                  if (p.charAt(0) == c1 && p.charAt(1) == c2 ){
20                      System.out.println(p.charAt(x));
21                      break;
22                  }
23              }
24          }
25      }
26
27      public static void main(String[] args){ new Main().solve(); }
28  }
```

Python
Program 13.24: tetra_hedron.py

```python
1  P = {"RBYG", "RGBY", "RYGB", "YGRB", "YBGR", "YRBG", \
2       "BYRG", "BGYR", "BRGY", "GBRY", "GYBR", "GRYB"};
3
4  c1, c2 = input().split()
5  N = int(input());
6  for i in range(N):
7      x, y = map(int, input().split())
8      x %= 4
9      y %= 2
10     if y == 1: x = 3 - x
11     for p in P:
12         if p[0] == c1 and p[1] == c2:
13             print(p[x])
14             break
```

13.6.1 解説

　始点から終点まで四面体を転がしていくシミュレーションを行うことで，答えを求めることができますが，この方法を実装することは容易ではありません．ここでは，三角形の座標上で四面体を転がしたときに表れるパタンに注目します．

　(x, y) をそれぞれ 4, 2 で割った余り (x % 4, y % 2) が等しい座標は同じ色で塗られます．これは (0, 0) を左下とした菱形の領域になります．さらに，下図のように，(x % 4, y % 2) について，y が 1 の場合，x = 3 - x, y = 0 とすれば，この菱形の下半分の 4 つのマスになります．この 4 つのマスに添え字 0, 1, 2, 3 を割り当てます．

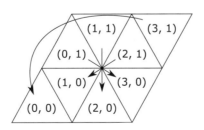

この 4 つのマスに当てはまる RBGY を含む 12 パターンの文字列を探索し，0 文字目が 1 つ目の入力文字，1 文字目が 2 つ目の入力文字になる文字列を探し，その x 番目の文字が答えになります．

13.7　パンケーキ　(ID 0340)

あなたが勤めているパンケーキ屋では，細長い鉄板にパンケーキの生地を横 1 列に並べて焼きます．パンケーキはへらで何回か裏返せば完成します．何回以上裏返せば完成するかはパンケーキごとに異なります．

へらは大きいので，隣り合ったパンケーキは 2 枚同時に裏返されてしまいます．このとき，これら 2 枚の位置は入れ替わりません．ただし，両端だけは，隣のパンケーキといっしょに裏返すだけでなく，1 枚だけ裏返すこともできます．すべてのパンケーキを必要な回数以上裏返したら，全部いっぺんに鉄板からおろして完成です．

パンケーキを必要な回数より多く裏返すと固くなってしまうので，あまり多く裏返したくありません．そこであなたは，すべて完成するまでに，各パンケーキが裏返る回数の総和が最小になるような方法を見つけようと考えました．

鉄板の上のパンケーキの枚数と，完成するまでに何回以上裏返さなければならないかがパンケーキごとに与えられているとき，すべて完成するまでに各パンケーキが裏返る回数（へらを操作する回数ではない）の総和の最小値を計算するプログラムを作成せよ．

入力

1 行目にパンケーキの枚数 N $(3 \leq N \leq 5000)$ が与えられる．2 行目に各パンケーキが完成するまでに必要な裏返す回数 p_i $(0 \leq p_i \leq 3)$ が与えられる．

出力

すべて完成するまでに各パンケーキが裏返る回数の総和の最小値を 1 行に出力する．

入力例	出力例
3	4
1 2 1	

へらを 1 回操作して左端と真ん中のパンケーキを裏返すと，2 個のパンケーキが 1 回ずつ裏返るので，この操作で裏返る回数は 2 回．さらに，へらを 1 回操作して真ん中と右端のパンケーキを裏返すと，2 個のパンケーキが 1 回ずつ裏返るので，この操作で裏返る回数は 2 回．以上の総和 4 回が答えになる．

C　　　　　　　　　　　　　　　　Program 13.25: pancake.c

```
1  #include <stdio.h>
2  #define MAX 5000
3  int max(int a, int b){ return a > b ? a : b; }
4  int min(int a, int b){ return a < b ? a : b; }
5
6  int main() {
7    int N, p[MAX], r[MAX], i, j, x;
8    int ans = MAX * 3;
9    scanf("%d", &N);
10   for ( i = 0; i < N; i++ ) scanf("%d", &p[i]);
```

```
11
12    for ( j = 0; j <= p[0]; j++ ) {
13      x = j;
14      for ( i = 0; i < N; i++ ) r[i] = p[i];
15      r[0] -= j;
16      for ( i = 0; i < N - 1; i++) {
17        int y = max(0, r[i]);
18        r[i] -= y;
19        r[i + 1] -= y;
20        x += y * 2;
21      }
22      ans = min(ans, x + max(0, r[N - 1]));
23    }
24
25    printf("%d\n", ans);
26    return 0;
27  }
```

Program 13.26: pancake.cpp

C++

```cpp
1  #include <iostream>
2  using namespace std;
3  const int MAX = 5000;
4
5  int main() {
6    int N, p[MAX], r[MAX];
7    cin >> N;
8    int ans = N * 3;
9    for ( int i = 0; i < N; i++ ) cin >> p[i];
10
11   for ( int j = 0; j <= p[0]; j++) {
12     int x = j;
13     for ( int i = 0; i < N; i++ ) r[i] = p[i];
14     r[0] -= j;
15     for ( int i = 0; i < N - 1; i++ ) {
16       int y = max(0, r[i]);
17       r[i] -= y;
18       r[i + 1] -= y;
19       x += y * 2;
20     }
21     ans = min(ans, x + max(0, r[N - 1]));
22   }
23
24   cout << ans << endl;
25   return 0;
26 }
```

Program 13.27: pancake.java

Java

```java
1  import java.util.*;
2
3  class Main{
4    void solve(){
5      Scanner sc = new Scanner(System.in);
6      int N = sc.nextInt();
7      int[] p = new int[N];
8      int[] r = new int[N];
9      int ans = N * 3;
10     for ( int i = 0; i < N; i++ ) p[i] = sc.nextInt();
11     for ( int j = 0; j <= p[0]; j++ ) {
12       int x = j;
13       for ( int i = 0; i < N; i++ ) r[i] = p[i];
14       r[0] -= j;
15       for ( int i = 0; i < N - 1; i++ ) {
16         int y = Math.max(0, r[i]);
17         r[i] -= y;
```

```
18        r[i + 1]  -= y;
19        x += y * 2;
20      }
21      ans = Math.min(ans, x + Math.max(0, r[N - 1]));
22    }
23    System.out.println(ans);
24  }
25
26  public static void main(String[] args){ new Main().solve(); }
27 }
```

Python   Program 13.28: pancake.py

```python
1  import copy
2  N = int(input())
3  p = list(map(int, input().split()))
4
5  ans = N * 3
6  for j in range(0, p[0] + 1):
7      x = j
8      r = copy.copy(p)
9      r[0] -= j
10     for i in range(N - 1):
11         y = max(0, r[i])
12         r[i] -= y
13         r[i + 1] -= y
14         x += y * 2
15     ans = min(ans, x + max(0, r[N - 1]))
16
17 print(ans)
```

13.7.1　解説

　間違った方法を思いつきやすい問題です．たとえば，必要な回数が $\{1, 2, 3, 1\}$ のケースを考えてみましょう．隣り合う 2 枚のパンケーキを左から順番に必要な回数だけ裏返していく方法では，合計 8 回パンケーキが裏返ります．一方，左端のパンケーキだけ 1 枚裏返し，2 枚目のパンケーキから，隣り合う 2 枚のパンケーキを左から順に必要な回数だけ裏返していけば，合計 7 回パンケーキが裏返り，これが最適解となります．端にあるパンケーキだけ，1 枚だけ裏返すことができることと，各パンケーキについて必要な裏返す回数は高々 3 回という制約に注目します．

　両端は例外的に単独で 1 枚のみ裏返すことができるため，左端のパンケーキを単独で裏返す回数について全探索を行います．左端を単独で裏返す回数が $0, 1, 2$ または 3 回のパターンについて以下のシミュレーションを行います．

　左端から隣り合う 2 枚のパンケーキを裏返していきます．このとき，ヘラの左側にのっているパンケーキの必要な回数だけ裏返しカウントします（左から作業していくので，後戻りできないため）．r[i] をその時点で i 番目のパンケーキを裏返さなければならない回数とすると，i 回目の操作では，i 番目と i+1 番目のパンケーキを r[i] 回裏返します．最後に右端のパンケーキを単独で裏返す必要があればその分をカウントします．

　左端のパンケーキを単独で裏返す回数に全探索を行いますが，高々 4 回なので計算量にお

いては定数と考えることができます．このアルゴリズムの計算量は入力のサイズ N に依存して $O(N)$ となります．

13.8 無限急行 (ID 0289)

ムゲン鉄道のムゲン線には無限個の駅があります．駅には …, -3, -2, -1, 0, 1, 2, 3, … と番号が振られていて，各駅は数直線上の整数と同じ順番で隣り合っています．あなたはいま，ある番号の駅から電車に乗り，それより大きな番号の駅に向かおうとしています．

ムゲン線には無限種類の快速電車が走っています．それらは 0 級快速, 1 級快速, 2 級快速, 3 級快速, … のように番号で呼ばれています． n 級快速の電車は， 2^n の倍数の番号の駅に停車します．たとえば，1 級快速は駅 …, -4, -2, 0, 2, 4, … に，3 級快速は駅 …, -24, -16, -8, 0, 8, 16, 24, … に停車するといった具合です．0 級快速はすべての駅に停車するので，本当は各駅停車ですがムゲン鉄道は「快速」と呼んでいます．

どの級の快速電車も，ある停車駅から次の停車駅まで移動するのに 1 単位時間かかります．また，快速電車間の乗り換えにかかる時間は無視できるものとします．乗車駅 s と降車駅 d が与えられたとき，s から d へ移動するのに必要な最小の時間を求めるプログラムを作成してください．ただし，s から d へ移動する間に，大きな番号から小さな番号の駅に向かっての移動は認められないものとします．

入力

1 行目に移動の回数を表す N $(1 \leq N \leq 100)$ が与えられる．続く N 行に，乗車駅の番号 s_i と降車駅の番号 d_i $(-10^9 \leq s_i < d_i \leq 10^9)$ が与えられる．

出力

与えられた乗車駅と降車駅ごとに，移動に必要な最小の時間を 1 行に出力する．

入力例	出力例
3	3
0 7	1
-1048576 0	4
-3 5	

C   Program 13.29: infinite_express.c

```c
#include<stdio.h>

/* src から dst までの最短距離を求める */
int dist(int src, int dst) {
  int answer = 0;
  if (src == dst) return 0;
  if (src % 2 != 0) { answer++; src++; }
  if (dst % 2 != 0) { answer++; dst--; }
  answer += dist(src / 2, dst / 2);
  return answer;
}

int main(){
  int N, s, d, i;
  scanf("%d", &N);
  for ( i = 0; i < N; i++ ){
    scanf("%d %d", &s, &d);
```

```
18      printf("%d\n", dist(s, d));
19    }
20    return 0;
21  }
```

Program 13.30: infinite_express.cpp

`C++`

```
1  #include<iostream>
2  using namespace std;
3
4  // src から dst までの最短距離を求める
5  int dist(int src, int dst) {
6    if (src == dst) return 0;
7    int answer = 0;
8    if (src % 2 != 0) { answer++; src++; }
9    if (dst % 2 != 0) { answer++; dst--; }
10   answer += dist(src / 2, dst / 2);
11   return answer;
12 }
13
14 int main(){
15   int N, s, d;
16   cin >> N;
17   for ( int i = 0; i < N; i++ ){
18     cin >> s >> d;
19     cout << dist(s, d) << endl;
20   }
21 }
```

Program 13.31: infinite_express.java

`Java`

```
1  import java.util.*;
2
3  class Main{
4    // srcからdstまでの最短距離を求める
5    int dist(int src, int dst) {
6      int answer = 0;
7      if (src == dst) return 0;
8      if (src % 2 != 0) { answer++; src++; }
9      if (dst % 2 != 0) { answer++; dst--; }
10     answer += dist(src / 2, dst / 2);
11     return answer;
12   }
13
14   void solve(){
15     int N, s, d;
16     Scanner sc = new Scanner(System.in);
17     N = sc.nextInt();
18     for ( int i = 0; i < N; i++ ){
19       s = sc.nextInt();
20       d = sc.nextInt();
21       System.out.println(dist(s, d));
22     }
23   }
24
25   public static void main(String[] args){ new Main().solve();}
26 }
```

Python Program 13.32: infinite_express.py

```python
def dist(src, dst):
    if src == dst: return 0
    answer = 0
    if src % 2 != 0:
        answer += 1
        src += 1
    if dst % 2 != 0:
        answer += 1
        dst -= 1
    answer += dist(src // 2, dst // 2)
    return answer

N = int(input())
for i in range(N):
    s,d = map(int, input().split())
    print(dist(s,d))
```

13.8.1 解説

下図のように，下から 0 級，1 級，2 級・・・快速の路線を描いて考えてみましょう．

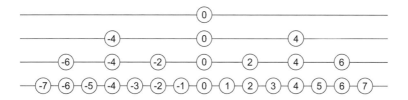

この路線図から，無限急行は以下の性質を持っていることが分かります．

- 最初の駅の番号が奇数ならば，最初の移動は必ず 0 級快速で隣の駅に進む

- 目的の駅の番号が奇数ならば，最後の移動は必ず 0 級快速で直前の駅から進む

- これらを除けば，0 級快速は一切使用しなくてよい

路線図の性質について考えます．1 級快速から 3 級快速までの路線図は以下のようになります．

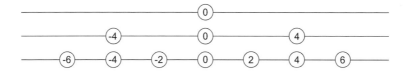

0 級快速から 2 級快速までの路線図は以下のようになります.

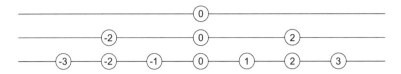

　これは，上の図の全ての駅の番号を 2 で割ることで得られます．つまり，この路線図は再帰的な構造になっています．解答例では，始点 src から終点 dst までの移動距離を求める dist(src, dst) を定義しています．dist の中では，再帰の終了条件として，src と dst が同じ場合は 0 を返して終了します．src と dst が異なる場合は，それぞれ奇数かどうかをチェックします．src が奇数の場合は，1 つ進みます（答えに 1 が加算されます）．dst が奇数の場合は，1 つ戻ります（答えに 1 が加算されます）．これらの処理が終わったら，src と dst をそれぞれ 2 で割ったものを引数とし，次の級に関する dist を実行し，その結果を答えに加算していきます．

演習問題解答例

第3章　基本要素

0380: 摂氏華氏

Answer 3.1: celsius_and_fahrenheit.c

C

```c
#include <stdio.h>

int main() {
  int F;
  scanf("%d", &F);
  printf("%d\n", (F - 30) / 2);
  return 0;
}
```

C++

Answer 3.2: celsius_and_fahrenheit.cpp

```cpp
#include <iostream>
using namespace std;

int main() {
  int F;
  cin >> F;
  cout << (F - 30) / 2 << endl;
  return 0;
}
```

Java

Answer 3.3: celsius_and_fahrenheit.java

```java
import java.util.Scanner;

class Main{
  void solve(){
    Scanner sc = new Scanner(System.in);
    int F = sc.nextInt();
    System.out.println((F - 30) / 2);
  }

  public static void main(String[] args){
    new Main().solve();
  }
}
```

Python

Answer 3.4: celsius_and_fahrenheit.py

```python
F = int(input())
print((F - 30) // 2)
```

0441: 角度の変換

C

Answer 3.5: angle.c

```c
#include<stdio.h>

int main(){
  int d;
  scanf("%d", &d);

  printf("%d ",  d / 3600);
  printf("%d ",  d % 3600 / 60);
  printf("%d\n", d % 60);

  return 0;
}
```

C++

Answer 3.6: angle.cpp

```cpp
#include<iostream>
using namespace std;

int main(){
  int d;
  cin >> d;

  cout << d / 3600      << " ";
  cout << d % 3600 / 60 << " ";
  cout << d % 60        << endl;

  return 0;
}
```

Java

Answer 3.7: angle.java

```java
import java.util.Scanner;

class Main{
  void solve(){
    Scanner sc = new Scanner(System.in);
    int d = sc.nextInt();

    System.out.print(d / 3600  + " ");
    System.out.print(d % 3600 / 60 + " ");
    System.out.println(d % 60);
  }

  public static void main(String[] args){
    new Main().solve();
  }
}
```

Python

Answer 3.8: angle.py

```python
d = int(input())
print(d // 3600, end = " ")
print(d % 3600 // 60, end = " ")
print(d % 60)
```

0392: 旅行先のパーティ

C

Answer 3.9: party.c

```c
#include <stdio.h>

int main() {
  int A, B;
  scanf("%d %d", &A, &B);
  printf("%d\n", (B + A - 1) / A);
  return 0;
}
```

C++

Answer 3.10: party.cpp

```cpp
#include <iostream>
using namespace std;

int main() {
  int A, B;
  cin >> A >> B;
  cout << (B + A - 1) / A << endl;
  return 0;
}
```

　Answer 3.11: party.java

```java
import java.util.Scanner;

class Main{
  void solve() {
    Scanner sc = new Scanner(System.in);
    int A = sc.nextInt();
    int B = sc.nextInt();
    System.out.println((B + A - 1) / A);
  }

  public static void main(String[] args){
    new Main().solve();
  }
}
```

Python　Answer 3.12: party.py

```python
A, B = map(int, input().split())
print((B + A - 1) // A)
```

第4章　条件分岐

0257: 乗車券

C　Answer 4.1: railway_ticket.c

```c
#include<stdio.h>

int main() {
  int b1, b2, b3;
  scanf("%d %d %d", &b1, &b2, &b3);

  if ( b1 && b2 || b3 )
    printf("Open\n");
  else
    printf("Close\n");
  return 0;
}
```

C++　Answer 4.2: railway_ticket.cpp

```cpp
#include<iostream>
using namespace std;

int main() {
  int b1, b2, b3;
  cin >> b1 >> b2 >> b3;
  if ( b1 && b2 || b3 )
    cout << "Open" << endl;
  else
    cout << "Close" << endl;
  return 0;
}
```

Java　Answer 4.3: railway_ticket.java

```java
import java.util.Scanner;

class Main {
  void solve() {
    Scanner sc = new Scanner(System.in);
    int b1 = sc.nextInt();
    int b2 = sc.nextInt();
```

```java
    int b3 = sc.nextInt();
    if ( b1 == 1 && b2 == 1 || b3 == 1 )
      System.out.println("Open");
    else
      System.out.println("Close");
  }

  public static void main(String[] args) {
    new Main().solve();
  }
}
```

Python　Answer 4.4: railway_ticket.py

```python
b1, b2, b3 = map(int, input().split())
if b1 and b2 or b3:
    print("Open")
else:
    print("Close")
```

0336: 日の出日の入り

C　Answer 4.5: sunrise_and_sunset.c

```c
#include<stdio.h>

int main(){
  int H, R;
  scanf("%d %d", &H, &R);
  if      ( -H == R ) printf("0\n");
  else if ( -H > R ) printf("-1\n");
  else if ( -H < R ) printf("1\n");
  return 0;
}
```

C++　Answer 4.6: sunrise_and_sunset.cpp

```cpp
#include<iostream>
using namespace std;

int main(){
  int H, R;
  cin >> H >> R;
  if      ( -H == R ) cout << 0 << endl;
  else if ( -H > R ) cout << -1 << endl;
  else if ( -H < R ) cout << 1 << endl;
  return 0;
}
```

Java　Answer 4.7: sunrise_and_sunset.java

```java
import java.util.Scanner;

class Main {
  void solve() {
    Scanner sc = new Scanner(System.in);
    int H = sc.nextInt();
    int R = sc.nextInt();
    if      ( -H == R ) System.out.println("0");
    else if ( -H > R ) System.out.println("-1");
    else if ( -H < R ) System.out.println("1");
  }

  public static void main(String[] args){
    new Main().solve();
  }
}
```

Answer 4.8: sunrise_and_sunset.py

```python
H, R = map(int, input().split())
if   -H == R: print(0)
elif -H > R: print(-1)
elif -H < R: print(1)
```

0383: 熱中症対策

C   Answer 4.9: heat_strokes.c

```c
#include <stdio.h>

int main() {
  int A, B, X, a = 0, b = 0;
  scanf("%d %d %d", &A, &B, &X);

  if ( X % 500 != 0 ) X += 500 - X % 500;

  if ( A < B ) {
    a = X / 1000 + ((X % 1000 > 0) ? 1 : 0);
  } else if ( A > 2 * B ){
    b = X / 500;
  } else {
    a = X / 1000; X %= 1000;
    b = X / 500;
  }

  printf("%d\n", A * a + B * b);
  return 0;
}
```

C++   Answer 4.10: heat_strokes.cpp

```cpp
#include <iostream>
using namespace std;

int main() {
  int A, B, X;
  cin >> A >> B >> X;

  if ( X % 500 != 0 ) X += 500 - X % 500;

  int a = 0, b = 0;
  if ( A < B ) {
    a = X / 1000 + ((X % 1000 > 0) ? 1 : 0);
  } else if ( A > 2 * B ){
    b = X / 500;
  } else {
    a = X / 1000; X %= 1000;
    b = X / 500;
  }

  cout << A * a + B * b << endl;
  return 0;
}
```

Java   Answer 4.11: heat_strokes.java

```java
import java.util.Scanner;

class Main{
  void solve(){
    int A, B, X;
    Scanner sc = new Scanner(System.in);
    A = sc.nextInt();
    B = sc.nextInt();
    X = sc.nextInt();

    if ( X % 500 != 0 ) X += 500 - X % 500;
```

```java
    int a = 0, b = 0;
    if ( A < B ) {
      a = X / 1000 + ((X % 1000 > 0) ? 1 : 0);
    } else if ( A > 2 * B ){
      b = X / 500;
    } else {
      a = X / 1000; X %= 1000;
      b = X / 500;
    }

    System.out.println(A * a + B * b);
  }

  public static void main(String[] args){
    new Main().solve();
  }
}
```

Answer 4.12: heat_strokes.py

```python
A, B, X = map(int, input().split())
a = b = 0

if X % 500 != 0:  X += 500 - X % 500
if  A < B:
    a = X // 1000 + (1 if (X % 1000 > 0) else 0)
elif A > 2 * B:
    b = X // 500
else:
    a = X // 1000; X %= 1000
    b = X // 500

print(A * a + B * b)
```

0370: 歳の差は

C   Answer 4.13: age_difference.c

```c
#include<stdio.h>

void swap(int* a, int* b) {
  int t = *a; *a = *b; *b = t;
}

int main() {
  int y1, m1, d1, y2, m2, d2, ans;
  scanf("%d %d %d %d %d %d",
        &y1, &m1, &d1, &y2, &m2, &d2);

  if ( y1 > y2 || (y1 == y2
      && (m1 > m2 || (m1 == m2 && d1 > d2)))) {
    swap(&y1, &y2);
    swap(&m1, &m2);
    swap(&d1, &d2);
  }

  ans = y2 - y1;
  if ( m1 < m2 || (m1 == m2 && d1 < d2) ) ans++;
  printf("%d\n", ans);
  return 0;
}
```

C++   Answer 4.14: age_difference.cpp

```cpp
#include<iostream>
using namespace std;

int main() {
  pair<int, pair<int,int>> p1, p2;

  cin >> p1.first >> p1.second.first
```

228

```
        >> p1.second.second;
  cin >> p2.first >> p2.second.first
        >> p2.second.second;

  if ( p1 > p2 ) swap(p1, p2);

  int ans = p2.first - p1.first;
  if (p1.second < p2.second) ans++;
  cout << ans << endl;

  return 0;
}
```

```
  scanf("%d %d", &N, &C);
  N++;

  for ( i = 0; i < C; i++ ){
    scanf("%d", &p);
    sum += p;
  }

  printf("%d\n", sum / N + (sum % N == 0 ? 0 :
      1));
  return 0;
}
```

Java   Answer 4.15: age_difference.java

```
import java.util.Scanner;

class Main {
  void solve(){
    Scanner sc = new Scanner(System.in);
    int y1, m1, d1, y2, m2, d2, t;
    y1 = sc.nextInt();
    m1 = sc.nextInt();
    d1 = sc.nextInt();
    y2 = sc.nextInt();
    m2 = sc.nextInt();
    d2 = sc.nextInt();
    if ( y1 > y2 || (y1 == y2
        && (m1 > m2 || (m1 == m2 && d1 > d2)))) {
      t = y1; y1 = y2; y2 = t; // swap(y1, y2)
      t = m1; m1 = m2; m2 = t; // swap(m1, m2)
      t = d1; d1 = d2; d2 = t; // swap(d1, d2)
    }
    int ans = y2 - y1;
    if ( m1 < m2 || (m1 == m2 && d1 < d2) ) ans++;
    System.out.println(ans);
  }

  public static void main(String[] args) {
    new Main().solve();
  }
}
```

C++   Answer 5.2: cake_party.cpp

```
#include<iostream>
using namespace std;

int main(){
  int N, C;
  cin >> N >> C;
  N++;

  int sum = 0;
  for ( int i = 0; i < C; i++ ){
    int p; cin >> p;
    sum += p;
  }

  cout << sum / N + (sum %N == 0 ? 0 : 1) << endl;
  return 0;
}
```

Java   Answer 5.3: cake_party.java

```
import java.util.Scanner;

class Main{
  void solve(){
    int N, C, sum = 0;
    Scanner sc = new Scanner(System.in);
    N = sc.nextInt() + 1;
    C = sc.nextInt();

    for ( int i = 0; i < C; i++ ){
      int p = sc.nextInt();
      sum += p;
    }

    System.out.println(sum/N + (sum%N==0?0:1));
  }

  public static void main(String[] args){
    new Main().solve();
  }
}
```

Python   Answer 4.16: age_difference.py

```
y1, m1, d1 = map(int, input().split())
y2, m2, d2 = map(int, input().split())

if y1 > y2 or (y1 == y2 and (m1 > m2 or ( m1 == m2
        and d1 > d2 ))):
    y1, y2 = y2, y1
    m1, m2 = m2, m1
    d1, d2 = d2, d1
ans = y2 - y1
if m1 < m2 or (m1 == m2 and d1 < d2): ans += 1
print(ans)
```

第5章 繰返し処理

0382: ケーキパーティー

C   Answer 5.1: cake_party.c

```
#include<stdio.h>

int main(){
  int N, C, i, p, sum = 0;
```

Python   Answer 5.4: cake_party.py

```
N, C = map(int, input().split())
P = list(map(int, input().split()))
sum = 0
for p in P:
    sum += p
ans = sum // (N + 1)
if sum % (N + 1) > 0: ans += 1
print(ans)
```

0393: マンションの設計

```c
#include<stdio.h>

int main() {
  int H, A, B, i, cnt = 0;
  scanf("%d %d %d", &H, &A, &B);

  for ( i = A; i <= B; i++ ){
    cnt += (H % i == 0 );
  }

  printf("%d\n", cnt);
  return 0;
}
```

```cpp
#include<iostream>
using namespace std;

int main() {
  int H, A, B; cin >> H >> A >> B;

  int cnt = 0;
  for ( int i = A; i <= B; i++ ){
    cnt += (H % i == 0 );
  }

  cout << cnt << endl;
  return 0;
}
```

```java
import java.util.Scanner;

class Main{
  void solve(){
    Scanner sc = new Scanner(System.in);
    int H = sc.nextInt();
    int A = sc.nextInt();
    int B = sc.nextInt();
    int cnt = 0;
    for ( int i = A; i <= B; i++ ){
      cnt += (H % i == 0 ? 1 : 0);
    }
    System.out.println(cnt);
  }

  public static void main(String[] args){
    new Main().solve();
  }
}
```

```python
H, A, B = map(int, input().split())
cnt = 0
for i in range(A, B + 1):
    cnt += (H % i == 0 )
print(cnt)
```

0409: 床

```c
#include<stdio.h>
typedef long long ll;

int search(ll x, ll y){
  ll x_min = 0;
  ll y_min = 0;
  ll x_max = 0;
  ll y_max = 0;
  ll p, f, f1 = 1, f2 = 0;
  for ( p = 0;; p++){
    if ( x_min <= x && x <= x_max &&
         y_min <= y && y <= y_max  )
      return p % 3 + 1;
    f = f1 + f2;
    if ( p % 4 == 0 )  x_max += f;      /* east */
    else if ( p % 4 == 1 ) y_max += f;  /* north */
    else if ( p % 4 == 2 ) x_min -= f;  /* west */
    else  y_min -= f;                   /* south */
    f2 = f1;
    f1 = f;
  }
}

int main(){
  ll x, y;
  scanf("%ld %ld", &x, &y);
  printf("%d\n", search(x, y));
  return 0;
}
```

```cpp
#include<iostream>
#include<algorithm>
using namespace std;
typedef long long ll;

int search(ll x, ll y){
  ll x_min = 0;
  ll y_min = 0;
  ll x_max = 0;
  ll y_max = 0;
  ll f, f1 = 1, f2 = 0;
  for ( ll p = 0;; p++){
    if ( x_min <= x && x <= x_max &&
         y_min <= y && y <= y_max  )
      return p % 3 + 1;
    f = f1 + f2;
    if ( p % 4 == 0 )  x_max += f;      // east
    else if ( p % 4 == 1 ) y_max += f;  // north
    else if ( p % 4 == 2 ) x_min -= f;  // west
    else  y_min -= f;                   // south
    f2 = f1;
    f1 = f;
  }
}

int main(){
  ll x, y;
  cin >> x >> y;
  cout << search(x, y) << endl;
  return 0;
}
```

```java
import java.util.Scanner;
```

```
class Main{
  long search(long x, long y){
    long x_min = 0;
    long y_min = 0;
    long x_max = 0;
    long y_max = 0;
    long f, f1 = 1, f2 = 0;
    for ( long p = 0;; p++ ){
      if ( x_min <= x && x <= x_max &&
           y_min <= y && y <= y_max )
        return p % 3 + 1;
      f = f1 + f2;
      if ( p % 4 == 0 )  x_max += f;       // east
      else if ( p % 4 == 1 ) y_max += f; // north
      else if ( p % 4 == 2 ) x_min -= f; // west
      else  y_min -= f;                    // south
      f2 = f1;
      f1 = f;
    }
  }

  void solve(){
    long x, y;
    Scanner sc = new Scanner(System.in);
    x = sc.nextLong();
    y = sc.nextLong();
    System.out.println(search(x, y));
  }

  public static void main(String[] args){
    new Main().solve();
  }
}
```

Python　　　　　　　　　　　　Answer 5.12: floor.py

```python
def search(x, y):
    x_min = 0
    y_min = 0
    x_max = 0
    y_max = 0
    f = 0
    f1 = 1
    f2 = 0
    p = 0
    while(True):
        if ( x_min <= x and x <= x_max and
             y_min <= y and y <= y_max  ):
            return p % 3 + 1
        f = f1 + f2
        if ( p % 4 == 0 ): x_max += f # east
        elif ( p % 4 == 1 ): y_max += f # north
        elif ( p % 4 == 2 ): x_min -= f # west
        else: y_min -= f                # south
        f2 = f1
        f1 = f
        p = p + 1

x, y = map(int, input().split())
print(search(x, y))
```

第6章　配列

0277: チケットの売上

C　　　　　　　　　　　　　Answer 6.1: ticket_sale.c

```c
#include<stdio.h>
```

```c
int main(){
  int t, n, i;
  int V[5] = {0, 6000, 4000, 3000, 2000};

  for ( i = 0; i < 4; i++ ){
    scanf("%d %d", &t, &n);
    printf("%d\n", V[t] * n);
  }

  return 0;
}
```

C++　　　　　　　　　　　　Answer 6.2: ticket_sale.cpp

```cpp
#include<iostream>
using namespace std;

int main(){
  int t, n;
  int V[5] = {0, 6000, 4000, 3000, 2000};

  for ( int i = 0; i < 4; i++ ){
    cin >> t >> n;
    cout << V[t] * n << endl;
  }

  return 0;
}
```

Java　　　　　　　　　　　　Answer 6.3: ticket_sale.java

```java
import java.util.Scanner;

class Main{
  void solve(){
    Scanner sc = new Scanner(System.in);
    int t, n;
    int[] V = {0, 6000, 4000, 3000, 2000};

    for ( int i = 0; i < 4; i++ ){
      t = sc.nextInt();
      n = sc.nextInt();
      System.out.println(V[t] * n);
    }
  }

  public static void main(String[] args){
    new Main().solve();
  }
}
```

Python　　　　　　　　　　　Answer 6.4: ticket_sale.py

```python
V = [0, 6000, 4000, 3000, 2000]
for i in range(4):
    t, n = map(int, input().split())
    print(n * V[t])
```

0307: ニッシン館マラソン部

C　　　　　　　　　　　　Answer 6.5: nissin_marathon.c

```c
#include<stdio.h>

int main() {
  int i, j, N, R, T;
  int p[100], filled[1000];
  int res = 0;

  scanf("%d %d %d", &N, &R, &T);
```

```c
  for ( i = 0; i < N; i++ ) scanf("%d", &p[i]);
  for ( i = 0; i < R; i++ ) filled[i] = 0;

  for ( i = 1; i <= T; i++ ) {
    for ( j = 0; j < N; j++ ) {
      if ( filled[(p[j] * i) % R] <= 0 ) ++res;
      else --filled[(p[j] * i) % R];
    }

    if ( i > 1 ) {
      for ( j = 0; j < N; j++ )
        ++filled[(p[j] * i) % R];
    }
  }

  printf("%d\n", res);
  return 0;
}
```

C++   Answer 6.6: nissin_marathon.cpp

```cpp
#include <iostream>
#include <vector>
using namespace std;

int main() {
  int N, R, T;
  cin >> N >> R >> T;

  vector<int> p(N);
  for ( int i = 0; i < N; i++ ) cin >> p[i];

  vector<int> filled(R);
  int res = 0;

  for ( int i = 1; i <= T; i++ ) {
    for ( int j = 0; j < N; j++ ) {
      if ( filled[(p[j] * i) % R] <= 0 ) ++res;
      else --filled[(p[j] * i) % R];
    }

    if ( i > 1 ) {
      for ( int j = 0; j < N; j++ )
        ++filled[(p[j] * i) % R];
    }
  }

  cout << res << endl;
  return 0;
}
```

Java   Answer 6.7: nissin_marathon.java

```java
import java.util.Scanner;

class Main {
  void solve(){
    Scanner sc = new Scanner(System.in);
    int N = sc.nextInt();
    int R = sc.nextInt();
    int T = sc.nextInt();

    int[] p = new int[N];
    for ( int i = 0; i < N; i++ ) p[i] = sc.
        nextInt();

    int[] filled = new int[R];
    for ( int i = 0; i < R; i++ ) filled[i] = 0;

    int res = 0;
    for ( int i = 1; i <= T; i++ ) {
      for ( int j = 0; j < N; j++ ) {
        if ( filled[(p[j] * i) % R] <= 0 ) ++res;
```

```java
        else --filled[(p[j] * i) % R];
      }

      if ( i > 1 ) {
        for ( int j = 0; j < N; j++ )
          ++filled[(p[j] * i) % R];
      }
    }

    System.out.println(res);
  }

  public static void main(String[] args) {
    new Main().solve();
  }
}
```

Python   Answer 6.8: nissin_marathon.py

```python
N, R, T = map(int, input().split())
p = [int(input()) for _ in range(N)]
filled = [0] * R
res = 0
for i in range (1, T + 1) :
    for j in range (N) :
        if filled[(p[j] * i) % R] <= 0 :  res += 1
        else : filled[(p[j] * i) % R] -= 1
    if i > 1 :
        for j in range (N) :
            filled[(p[j] * i) % R] += 1
print(res)
```

第7章　文字列

0419: へびの脱皮

C   Answer 7.1: molting.c

```c
#include <stdio.h>
#include <string.h>

int main() {
  int i, L, N;
  char snake[101];
  long long oocnt = 0, total = 0;
  scanf("%d %d %s", &L, &N, snake);

  for ( i = 0; i < L - 1; i++ ) {
    if ( snake[i] == 'o' && snake[i + 1] == 'o' )
      ++oocnt;
  }

  for ( i = 0; i < N; i++ ) {
    total += oocnt;
    oocnt *= 2;
  }

  printf("%lld\n", 3 * total + L);
  return 0;
}
```

C++   Answer 7.2: molting.cpp

```cpp
#include <iostream>
#include <string>
using namespace std;
```

```cpp
int main() {
  int L, N;
  string snake;
  cin >> L >> N >> snake;

  long long oocnt = 0;
  for ( int i = 0; i < L - 1; i++ ) {
    if ( snake.substr(i, 2) == "oo" )
      ++oocnt;
  }

  long long total = 0;
  for ( int i = 0; i < N; i++ ) {
    total += oocnt;
    oocnt *= 2;
  }

  cout << 3 * total + L << endl;
  return 0;
}
```

Java　　　　　　　　　　　Answer 7.3: molting.java

```java
import java.util.Scanner;

class Main {
  void solve() {
    Scanner sc = new Scanner( System.in );
    int L = sc.nextInt();
    int N = sc.nextInt();
    String snake = sc.next();

    long oocnt = 0;
    for ( int i = 0; i < snake.length() - 1; i++ )
        {
      if ( snake.substring(i, i + 2).equals("oo")
        )
        ++oocnt;
    }

    long total = 0;
    for ( int i = 0; i < N; i++ ) {
      total += oocnt;
      oocnt *= 2;
    }

    System.out.println(3 * total + snake.length
        ());
  }

  public static void main(String[] args) { new
      Main().solve(); }
}
```

Python　　　　　　　　　Answer 7.4: molting.py

```python
L, N = map(int, input().split())
snake = input()
oocnt = 0
for i in range(len(snake) - 1):
    if snake[i:i + 2] == "oo": oocnt = oocnt + 1
total = 0
for i in range(N):
    total = total + oocnt
    oocnt = oocnt * 2
print(3 * total + L)
```

0139: へび

文字列処理による解法

C　　　　　　　　　　　Answer 7.5: snake_naive.c

```c
#include<stdio.h>
#include<string.h>

int isA(char *s){
  int i, c = -1, len = strlen(s);
  if ( s[0] != '>' || s[1] != '\'' ||
      s[len - 1] != '~' ) return 0;
  for ( i = 2; i < len; i++ )
    if ( s[i] == '#' ) { c = i; break; }
  if ( c == -1 ) return 0;
  if ( c - 2 != len - 1 - (c + 1) ) return 0;
  for ( i = 2; i < c; i++ )
    if ( s[i] != '=' || s[c + i - 1] != '=' )
      return 0;
  return len > 4;
}

int isB(char *s){
  int i, len = strlen(s);
  if ( s[0] != '>' || s[1] != '^' ||
      s[len - 2] != '~' || s[len - 1] != '~' )
    return 0;
  for ( i = 2; i <= len - 4; i += 2 )
    if ( s[i] != 'Q' || s[i + 1] != '=' )
      return 0;
  return len > 4;
}

int main(){
  int n; scanf("%d", &n);
  for ( int i = 0; i < n; i++ ) {
    char snake[1000]; scanf("%s", snake);
    if ( isA(snake) ) printf("A\n");
    else if ( isB(snake) ) printf("B\n");
    else printf("NA\n");
  }
  return 0;
}
```

C++　　　　　　　　　Answer 7.6: snake_naive.cpp

```cpp
#include<iostream>
#include<string>

using namespace std;

bool isA(string s){
  if ( s.substr(0, 2) != ">'" ||
      s[s.size() - 1] != '~' ) return false;
  int c = s.find('#');
  if ( c == string::npos ) return false;
  if ( c - 2 != s.size() - 1 - (c + 1) )
    return false;
  for (int i = 2; i < c; i++ )
    if ( s[i] != '=' || s[c + i - 1] != '=' )
      return false;
  return s.size() > 4;
}

bool isB(string s){
  if ( s.substr(0, 2) != ">^" ||
      s.substr(s.size() - 2, 2) != "~~" )
    return false;
  for (int i = 2; i <= s.size() - 4; i += 2 )
    if ( s.substr(i, 2) != "Q=" ) return false;
  return s.size() > 4;
}
```

```cpp
int main(){
  int n; cin >> n;
  for ( int i = 0; i < n; i++ ) {
    string snake; cin >> snake;
    if ( isA(snake) ) cout << "A" << endl;
    else if ( isB(snake) ) cout << "B" << endl;
    else cout << "NA" << endl;
  }
  return 0;
}
```

Java

Answer 7.7: snake_naive.java

```java
import java.util.Scanner;

class Main{
  boolean isA(String s){
    if ( !s.substring(0, 2).equals(">'") ||
         s.charAt(s.length() - 1) != '~' )
      return false;
    int c = s.indexOf('#');
    if ( c == -1 ) return false;
    if ( c - 2 != s.length() - 1 - (c + 1) )
      return false;
    for (int i = 2; i < c; i++)
      if ( s.charAt(i) != '=' ||
           s.charAt(c + i - 1) != '=' )
        return false;
    return s.length() > 4;
  }

  boolean isB(String s){
    if ( !s.substring(0, 2).equals(">^") ||
         !s.substring(s.length() - 2,
                      s.length()).equals("~~") )
      return false;
    for (int i = 2; i <= s.length() - 4; i += 2)
      if ( !s.substring(i, i + 2).equals("Q=") )
        return false;
    return s.length() > 4;
  }

  void solve(){
    Scanner sc = new Scanner(System.in);
    int n = sc.nextInt();
    for ( int i = 0; i < n; i++ ) {
      String snake = sc.next();
      if ( isA(snake) )
        System.out.println("A");
      else if ( isB(snake) )
        System.out.println("B");
      else
        System.out.println("NA");
    }
  }

  public static void main(String[] args){
    new Main().solve();
  }
}
```

ライブラリを活用した解法

C++

Answer 7.8: snake.cpp

```cpp
#include<iostream>
#include<string>
#include<regex>

using namespace std;

int main(){
  string A = ">'(=+)#\\1~$";
```

```cpp
  string B = ">\\^(Q=)+~~$";
  int n; cin >> n;
  for ( int i = 0; i < n; i++ ) {
    string snake; cin >> snake;
    if( regex_search(snake, regex(A)) )
      cout << "A" << endl;
    else if( regex_search(snake, regex(B)) )
      cout << "B" << endl;
    else
      cout << "NA" << endl;
  }
  return 0;
}
```

Java

Answer 7.9: snake.java

```java
import java.util.Scanner;

class Main{
  void solve(){
    Scanner sc = new Scanner(System.in);
    String A = ">'(=+)#\\1~$";
    String B = ">\\^(Q=)+~~$";
    int n = sc.nextInt();
    for ( int i = 0; i < n; i++ ) {
      String snake = sc.next();
      if ( snake.matches(A) )
        System.out.println("A");
      else if ( snake.matches(B) )
        System.out.println("B");
      else
        System.out.println("NA");
    }
  }

  public static void main(String[] args){
    new Main().solve();
  }
}
```

Python

Answer 7.10: snake.py

```python
import re

A = ">'(=+)#\\1~$"  # A >'======#======~
B = ">\^(Q=)+~~$"   # B >^Q=Q=Q=Q=Q=Q=Q=~~

for i in range(int(input())):
    s = input()
    r = re.match(A, s)
    if re.match(A, s): print('A')
    elif re.match(B, s): print('B')
    else: print('NA')
```

第8章 関数

0316: 魚釣り競争

C

Answer 8.1: fishing_competition.c

```c
#include<stdio.h>

int getScore(int iwa, int yam,
             int a, int b, int c, int d) {
  return iwa * a + yam * b +
    (iwa / 10) * c + (yam / 20) * d;
}
```

```c
int main() {
  int h1, h2, k1, k2, hiro, ken;
  int a, b, c, d;
  scanf("%d %d %d %d", &h1, &h2, &k1, &k2);
  scanf("%d %d %d %d", &a, &b, &c, &d);

  hiro = getScore(h1, h2, a, b, c, d);
  ken = getScore(k1, k2, a, b, c, d);

  if      ( hiro > ken ) printf("hiroshi\n");
  else if ( hiro < ken ) printf("kenjiro\n");
  else printf("even\n");

  return 0;
}
```

```java
  }

  public static void main(String[] args) {
    new Main().solve();
  }
}
```

Python　　　　　　　　　Answer 8.4: fishing_competition.py

```python
def getScore(iwa, yam, a, b, c, d):
    return iwa * a + yam * b + \
        (iwa // 10) * c + (yam // 20) * d;

h1, h2 = map(int, input().split())
k1, k2 = map(int, input().split())
a, b, c, d = map(int, input().split())
hiro = getScore(h1, h2, a, b, c, d)
ken = getScore(k1, k2, a, b, c, d)

if   hiro > ken: print("hiroshi")
elif hiro < ken: print("kenjiro")
else: print("even")
```

C++　　　　　　　　　　Answer 8.2: fishing_competition.cpp

```cpp
#include<iostream>
using namespace std;

int getScore(int iwa, int yam,
             int a, int b, int c, int d) {
  return iwa * a + yam * b +
    (iwa / 10) * c + (yam / 20) * d;
}

int main() {
  int h1, h2, k1, k2;
  int a, b, c, d;
  cin >> h1 >> h2 >> k1 >> k2;
  cin >> a >> b >> c >> d;

  int hiro = getScore(h1, h2, a, b, c, d);
  int ken = getScore(k1, k2, a, b, c, d);

  if      ( hiro > ken )
      cout << "hiroshi" << endl;
  else if ( hiro < ken )
      cout << "kenjiro" << endl;
  else cout << "even" << endl;

  return 0;
}
```

0430: あいさつまわり

C　　　　　　　　　　　　　　Answer 8.5: courtesy.c

```c
#include<stdio.h>

int min(int a, int b){ return a < b ? a : b; }
int max(int a, int b){ return a > b ? a : b; }

int main(){
  int N, x, d, R, L, i, minv, maxv;
  scanf("%d %d", &N, &x);
  R = L = x;
  for ( i = 0; i < N; i++ ){
    scanf("%d", &d);
    R = max(R, d);
    L = min(L, d);
  }
  minv = min(R - x, x - L);
  maxv = max(R - x, x - L);
  printf("%d\n", minv * 2 + maxv);
  return 0;
}
```

Java　　　　　　　　　Answer 8.3: fishing_competition.java

```java
import java.util.Scanner;

class Main {
  int getScore(int iwa, int yam,
               int a, int b, int c, int d) {
    return iwa * a + yam * b +
        (iwa / 10) * c + (yam / 20) * d;
  }

  void solve() {
    Scanner sc = new Scanner(System.in);
    int h1 = sc.nextInt(), h2 = sc.nextInt();
    int k1 = sc.nextInt(), k2 = sc.nextInt();
    int a = sc.nextInt(),  b = sc.nextInt();
    int c = sc.nextInt(),  d = sc.nextInt();

    int hiro = getScore(h1, h2, a, b, c, d);
    int ken = getScore(k1, k2, a, b, c, d);

    if      ( hiro > ken )
      System.out.println("hiroshi");
    else if ( hiro < ken )
      System.out.println("kenjiro");
    else
      System.out.println("even");
```

C++　　　　　　　　　　　　Answer 8.6: courtesy.cpp

```cpp
#include<iostream>
using namespace std;

int main(){
  int N, x, d;
  cin >> N >> x;
  int R = x;
  int L = x;

  for ( int i = 0; i < N; i++ ){
    cin >> d;
    R = max(R, d);
    L = min(L, d);
  }
  int minv = min(R - x, x - L);
  int maxv = max(R - x, x - L);
  cout << minv * 2 + maxv << endl;
  return 0;
}
```

Answer 8.7: courtesy.java

```java
import java.util.Scanner;

class Main{
  void solve(){
    Scanner sc = new Scanner(System.in);
    int N = sc.nextInt();
    int x = sc.nextInt();
    int R = x;
    int L = x;
    for ( int i = 0; i < N; i++ ){
      int d = sc.nextInt();
      R = Math.max(R, d);
      L = Math.min(L, d);
    }
    int minv = Math.min(R - x, x - L);
    int maxv = Math.max(R - x, x - L);
    System.out.println(minv * 2 + maxv);
  }

  public static void main(String[] args){
    new Main().solve();
  }
}
```

Python

Answer 8.8: courtesy.py

```python
N = int(input())
X = list(map(int, input().split()))
x = X[0]
R = x
L = x
for i in range(1, N + 1):
    R = max(R, X[i])
    L = min(L, X[i])
minv = min(R - x, x - L)
maxv = max(R - x, x - L)
print(minv * 2 + maxv)
```

0360: 予約システム

C

Answer 8.9: reservation_system.c

```c
#include<stdio.h>

int overlap(int a, int b, int c, int d){
  if ( d <= a ) return 0;
  if ( b <= c ) return 0;
  return 1;
}

int main(){
  int a, b, s, f, n, i;
  scanf("%d %d %d", &a, &b, &n);
  for ( int i = 0; i < n; i++ ){
    scanf("%d %d", &s, &f);
    if ( overlap(a, b, s, f) ){
      printf("1\n");
      return 0;
    }
  }
  printf("0\n");
  return 0;
}
```

C++

Answer 8.10: reservation_system.cpp

```cpp
#include<iostream>
using namespace std;
```

```cpp
bool overlap(int a, int b, int c, int d){
  if ( d <= a ) return false;
  if ( b <= c ) return false;
  return true;
}

int main(){
  int a, b, s, f, n;
  cin >> a >> b >> n;
  for ( int i = 0; i < n; i++ ){
    cin >> s >> f;
    if ( overlap(a, b, s, f) ){
      cout << 1 << endl;
      return 0;
    }
  }
  cout << 0 << endl;
  return 0;
}
```

Java

Answer 8.11: reservation_system.java

```java
import java.util.Scanner;

class Main{
  boolean overlap(int a, int b, int c, int d){
    if ( d <= a ) return false;
    if ( b <= c ) return false;
    return true;
  }

  void solve(){
    Scanner sc = new Scanner(System.in);
    int a, b, s, f, n;
    a = sc.nextInt();
    b = sc.nextInt();
    n = sc.nextInt();
    for ( int i = 0; i < n; i++ ){
      s = sc.nextInt();
      f = sc.nextInt();
      if ( overlap(a, b, s, f) ){
        System.out.println("1");
        return;
      }
    }
    System.out.println("0");
  }

  public static void main(String[] args){
    new Main().solve();
  }
}
```

Python

Answer 8.12: reservation_system.py

```python
def overlap(a, b, c, d):
    if d <= a:  return False
    if b <= c:  return False
    return True

a, b = map(int, input().split())
res = 0
for i in range(int(input())):
    s, t = map(int, input().split())
    if overlap(a, b, s, t): res = 1
print(res)
```

第 9 章 計算量

0432: 写真の回転

Answer 9.1: rotatin_photo.c

```c
#include<stdio.h>
#include<string.h>

int N;
char G[1000][1001];

void rotate(){
  int i, j;
  char T[1000][1001];
  for ( i = 0; i < N; i++ ) strcpy(T[i], G[i]);
  for ( i = 0; i < N; i++ )
    for ( j = 0; j < N; j++ )
      G[j][N-i-1] = T[i][j];
}

int main(){
  int Q, i, q;
  int cnt = 4 * 100000;
  scanf("%d", &N);
  for ( i = 0; i < N; i++ ) scanf("%s", G[i]);
  scanf("%d", &Q);
  for ( i = 0; i < Q; i++ ){
    scanf("%d", &q);
    cnt += q;
  }
  cnt %= 4;
  for ( i = 0; i < cnt; i++ ) rotate();
  for ( i = 0; i < N; i++ ) printf("%s\n", G[i]);

  return 0;
}
```

Answer 9.3: rotatin_photo.java

```java
import java.util.Scanner;

class Main{
  int N;
  char[][] G, T;

  void rotate(){
    for ( int i = 0; i < N; i++ )
      for ( int j = 0; j < N; j++ )
        T[i][j] = G[i][j];
    for ( int i = 0; i < N; i++ )
      for ( int j = 0; j < N; j++ )
        G[j][N-i-1] = T[i][j];
  }

  void solve(){
    Scanner sc = new Scanner(System.in);
    int cnt = 4 * 100000;
    N = sc.nextInt();
    G = new char[N][N];
    T = new char[N][N];
    for ( int i = 0; i < N; i++ ) {
      String s = sc.next();
      for ( int j = 0; j < N; j++ )
        G[i][j] = s.charAt(j);
    }
    int Q = sc.nextInt();
    for ( int i = 0; i < Q; i++ ){
      int q = sc.nextInt();
      cnt += q;
    }
    cnt %= 4;
    for ( int i = 0; i < cnt; i++ ) rotate();
    for ( int i = 0; i < N; i++ )
      System.out.println(G[i]);
  }

  public static void main(String[] args){
    new Main().solve();
  }
}
```

Answer 9.2: rotatin_photo.cpp

```cpp
#include<iostream>
#include<vector>
using namespace std;

int N;
vector<string> G;

void rotate(){
  vector<string> T = G;
  for ( int i = 0; i < N; i++ )
    for ( int j = 0; j < N; j++ )
      G[j][N-i-1] = T[i][j];
}

int main(){
  int cnt = 4 * 100000;
  cin >> N;
  G.resize(N);
  for ( int i = 0; i < N; i++ ) cin >> G[i];
  int Q; cin >> Q;
  for ( int i = 0; i < Q; i++ ){
    int q; cin >> q; cnt += q;
  }
  cnt %= 4;
  for ( int i = 0; i < cnt; i++ ) rotate();
  for ( int i = 0; i < N; i++ )
    cout << G[i] << endl;

  return 0;
}
```

Answer 9.4: rotatin_photo.py

```python
import copy

def rotate():
    T = copy.deepcopy(G)
    for i in range(N):
        for j in range(N):
            G[j][N-i-1] = T[i][j]

N = int(input())
G = [[' ' for _ in range(N)] for _ in range(N)]

for i in range(N):
    row = input()
    for j in range(N):
        G[i][j] = row[j]

cnt = 4 * 100000
Q = int(input())
for i in range(Q):
    q = int(input());
    cnt += q
cnt %= 4
for i in range(cnt): rotate()

for i in range(N):
    for j in range(N): print(G[i][j], end='')
    print()
```

0320: 品質管理

C

Answer 9.5: quality_management.c

```c
#include<stdio.h>

char G[1000][1000];
int N;

int next(int i){ return ((N - i - 1) + N) % N;}

int getState(int i, int j){
  return  G[i][j] == G[i][next(j)] &&
    G[i][j] == G[next(i)][j] &&
    G[i][j] == G[next(i)][next(j)];
}

int getInit(){
  int i, j, dcnt = 0;
  for ( i = 0; i < N / 2; i++ )
    for ( j = 0; j < N / 2; j++ )
      if (!getState(i, j)) dcnt++;
  return dcnt;
}

int main(){
  int i, j, k, r, c, C, dcnt, ans = 0, pre, post;
  char str[1001];
  scanf("%d %d", &C, &N);

  for ( i = 0; i < N; i++ ){
    scanf("%s", str);
    for ( j = 0; j < N; j++ ) G[i][j] = str[j];
  }

  dcnt = getInit();
  if (dcnt == 0 ) ans++;
  for ( i = 0; i < C - 1; i++ ){
    scanf("%d", &k);
    for ( j = 0; j < k; j++ ){
      scanf("%d %d", &r, &c); r--; c--;
      pre = getState(r, c);
      G[r][c] = G[r][c]=='1' ? '0' : '1';
      post = getState(r, c);
      if ( !pre && post ) dcnt--;
      else if ( pre && !post ) dcnt++;
    }
    if ( dcnt == 0 ) ans++;
  }

  printf("%d\n", ans);
  return 0;
}
```

C++

Answer 9.6: quality_management.cpp

```cpp
#include<iostream>
using namespace std;
char G[1000][1000];
int N;

int next(int i){ return ((N - i - 1) + N) % N; }

bool getState(int i, int j){
  return  G[i][j] == G[i][next(j)] &&
    G[i][j] == G[next(i)][j] &&
    G[i][j] == G[next(i)][next(j)];
}

int getInit(){
  int dcnt = 0;
  for ( int i = 0; i < N / 2; i++ )
    for ( int j = 0; j < N / 2; j++ )
      if (!getState(i, j)) dcnt++;
```

```cpp
  return dcnt;
}

int main(){
  int C, dcnt, ans = 0;
  cin >> C >> N;
  for ( int i = 0; i < N; i++ )
    for ( int j = 0; j < N; j++ )  cin >> G[i][j];

  dcnt = getInit();
  if (dcnt == 0 ) ans++;
  for ( int i = 0; i < C-1; i++ ){
    int k, r, c;
    for ( int j = 0; j < k; j++ ){
      cin >> r >> c; r--; c--;
      bool pre = getState(r, c);
      G[r][c] = G[r][c]=='1' ? '0' : '1';
      bool post = getState(r, c);
      if ( !pre && post ) dcnt--;
      else if ( pre && !post ) dcnt++;
    }
    if ( dcnt == 0 ) ans++;
  }

  cout << ans << endl;
  return 0;
}
```

Java

Answer 9.7: quality_management.java

```java
import java.util.Scanner;

class Main{
  char[][] G;
  int N;

  int next(int i){ return ((N - i - 1) + N) % N;}

  boolean getState(int i, int j){
    return  G[i][j] == G[i][next(j)] &&
      G[i][j] == G[next(i)][j] &&
      G[i][j] == G[next(i)][next(j)];
  }

  int getInit(){
    int i, j, dcnt = 0;
    for ( i = 0; i < N / 2; i++ )
      for ( j = 0; j < N / 2; j++ )
        if (!getState(i, j)) dcnt++;
    return dcnt;
  }

  void solve(){
    Scanner sc = new Scanner(System.in);
    int dcnt, ans = 0, C = sc.nextInt();
    N = sc.nextInt();
    G = new char[N][N];
    for ( int i = 0; i < N; i++ ){
      String str = sc.next();
      for ( int j = 0; j < N; j++ ){
        G[i][j] = str.charAt(j);
      }
    }

    dcnt = getInit();
    if (dcnt == 0 ) ans++;
    for ( int i = 0; i < C - 1; i++ ){
      int k = sc.nextInt();
      for ( int j = 0; j < k; j++ ){
        int r = sc.nextInt();
        int c = sc.nextInt();
        r--; c--;
        boolean pre = getState(r, c);
        G[r][c] = G[r][c]=='1' ? '0' : '1';
        boolean post = getState(r, c);
```

```
        if ( !pre && post ) dcnt--;
        else if ( pre && !post ) dcnt++;
      }
      if ( dcnt == 0 ) ans++;
    }

    System.out.println(ans);
  }

  public static void main(String[] args){
    new Main().solve();
  }
}
```

Answer 9.8: quality_management.py

```python
def next(N, i):
    return ((N - i - 1) + N) % N

def getState(N, G, i, j):
    return  G[i][j] == G[i][next(N, j)] and \
        G[i][j] == G[next(N, i)][j] and \
        G[i][j] == G[next(N, i)][next(N, j)]

def getInit(N, G):
    dcnt = 0
    for i in range(N // 2):
        for j in range(N // 2):
            if not getState(N, G, i, j): dcnt += 1
    return dcnt

C, N = map(int, input().split())
G = [['N' for _ in range(N)] for _ in range(N)]
for i in range(N):
    str = input()
    for j in range(N):
        G[i][j] = int(str[j])

ans = 0
dcnt = getInit(N, G)
if dcnt == 0: ans += 1

for i in range(C-1):
    k = int(input())
    for j in range(k):
        r, c = map(int, input().split())
        r -= 1
        c -= 1
        pre = getState(N, G, r, c)
        G[r][c] = 0 if G[r][c]== 1 else 1
        post = getState(N, G, r, c)
        if not pre and post: dcnt -= 1
        elif pre and not post: dcnt += 1
    if dcnt == 0: ans += 1

print(ans)
```

第10章 整列

0319: プログラミングコンテスト

Answer 10.1: programming_contest.c

```c
#include<stdio.h>

int main(){
  int N, i, j, tmp, ans;
  int p[101];
  scanf("%d", &N);
```

```c
  for ( i = 0; i < N; i++ ) scanf("%d", &p[i]);

  /* バブルソート（降順） */
  for ( i = 0; i < N - 2; i++ )
    for ( j = N - 2; j >= i; j-- )
      if ( p[j] < p[j + 1] ){
        tmp = p[j]; p[j] = p[j + 1]; p[j + 1] =
            tmp;
      }

  ans = 0;
  for ( i = 0; i < N; i++ ){
    if ( p[i] >= i + 1 ) ans = i + 1;
  }

  printf("%d\n", ans);
  return 0;
}
```

Answer 10.2: programming_contest.cpp

```cpp
#include<iostream>
#include<vector>
#include<algorithm>
using namespace std;

int main(){
  int N; cin >> N;
  int p[101];
  for ( int i = 0; i < N; i++ ) cin >> p[i];

  sort(p, p + N);
  reverse(p, p + N);

  int ans = 0;
  for ( int i = 0; i < N; i++ ){
    if ( p[i] >= i + 1 ) ans = i + 1;
  }

  cout << ans << endl;
  return 0;
}
```

Answer 10.3: programming_contest.java

```java
import java.util.Scanner;

class Main{
  void solve(){
    Scanner sc = new Scanner(System.in);
    int N = sc.nextInt();
    int[] p = new int[N];
    for ( int i = 0; i < N; i++ )
      p[i] = sc.nextInt();

    for ( int i = 0; i < N - 2; i++ )
      for ( int j = N - 2; j >= i; j-- )
        if ( p[j] < p[j + 1] ){
          int tmp = p[j];
          p[j] = p[j + 1];
          p[j + 1] = tmp;
        }

    int ans = 0;
    for ( int i = 0; i < N; i++ )
      if ( p[i] >= i + 1 ) ans = i + 1;

    System.out.println(ans);
  }

  public static void main(String[] args){
    new Main().solve();
```

```
        }
    }
```

Answer 10.4: programming_contest.py

```python
N = int(input())
p = list(map(int, input().split()))
p = sorted(p)
p.reverse()
ans = 0
for i in range(0, N):
    if p[i] >= i + 1: ans = i + 1
print(ans)
```

0347: 有理式最大化

C   Answer 10.5: maximization_of_RE.c

```c
#include<stdio.h>

double max(double x, double y){
  return x > y ? x : y;
}

void bubbleSort(int N, int a[]){
  int i, j, t;
  for ( i = 0; i < N; i++ )
    for ( j = N - 2; j >= i; j-- )
      if ( a[j] > a[j+1] ) {
        t = a[j]; a[j] = a[j+1]; a[j+1] = t;
      }
}

int main(){
  int N, i, a[1000], A, B, C, D;
  double res = 0.0;
  scanf("%d", &N);
  for ( i = 0; i < N; i++ ) scanf("%d", &a[i]);

  bubbleSort(N, a);

  for ( D = 0; D < N - 1; D++ ){
    C = D + 1;
    A = N - 1;
    B = N - 2;
    if ( D == N - 3 ){
      B = D - 1;
    } else if ( D == N - 2 ){
      A = D - 2;
      B = D - 1;
    }
    res = max(res, 1.0 *
            (a[A] + a[B]) / (a[C] - a[D]));
  }

  printf("%.8lf\n", res);
  return 0;
}
```

C++   Answer 10.6: maximization_of_RE.cpp

```cpp
#include<cstdio>
#include<algorithm>
using namespace std;

int main(){
  int N, a[1000];
  scanf("%d", &N);
  for ( int i = 0; i < N; i++ )
      scanf("%d", &a[i]);
```

```cpp
  double res = 0.0;
  sort(a, a + N);

  for ( int D = 0; D < N - 1; D++ ){
    int C = D + 1;
    int A = N - 1;
    int B = N - 2;
    if ( D == N - 3 ){
      B = D - 1;
    } else if ( D == N - 2 ){
      A = D - 2;
      B = D - 1;
    }
    res = max(res, 1.0 *
            (a[A] + a[B]) / (a[C] - a[D]));
  }

  printf("%.8lf\n", res);
  return 0;
}
```

Java   Answer 10.7: maximization_of_RE.java

```java
import java.util.Scanner;
import java.util.Arrays;

class Main{
  void solve(){
    Scanner sc = new Scanner(System.in);
    int N = sc.nextInt();
    int[] a = new int[N];
    for ( int i = 0; i < N; i++ )
        a[i] = sc.nextInt();

    double res = 0.0;
    Arrays.sort(a);

    for ( int D = 0; D < N - 1; D++ ){
      int C = D + 1;
      int A = N - 1;
      int B = N - 2;
      if ( D == N - 3 ){
        B = D - 1;
      } else if ( D == N - 2 ){
        A = D - 2;
        B = D - 1;
      }
      res = Math.max(res, 1.0 *
                  (a[A] + a[B]) /
                  (a[C] - a[D]));
    }

    System.out.println(String.format("%.8f",
        res));
  }

  public static void main(String[] args){
    new Main().solve();
  }
}
```

Python   Answer 10.8: maximization_of_RE.py

```python
N = int(input())
a = list(map(int, input().split()))
res = 0.0
a.sort()

for D in range(N - 1):
    C = D + 1
    A = N - 1
    B = N - 2
    if D == N - 3:
```

240

```
      B = D - 1
   elif D == N - 2:
      A = D - 2
      B = D - 1
   res = max(res, 1.0 * \
            (a[A] + a[B]) / (a[C] - a[D]))
print(res)
```

```
   }
   public static void main(String[] args) {
      new Main().solve();
   }
}
```

第11章 探索

0407: 集会所

Answer 11.4: meeting_place.py

```python
N = int(input())
x = list(map(int,input().split()))
print(max(x) - int((min(x) + max(x)) / 2))
```

0369: Bange Hills Tower

C

Answer 11.1: meeting_place.c

```c
#include <stdio.h>

int main() {
  int i, N, x, xmin = 2000, xmax = 0;
  scanf("%d", &N);

  for ( i = 0; i < N; i++ ) {
    scanf("%d", &x);
    if ( x < xmin ) xmin = x;
    if ( x > xmax ) xmax = x;
  }

  printf("%d\n", xmax - (xmin + xmax) / 2);
  return 0;
}
```

C

Answer 11.5: bange_hills_tower.c

```c
#include<stdio.h>

int main() {
  int i, N;
  double t, slope, maxSlope = 0.0, xi, hi;
  scanf("%d %lf", &N, &t);

  for ( i = 0; i < N; i++ ) {
    scanf("%lf %lf", &xi, &hi);
    slope = hi / xi;
    if ( slope > maxSlope ) maxSlope = slope;
  }

  printf("%lf\n", t * maxSlope);
  return 0;
}
```

C++

Answer 11.2: meeting_place.cpp

```cpp
#include <iostream>
using namespace std;

int main() {
  int N;
  cin >> N;

  int x, xmin = 2000, xmax = 0;
  for ( int i = 0; i < N; i++ ) {
    cin >> x;
    if ( x < xmin ) xmin = x;
    if ( x > xmax ) xmax = x;
  }

  cout << xmax - (xmin + xmax) / 2 << endl;
  return 0;
}
```

C++

Answer 11.6: bange_hills_tower.cpp

```cpp
#include<iostream>
using namespace std;

int main() {
  int N;
  double t, maxSlope = 0.0, xi, hi;
  cin >> N >> t;

  for ( int i = 0; i < N; i++ ) {
    cin >> xi >> hi;
    double slope = hi / xi;
    if ( slope > maxSlope ) maxSlope = slope;
  }

  //coutで小数点以下6桁を常に表示
  cout.setf(ios_base::fixed, ios_base::floatfield
      );

  cout << t * maxSlope << endl;
  return 0;
}
```

Java

Answer 11.3: meeting_place.java

```java
import java.util.Scanner;

class Main {
  void solve(){
    Scanner sc = new Scanner(System.in);
    int N = sc.nextInt();
    int xmin = 2000, xmax = 0;
    for ( int i = 0; i < N; i++ ) {
      int x = sc.nextInt();
      if ( x < xmin ) xmin = x;
      if ( x > xmax ) xmax = x;
    }

    System.out.println( xmax - (xmin + xmax) / 2
        );
```

Java

Answer 11.7: bange_hills_tower.java

```java
import java.util.Scanner;

class Main {
  void solve() {
    Scanner sc = new Scanner(System.in);
    int N = sc.nextInt();
    double t = sc.nextDouble();
    double maxSlope = 0.0;
    for ( int i = 0; i < N; i++ ) {
      double xi = sc.nextDouble();
```

```java
        double hi = sc.nextDouble();
        double slope = hi / xi;
        if ( slope > maxSlope ) maxSlope = slope;
    }

    System.out.printf( "%f", t * maxSlope );
  }

  public static void main(String[] args) {
    new Main().solve();
  }
}
```

```python
N, t = map(int, input().split())
maxSlope = 0.0
for i in range(N):
    xi,hi = map(float, input().split())
    slope = hi / xi
    if slope > maxSlope : maxSlope = slope
print(t * maxSlope)
```

0371: 電子メトロノーム

```c
#include<stdio.h>

int main() {
  int n, t[100000], divisors[10000];
  int maxt = 0, cnt = 0;
  scanf("%d", &n);

  for( int i = 0; i < n; i++ ) {
    scanf("%d", &t[i]);
    /* 間隔が一番長いmaxtを更新 */
    if ( t[i] > maxt ) maxt = t[i];
  }
  /* maxtの約数を昇順に列挙 */
  for ( int i = 1; i <= maxt; i++ )
    if ( maxt % i == 0 ) divisors[cnt++] = i;

  long long ans = 0;
  for( int i = 0; i < n; i++ ) {
    /* tを増やしたときに最初に一致する
       maxtの約数を線形探索 */
    for ( int j = 0;; j++ ){
      if ( divisors[j] >= t[i] ){
        ans += divisors[j] - t[i];
        break;
      }
    }
  }
  printf("%lld\n", ans);

  return 0;
}
```

```cpp
#include<iostream>
#include<vector>
#include<algorithm>
using namespace std;

// O(√N)で約数を列挙する
vector<int> findDivisors(int n) {
  vector<int> divisors;
  for( int i = 1; i * i <= n; i++ ) {
```

```cpp
    if( n % i == 0 ) {
      divisors.push_back(i);
      // がiで割り切れれば，そのペアとなる
      // n をiで割った値もnを割り切る
      if( i * i != n )
        divisors.push_back(n / i);
    }
  }
  sort(divisors.begin(), divisors.end());
  return divisors;
}

int main() {
  int n, t[100000], maxt = 0;;
  cin >> n;
  for( int i = 0; i < n; i++ ) {
    cin >> t[i];
    // 間隔が一番長いmaxtを更新
    maxt = max(maxt, t[i]);
  }

  // maxtの約数を昇順に列挙
  vector<int> divisors = findDivisors(maxt);

  int ans = 0;
  for( int i = 0; i < n; i++ ) {
    // tを増やしたときに最初に一致する
    // maxtの約数を二分探索
    int x = *lower_bound(divisors.begin(),
                         divisors.end(),
                         t[i]);
    ans += x - t[i];
  }
  cout << ans << endl;
  return 0;
}
```

```java
import java.util.Scanner;
import java.util.Arrays;
import java.util.ArrayList;
import java.util.List;
import java.util.Collections;

class Main{
  void solve(){
    Scanner sc = new Scanner(System.in);
    int n = sc.nextInt();
    int maxt = 0, ans = 0;
    int[] t = new int[n];
    List<Integer> divisors =
        new ArrayList<Integer>();

    for ( int i = 0; i < n; i++ ){
      t[i] = sc.nextInt();
      // 間隔が一番長いmaxtを更新
      maxt = Math.max(maxt, t[i]);
    }

    // maxtの約数を昇順に列挙
    for ( int i = 1; i <= maxt; i++ ){
      if ( maxt % i == 0) divisors.add(i);
    }

    for ( int i = 0; i < n; i++ ) {
      // tを増やしたときに最初に一致する
      // maxtの約数を線形探索
      for ( int j = 0; j < divisors.size(); j++ )
        {
        if ( divisors.get(j) >= t[i]) {
          ans += divisors.get(j) - t[i];
          break;
        }
      }
```

```
    }
    System.out.println(ans);
  }

  public static void main(String[] args){
    new Main().solve();
  }
}
```

```
    cin >> W >> H >> C;
    cout << (W / gcd(W, H)) * (H / gcd(W, H)) * C;
    cout << endl;
    return 0;
  }
}
```

Python　　　　　Answer 11.12: metronome.py

```
n = int(input())
maxt = 0
t = []
for i in range(n):
    t.append(int(input()))
    # 間隔が一番長いmaxtを更新
    if t[i] > maxt : maxt = t[i]

# maxtの約数を昇順に列挙
divisors = []
for i in range(1, maxt+1):
    if maxt % i == 0: divisors.append(i)

ans = 0
for a in t:
    # tを増やしたときに最初に一致する
    # maxtの約数を線形探索
    for d in divisors:
        if d >= a:
            ans += d - a
            break
print(ans)
```

第12章　整数演算

0338: ニュータウン

C　　　　　Answer 12.1: new_town.c

```
#include<stdio.h>

int gcd(int a, int b){
  if ( b == 0 ) return a;
  return gcd(b, a % b);
}

int main(){
  int W, H, C;
  scanf("%d %d %d", &W, &H, &C);
  printf("%d\n",
         (W / gcd(W, H)) * (H / gcd(W, H)) * C);
  return 0;
}
```

C++　　　　　Answer 12.2: new_town.cpp

```
#include<iostream>
using namespace std;

int gcd(int a, int b){
  if ( b == 0 ) return a;
  return gcd(b, a % b);
}

int main(){
  int W, H, C;
```

Java　　　　　Answer 12.3: new_town.java

```
import java.util.Scanner;

class Main{
  int gcd(int a, int b){
    if ( b == 0 ) return a;
    return gcd(b, a % b);
  }

  void solve(){
    Scanner sc = new Scanner(System.in);
    int W = sc.nextInt();
    int H = sc.nextInt();
    int C = sc.nextInt();
    System.out.println((W / gcd(W, H)) *
                       (H / gcd(W, H)) * C);
  }

  public static void main(String[] args){
    new Main().solve();
  }
}
```

Python　　　　　Answer 12.4: new_town.py

```
def gcd(a, b):
  if b == 0: return a
  return gcd(b, a % b)

W, H, C = map(int, input().split())
print((W // gcd(W, H)) * (H // gcd(W, H)) * C)
```

0306: 対称３進数

C　　　　　Answer 12.5: symmetric_ternary.c

```
#include<stdio.h>

int main() {
  int w, i, r, k = 0;
  char res[20];
  scanf("%d", &w);

  while ( w > 0 ) {
    r = w % 3;
    if ( r == 0 ){
      res[k++] = '0';
      w /= 3;
    } else if ( r == 1 ){
      res[k++] = '+';
      w /= 3;
    } else if ( r == 2 ){
      res[k++] = '-';
      w = w / 3 + 1;
    }
  }
  for ( i = k - 1; i >= 0; i-- )
    printf("%c", res[i]);
  printf("\n");
  return 0;
}
```

Answer 12.6: symmetric_ternary.cpp

```cpp
#include<iostream>
#include<string>
using namespace std;

int main() {
  int w;
  cin >> w;

  string res;
  while ( w > 0 ) {
    int r = w % 3;
    if ( r == 0 ){
      res = '0' + res;
    } else if ( r == 1 ){
      res = '+' + res;
    } else if ( r == 2 ){
      res = '-' + res;
      ++w;
    }
    w /= 3;
  }
  cout << res << endl;
  return 0;
}
```

Answer 12.7: symmetric_ternary.java

```java
import java.util.Scanner;

class Main {
  void solve(){
    Scanner sc = new Scanner( System.in );
    int w = sc.nextInt();
    StringBuilder res = new StringBuilder();

    while ( w > 0 ) {
      int r = w % 3;
      if ( r == 0 ) {
        res.insert(0, '0');
        w /= 3;
      } else if ( r == 1 ) {
        res.insert(0, '+');
        w /= 3;
      } else if ( r == 2 ){
        res.insert(0, '-');
        w = w/3 + 1;
      }
    }

    System.out.println(res.toString());
  }

  public static void main(String[] args) {
    new Main().solve();
  }
}
```

Answer 12.8: symmetric_ternary.py

```python
w = int(input())
res = ''
while w > 0:
    if w % 3 == 0:
        res += '0'
    elif w % 3 == 1:
        res += '+'
    else:
        res += '-'
        w += 1
    w //= 3
print( res[::-1] )
```

関連図書

■ C/C++

[1] 渡部有隆（著），『オンラインジャッジではじめる C/C++ プログラミング入門』，マイナビ，2014.

[2] 内田智史（監修），システム計画研究所（編），『C 言語によるプログラミング基礎編』，オーム社，2001.

[3] 内田智史（監修），システム計画研究所（編），『C 言語によるプログラミング応用編』，オーム社，2002.

[4] ハーバート・シルト（著），エピステーメー（監修），多摩ソフトウェア有限会社（翻訳），多摩ソフトウェア有限会社（原著），『STL 標準講座』，翔泳社，1999.

[5] R. セジウィック（著），野下浩平（訳），星守（訳），佐藤創（訳），『アルゴリズム C 第 1 巻』，近代科学社，1996.

[6] T. コルメン（著），R. リベスト（著），C. シュタイン（著），C. ライザーソン（著），浅野哲夫（訳），岩野和生（訳），梅尾博司（訳），山下雅史（訳），和田幸一（訳），『アルゴリズムイントロダクション第 3 版第 1 巻』，近代科学社，2012.

■ Java

[7] 結城浩（著），『Java 言語プログラミングレッスン上』，ソフトバンククリエイティブ，2012.

[8] 結城浩（著），『Java 言語プログラミングレッスン下』，ソフトバンククリエイティブ，2012.

[9] Kathy Sierra（著），Bert Bates（著），島田秋雄（監修），神戸博之（監修），高坂一城（監修），夏目大（訳），『Head First Java 頭とからだで覚える Java の基本』，オライリー，2006.

■ Python

[10] Guttag John V.（著），久保幹雄（訳，監修），麻生敏正（訳），木村泰紀（訳），小林和博（訳），斉藤佳鶴子（訳），関口良行（訳），鄭金花（訳），並木誠（訳），兵藤哲朗（訳），藤原洋志（訳），『世界標準 MIT 教科書 Python 言語によるプログラミングイントロダクション 第 2 版』，近代科学社，2017.

索　引

著者略歴

渡部 有隆 （わたのべ ゆたか）

2007 年　会津大学 大学院コンピュータ理工学研究科修了（コンピュータ理工学博士）
2007 年　日本学術振興会特別研究員（PD）
2009 年　会津大学准教授
2016 年　会津大学上級准教授
専門はビジュアル言語，データマイニング，スマートラーニング
著書に『オンラインジャッジではじめる C/C++ プログラミング入門』（マイナビ，2014 年），
『プログラミングコンテスト攻略のためのアルゴリズムとデータ構造』（マイナビ，2015 年），
『アルゴリズムビジュアル大事典』（マイナビ，2020 年）などがある．

西舘 陽平 （にしだて ようへい）

2009 年　会津大学 大学院コンピュータ理工学研究科修了（コンピュータ理工学博士）
2009 年　理化学研究所 VCAD システム研究プログラム研究員
2011 年　会津大学准教授
専門は数値シミュレーションとその工学的応用

鈴木 大郎 （すずき たろう）

1995 年　筑波大学 大学院工学研究科博士課程中退
1995 年　筑波大学 工学研究科電子情報工学専攻助手
1998 年　北陸先端科学技術大学院大学助手情報科学系助手
2000 年　東北大学電気通信研究所助手
2001 年　会津大学コンピュータ理工学部講師
2007 年　会津大学コンピュータ理工学部准教授
2013 年　会津大学コンピュータ理工学部上級准教授
専門はプログラミング言語．著書に『コンパイラ―言語処理系の基礎から Yacc/lex まで』（共
著，近代科学社，2008 年），『チューリングを読む』（翻訳，日経 BP 社，2012 年）がある．

奥山 祐市 （おくやま ゆういち）

2002 年　会津大学 大学院コンピュータ理工学研究科修了（コンピュータ理工学博士）
2002 年　日本電信電話（株）未来ねっと研究所研究員
2005 年　会津大学コンピュータ理工学部講師
2007 年　会津大学コンピュータ理工学部准教授
専門はコンピュータハードウェア設計とその機械学習における応用

装丁：安原悦子
編集：山口幸治，高山哲司

4つの言語で解ける 実践プログラミング問題集
- C, C++, Java, Python -

2021 年 2 月 28 日　　初版第 1 刷発行

著　者　　渡部有隆・西舘陽平・鈴木大郎・奥山祐市
発行者　　井芹 昌信
発行所　　株式会社近代科学社
　　　　　〒162-0843 東京都新宿区市谷田町 2-7-15
　　　　　電話 03-3260-6161　振替 00160-5-7625
　　　　　https://www.kindaikagaku.co.jp/

© 2021　Yutaka Watanobe・Yohei Nishidate・Taro Suzuki・Yuichi Okuyama
Printed in Japan
ISBN978-4-7649-0628-0
印刷・製本　　大日本法令印刷

世界標準 MIT 教科書

Python 言語による
プログラミングイントロダクション 第2版
― データサイエンスとアプリケーション

著者：John V. Guttag
監訳：久保 幹雄
訳者：麻生 敏正　木村 泰紀　小林 和博　斉藤 佳鶴子　関口 良行
　　　鄭 金花　並木 誠　兵頭 哲朗　藤原 洋志

B5判・416頁・定価 4,600 円＋税

最新にして最強‼ MIT 人気講義の教科書、第2版！
大変好評を得ている，MIT のトップクラスの人気を誇る講義内容をまとめた
計算科学の教科書の第2版．今回の改訂では，後半の内容が大幅に増え，新た
に5章追加されている．特に「機械学習」を意識して，統計学の話題が豊富にな
っている．Python 言語を活用して，計算科学を学ぶ読者必携の書！
Python Ver3.5 に対応！

あなたの？の答えがきっとある！
知ってる？シリーズ

どこから読んでも面白い！欧米で超人気の教養書を完全翻訳！

人生に必要な数学50
トニー・クリリー[著]
野崎昭弘[監訳]
対馬 妙[翻訳]

人生に必要な哲学50
ベン・デュプレ[著]
近藤隆文[翻訳]

人生に必要な物理50
ジョアン・ベイカー[著]
和田純夫[監訳]
西田美緒子[翻訳]

人生に必要な遺伝50
マーク・ヘンダーソン[著]
斉藤隆央[翻訳]

人生に必要な心理50
エイドリアン・ファーナム[著]
松本剛史[翻訳]

人生に必要な経営50
エドワード・ラッセル＝
ウォリング[著]
月沢李歌子[翻訳]

（B5変型判・定価各2,000円＋税）

「伝わる日本語」練習帳

著者：阿部 圭一・冨永 敦子

A5 判・168 頁・定価 1,800 円＋税

必携、文章技術バイブル !!

　本書は、文章の書き方に始まり、パラグラフの組み立て方や、文章全体の構成の組み立て方、さらには文書の書き方まで、レポートや論文等を書くための基本となる知識を実践的に習得することができる練習帳です。

　たくさんの演習問題をしっかり解いていけば、正確で伝わりやすい文章技術を習得できるでしょう。